21世纪 经济管理新形态教材 金融学系列

商业银行业务与风险管理

花秋玲　主　编
丁一兵　副主编

清华大学出版社
北京

内 容 简 介

本教材从商业银行的概念和职能出发，系统介绍了商业银行的起源与发展、国内外主要商业银行、资产业务、负债业务、表外业务、国际业务以及常用的金融风险识别、度量与管理方法。除了介绍传统的业务和原理，本教材还包含了丰富的案例分析和方法应用，并进一步展望了商业银行的未来发展路径，介绍了数字货币以及未来银行业务。本教材坚持以习近平新时代中国特色社会主义思想为指导，坚持将商业银行的理论发展与中国的金融改革实践相结合，坚持以为国家培养高端金融人才为目标。本书适用于本科生和研究生教学，也可作为商业银行从业人员的理想读物。

图书在版编目（CIP）数据

商业银行业务与风险管理/花秋玲主编. —北京：清华大学出版社，2023.12
21世纪经济管理新形态教材. 金融学系列
ISBN 978-7-302-64989-2

Ⅰ．①商…　Ⅱ．①花…　Ⅲ．①商业银行–银行业务–风险管理–教材　Ⅳ．①F830.33

中国国家版本馆 CIP 数据核字(2023)第 240100 号

责任编辑：陆浥晨
封面设计：李召霞
责任校对：王荣静
责任印制：曹婉颖
出版发行：清华大学出版社
　　网　　　址：https://www.tup.com.cn，https://www.wqxuetang.com
　　地　　　址：北京清华大学学研大厦 A 座　　　邮　　编：100084
　　社 总 机：010-83470000　　　　　　　　　　邮　　购：010-62786544
　　投稿与读者服务：010-62776969，c-service@tup.tsinghua.edu.cn
　　质 量 反 馈：010-62772015，zhiliang@tup.tsinghua.edu.cn
　　课 件 下 载：https://www.tup.com.cn，010-83470332
印 装 者：大厂回族自治县彩虹印刷有限公司
经　　销：全国新华书店
开　　本：185mm×260mm　　　印　张：14　　　字　数：318 千字
版　　次：2023 年 12 月第 1 版　　　印　次：2023 年 12 月第 1 次印刷
定　　价：49.00 元

产品编号：099003-01

前言

在数字经济背景下，商业银行的业务和经营模式正在经历前所未有的挑战和机遇。党的十八大以来，习近平总书记高度重视防范化解重大经济金融风险，明确把强化监管、提高防范和化解金融风险的能力作为做好金融工作的重要原则之一。商业银行作为一类重要的金融媒介，是连接政府、企业及家庭的重要纽带，在服务民生、服务实体企业、化解重大系统性金融风险方面承担着重要责任。

本书重点讲述了商业银行的发展历程、业务模式及风险管理。除了传统的理论和业务，读者还可以借助"知识窗"了解理论之外丰富多彩的案例分析，通过数字货币和未来银行了解商业银行"绚丽科幻"的发展前景。整本书能够让读者对商业银行的起源、发展及未来，有一个清晰的脉络认知。本书结合商业银行的资产负债表及管理架构，让读者能够全面了解商业银行的资产端、负债端及表外等业务的分类，本书还同时讲解了商业银行内部各个部门对应的业务内容，方便同学们在就业的时候选择适合自己的业务部门。本书在风险管理部分，提供了所有风险度量方法的程序代码，读者可以依据自身的需求进行灵活应用。

本书的章节和分工如下：第一章、第二章、第三章由初明寅、张闪闪、田丽洁、花秋玲共同编写；第四章、第五章、第六章、第七章由张闪闪、邱泽鹏、韩雅多、周佰成、花秋玲共同编写；第八章、第九章由关雪娇、齐高明、初明寅、池然、王彦兮、花秋玲共同编写；第十章由韩昕桦、张梦雨、娄芳慧、花秋玲共同编写。花秋玲和丁一兵对全书进行了审定和指导，同时感谢其他博士生和硕士生对本书的校对，包括汤沐黎、薛涵丹、王楠等。本书受到国家自然科学基金青年基金项目（11901233）的资助，已入选吉林大学本科"十四五"规划教材项目。由于时间仓促，撰写过程中难免存在纰漏，希望同行专家和读者提出宝贵意见与建议，我们将不断进行修改和完善。

编　者

2023 年 8 月 30 日

目录

商 业 银 行

商业银行在一个国家的社会经济活动中发挥着重要的作用，无论是个人、企业还是政府的经济活动都离不开商业银行。商业银行作为一类重要的金融机构，一直积极发挥着信用中介、支付中介、信用创造、金融服务及经济调节的作用，为优化社会资源配置、促进经济社会健康平稳发展提供了重要支持和保障。

第一节　商业银行的概念与职能

一、商业银行的概念

早期，商业银行的业务比较简单，只是一类吸收短期存款和发放短期贷款业务的金融机构。2003 年，修订的《中华人民共和国商业银行法》中第一章第二条指出，商业银行是指依照《中华人民共和国商业银行法》和《中华人民共和国公司法》设立的吸收公众存款、发放贷款、办理结算等业务的企业法人。其主要业务包括吸收公众存款，发放短期、中期和长期贷款，办理国内外结算，办理票据承兑与贴现，发放金融债券等。

安全性、流动性和盈利性是商业银行的经营原则。三者之间是相互对立统一的关系，缺一不可。安全性是第一位的，流动性是安全性的保障，但是，过度强调安全性和流动性就会抑制商业银行的盈利。因此，安全性和流动性成正比，但是和盈利成反比。商业银行应该在保障安全性和流动性的前提下，提升自身的盈利能力。

商业银行也是企业，与一般工商企业存在相同点，均以盈利为目的，具有从事业务经营所需要的自有资本、依法经营、照章纳税的特点。但是，商业银行又是不同于一般工商企业的特殊企业。一方面，商业银行主要以金融资产和金融负债为经营对象；另一方面，相较于政策性银行，商业银行的业务更加综合，功能更加全面，可以同时经营金融的"零售业务"（门市业务）和"批发业务"（大型信贷业务）。而政策性银行是专门为贯彻和配合政府社会经济政策，不以盈利为目的，从事特定业务领域内政策性融资业务的金融机构。图 1.1 是目前中国商业银行经营业务范围的框架。

二、商业银行的职能

商业银行的主要职能包括信用中介、支付中介、信用创造、综合金融服务和经济调节等。其中，信用中介和支付中介是最基本的两项职能，商业银行以此为基础还衍生出了其他的职能。

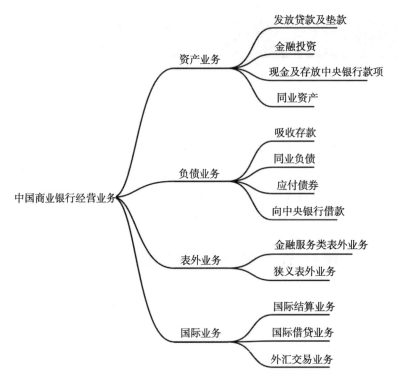

图 1.1　商业银行经营业务范围

（一）信用中介

信用中介是商业银行最基本的职能。商业银行借助负债业务集中社会中的闲散资金，再通过资产业务将这些资金投向社会经济的各个部门，实现资本融通，赚取利润差额。商业银行的信用中介职能不仅能实现储蓄和投资的转化，还可以充分发挥"众筹"效力，将许多少量的闲散资金利用起来，甚至可以将资金的期限进行置换，最终将低效率部门的资本转化到高效率部门，实现宏观经济调控。

（二）支付中介

支付中介是商业银行起源和发展过程中较为早期的职能。商业银行通过为客户办理货币结算、货币收付、货币兑换和存款转移等业务活动，发挥第三方的支付结算功能。支付中介职能不仅可以有效降低货币流通中现金的使用成本，还可以扩大银行的资金来源。因此，商业银行不仅是社会经济活动的出纳中心和支付中心，还是整个社会信用链的重要枢纽。

（三）信用创造

信用创造职能是在商业银行信用中介职能和支付中介职能的基础上派生出来的。商业银行吸收各种存款、上缴存款准备金后，将大部分存款转化为贷款。贷款又流入银行体系重新派生为存款，反复循环，最终会衍生出数倍于原始存款的派生存款。

（四）综合金融服务

随着互联网金融及利率市场化等各种因素的影响，商业银行的业务及盈利模式受到了前所未有的冲击。在数字化时代的背景下，商业银行需要不断提升和完善自身的服务水平才能满足客户的需求。近些年，除了传统的存贷款业务，消费信贷、理财顾问、金融租赁、投资银行等新兴业务也在蓬勃发展。随着信托、保险、基金等行业的交叉业务和金融创新产品的不断涌现，商业银行的综合金融服务功能日益提升。此外，随着法定数字货币试点的推广，商业银行的数字钱包业务正在逐步完善。在数字化转型的大趋势下，未来商业银行的综合金融服务水平将会大幅提升。

（五）经济调节

经济调节职能是指商业银行通过其信用中介活动，将社会经济中的资金从使用效率低的部门转化到使用效率高的部门。商业银行在央行货币政策的引导下，可以实现经济结构、投资消费比例、产业结构等方面的调整。此外，商业银行还可以通过国际金融市场上的融资活动调节本国的国际收支状况。

第二节　商业银行的经营模式

商业银行的经营模式分为两大类：分业经营和混业经营。在商业银行的整个发展历程中，经营模式分分合合经历了多次变更。

一、分业经营

（一）分业经营的定义

分业经营是指对金融机构业务范围进行某种程度的"分业"管制。早期的商业银行、保险和证券都是分业经营状态。大约在 19 世纪末期，美国的证券市场日益扩张，商业银行与证券市场的业务逐渐渗透融合，这种混业模式导致交叉业务急剧扩张，风险敞口增加。随着 1929—1933 年经济危机的爆发，美国政府通过了《格拉斯—斯蒂格尔法案》，严格限制了商业银行的业务经营范围，因此，就有了分业经营模式与混业经营模式的区分。

目前，对分业经营的理解可归纳为三个层次。[①]一是指金融业与非金融业的分离，金融机构不可以经营非金融业务，不能持股非金融机构。二是指金融业中银行、证券和保险三个子行业的分离，商业银行、证券公司及保险公司等金融机构只能经营各自分管的业务，每一个子行业不可以经营其他子行业的业务。三是指银行、证券和保险各子行业内部有关

---

① 新浪财经. 在分业经营中提升银行业服务的适配性 [EB/OL]. http://finance.sina.com.cn/stock/roll/2020-10-31/doc-iiznezxr9071582.shtml, 2020-10-31.

业务的进一步分离，具体分离情况如下：银行业内部，经营长短期银行存贷款业务的金融机构分离，经营政策性业务和商业性业务的金融机构的分离；证券业内部，经营证券承销业务、证券交易业务、证券经纪业务和证券做市商业务的金融机构的分离；保险业内部，经营财产保险业务、人身保险业务、再保险业务的金融机构的分离等。一般情况下，我们指的分业经营是指金融业中银行、证券和保险三个子行业的分离。

（二）我国分业经营的发展背景

我国是商业银行分业经营模式的代表。我国在改革开放初期也是混业经营状态，20世纪80年代中后期，银行和证券投资公司陆续设立证券兼营机构，从事证券发行、代理买卖和自营业务。由于当时体制监管不严，银行机构通过非银行金融机构可以逃避信贷规模的管制，这导致了通胀失控等不良经济后果。1992年下半年更是爆发了房地产热和证券投资热。1993年，国家开始整顿金融市场秩序，提出了金融业分业经营、分业监管的新思路。1995年之后，《商业银行法》《证券法》等相关法律法规的相继出台，强化了分业经营、分业监管的原则，自此形成了我国的金融业分业经营模式。

我国现行的商业银行法经历过2003年和2015年两次修正。但随着经营主体的不断增加和金融产品的不断创新，之前针对商业银行经营范围、业务规则及治理和监管体系等方面的条款已经不适用于实际需求。2020年10月16日[①]，央行网站发布《中华人民共和国商业银行法（修改建议稿）》，向社会公开征求意见。此次修改仍然保留了商业银行"分业经营"的相关条款。[②]在分业经营的条件下，商业银行与其他金融机构之间可以建立起一道金融"防火墙"，可以有效控制风险的跨业传染，防止重大系统性金融风险的产生。

二、混业经营

（一）混业经营的定义

混业经营是指在风险可控的前提下，银行为了创新盈利，将自身业务与证券、保险等机构的业务互相渗透、相互交叉的经营模式。商业银行除了从事各种期限的存贷款等传统业务，也可以从事投资、信托和保险等业务，这种经营模式被称为全能模式。在此模式下，没有银行、保险、信托等业务之间的界限划分，银行具体选择何种业务经营，可以依据自身优势开展多元化业务模式。

混业经营最早出现在美国。20世纪初期，美国证券市场日益繁荣，商业银行业务与证券市场深度融合，金融业混业经营现象非常普遍。自1929—1933年金融危机爆发后，美国政府于1933年通过了《格拉斯—斯蒂格尔法案》，严格限制了商业银行的业务经营范围。

---

① 中国人大网，商业银行法修改建议稿公开征求意见[EB/OL]. http://www.npc.gov.cn/npc/c30834/202010/7696a937c0974a0f919e66f63c498c00.shtml, 2020-10-20.
② 《商业银行法》第四十三条：商业银行在中华人民共和国境内不得从事信托投资和证券经营业务，不得向非自用不动产投资或者向非银行金融机构和企业投资，但国家另有规定的除外。

在 20 世纪 80 年代，各类金融衍生产品不断创新，1973 年 Black、Scholes 及 Merton 给出期权定价理论，该成果获得了 1997 年的诺贝尔经济学奖，被称为"华尔街的第二次金融革命"，也为衍生品市场的不断繁荣和壮大奠定了理论基础。在此背景下，原有的分业经营模式不利于金融创新，因此，混业经营模式逐渐盛行。2008 年金融危机之前，金融管制不断放松，导致各种金融衍生品泛滥成灾。

2008 年之后，奥巴马政府在金融危机的惨痛教训下，开始对金融业进行严格监管，出台了《多德—弗兰克华尔街改革和消费者保护法案》及沃尔克规则。但是，特朗普上台之后，认为沃尔克规则对大型金融机构的监管过于严苛，抑制了华尔街金融创新，降低了美国在国际金融体系中的竞争力。2019 年 8 月 20 日《沃尔克规则修订案》获得美国货币监理署和美国联邦存款保险公司的批准，从此，美国的金融监管又回到了放松模式。

（二）混业经营的组织形式

混业经营模式是当今国际金融机构采用的最为普遍的经营模式，主要可分为以下三类。

1. 金融控股公司

美国联邦法律规定银行本身或者与其有直接关系的子公司不得经营证券业务，但控股公司设立的子公司可以在一定范围内经营其他投行业务。公司通过控股相互独立的子公司从事投行业务，但是被公司控股的银行不得从事证券业或者另立其他子公司从事证券业。

2. 金融集团

英国的金融机构盛行金融集团制，也可称为子公司制。当商业银行满足一定条件时，允许其成立子公司，或者由其控股公司成立的子公司兼营其他业务。如果商业银行要进行投行业务，必须以银行为母公司，成立另外一家子公司，股东需派人员参加子公司的董事会。当证券子公司经营不善亏损时，只影响银行的投资收益，不影响银行本身的经营，这种设计可以尽可能地保护存款人的利益。

3. 全能银行

德国的金融体系特征是全能银行制，也可称为综合银行。全能银行模式起源于 19 世纪末，除了德国，荷兰、卢森堡、瑞士等一些欧洲国家都是全能银行体系。全能银行不受金融业务分工的限制，在全面经营商业银行、投资银行、保险等各种金融业务的同时，也能为企业提供中长期贷款、有价证券的发行交易、资产管理、财产保险等全面的金融服务，甚至经营不具备金融性质的实业投资。

 **知识窗**

2008 年金融危机

2001 年美国互联网泡沫破裂，政府为了刺激经济，大幅降低利率，鼓励居民购房。美国楼市空前繁荣，房价不断攀升，银行不断地将钱借给还款能力差的购房者，因为即使借款人违约，银行也可以将其抵押的房产卖出收回成本。在此之后，银行为了进一步获取更多的收益，将这些贷款进行打包（即债务抵押债券），并借助信用评级公司，虚高评价这些债券级别，通过各种渠道把这些资产证券化产品通过投资银行推销给其他的金融机构和个人投资者。更有甚者，投行以这一类债券为基础，通过衍生工具将其加工成各类理财产品，层层嵌套。由于回报率高，这些"创新"金融产品特别受欢迎，有的甚至销售到其他国家。

2003 年下半年，美国经济强劲复苏，需求快速增长导致通胀上升。2004 年，美联储开始收紧政策，连续 17 次加息 25 个基点。截至 2006 年 6 月，美联储基准利率从 2004 年的 1%上调至 5.25%。利率上升使借款成本增加，还款压力上升，购房人数减少，房价开始下跌，银行资金链出现断裂。银行靠抵押债券筹集的资金无法偿还，引发债券贬值，以抵押债券为标的的信用违约掉期大涨，销售该类产品的投行遭受巨额损失。事实上，银行通过债务抵押债券将风险转移到了投资者一方，而投资者又通过信用违约互换将风险转移到了投行。曾经投资和销售这些产品的投资机构，都遭受了巨大的损失，如雷曼兄弟、美林证券、贝尔斯登等。图 1.2 给出了 2008 年金融危机发生前后的重大事件。

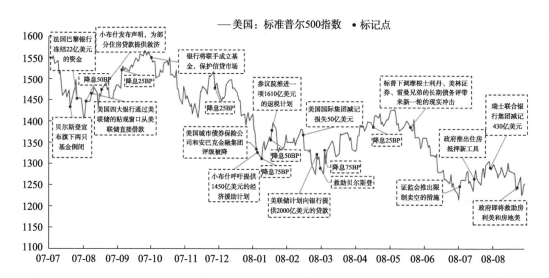

图 1.2　2008 年次贷危机事件

数据来源：华创证券 2020 年 3 月债券报告。

三、混业经营与分业经营的比较

混业经营偏向于效率，分业经营更加偏向于安全。表 1.1 给出了商业银行混业经营模式和分业经营模式的对比分析。

表 1.1　商业银行混业经营模式和分业经营模式的优劣性

经营模式	优　势	劣　势
混业经营	1. 银行、证券、保险等业务相互融合，相互促进 2. 有利于金融创新，提升盈利水平，增加企业的综合竞争力	1. 容易出现市场操纵和违规经营 2. 容易形成金融市场的垄断，产生不公平竞争 3. 容易发生金融风险传染，最终导致其他金融机构产生连锁反应，造成系统性金融危机
分业经营	1. 有利于提升各自业务的专业技术和管理水平 2. 避免了综合性银行集团的内部竞争和摩擦 3. 有利于保障客户安全，在商业银行与证券及保险等其他金融机构之间建立了安全屏障 4. 有利于抑制金融风险的传播，防范重大系统性金融风险的产生	1. 在一定程度上抑制了金融创新。商业银行、证券及保险等其他金融机构的业务和产品交叉创新受阻 2. 削弱了商业银行的国际竞争力。与国际上大的全能银行集团相比，综合实力降低

第三节　中央银行和政策性银行

中央银行和政策性银行与商业银行在金融系统中的定位有较大差别。在本节中，我们主要介绍中央银行与政策性银行的相关概念及职能。

一、中央银行

（一）中央银行的定义

我国的央行为中国人民银行，是国务院的组成部门之一。1948 年 12 月 1 日，在华北银行、北海银行、西北农民银行的基础上，中国人民银行在河北省石家庄市合并组成。1983 年 9 月，国务院决定中国人民银行专门行使中国国家中央银行职能。1995 年 3 月 18 日，第八届全国人民代表大会第三次会议通过了《中华人民共和国中国人民银行法》。央行既是金融市场的行为主体，又是金融市场的监管者。央行是银行的银行，充当"最后贷款人"的职能，是国家干预和调控国民经济发展的重要工具，主要负责制定并执行国家货币信用政策，独具货币发行权，实行金融监管。

（二）中央银行的职能

参考中华人民共和国中央人民政府网站上公布的《中国人民银行职能配置、内设机构和人员编制规定》中第四条，中国人民银行贯彻落实党中央关于金融工作的方针政策和决定部署，在履行职责过程中坚持和加强党对金融工作的集中统一领导，其主要职责如下。

（1）拟定金融业改革、开放和发展规划，承担综合研究并协调解决金融运行中的重大问题、促进金融业协调健康发展的责任。牵头国家金融安全工作协调机制，维护国家金融安全。

（2）牵头建立宏观审慎管理框架，拟定金融业重大法律法规和其他有关法律法规草案，制定审慎监管基本制度，建立健全金融消费者保护基本制度。

（3）制定和执行货币政策、信贷政策，完善货币政策调控体系，负责宏观审慎管理。

（4）牵头负责系统性金融风险防范和应急处置，负责金融控股公司等金融集团和系统重要性金融机构基本规则制定、监测分析和并表监管，视情责成有关监管部门采取相应监管措施，并在必要时经国务院批准对金融机构进行检查监督，牵头组织制订并实施系统重要性金融机构的恢复和处置计划。

（5）承担"最后贷款人"责任，负责对因化解金融风险而使用中央银行资金的机构进行检查监督。

（6）监督管理银行间债券市场、货币市场、外汇市场、票据市场、黄金市场及与上述市场有关的场外衍生产品；牵头负责跨市场、跨业态、跨区域金融风险的识别、预警和处置，负责交叉性金融业务的监测评估，会同有关部门制定统一的有关资产管理产品和公司信用类债券市场及其衍生产品的市场基本规则。

（7）负责制定和实施人民币汇率政策，推动人民币跨境使用和国际使用，维护国际收支平衡，实施外汇管理，负责国际国内金融市场跟踪监测和风险预警，监测和管理跨境资本流动，持有、管理和经营国家外汇储备和黄金储备。

（8）牵头负责重要金融基础设施建设规划并统筹实施监管，推进金融基础设施改革与互联互通，统筹互联网金融监管工作。

（9）统筹金融业综合统计，牵头制定统一的金融业综合统计标准和工作机制，建设国家金融基础数据库，履行金融统计调查相关工作职责。

（10）组织制定金融业信息化发展规划，负责金融标准化组织管理协调和金融科技相关工作，指导金融业网络安全和信息化工作。

（11）发行人民币，管理人民币流通。

（12）统筹国家支付体系建设并实施监督管理。会同有关部门制定支付结算业务规则，保障全国支付、清算系统的安全稳定高效运行。

（13）经理国库。

（14）承担全国反洗钱和反恐怖融资工作的组织协调和监督管理责任，负责涉嫌洗钱及恐怖活动的资金监测。

（15）管理征信业，推动建立社会信用体系。

（16）参与与中国人民银行业务有关的全球经济金融治理，开展国际金融合作。

（17）按照有关规定从事金融业务活动。

（18）管理国家外汇管理局。

（19）完成党中央、国务院交办的其他任务。

（20）职能转变。完善宏观调控体系，创新调控方式，构建发展规划、财政、金融等政策协调和工作协同机制，强化经济监测、预测和预警能力，建立健全重大问题研究和政策储备工作机制，增强宏观调控的前瞻性、针对性、协同性。围绕党和国家金融工作的指导方针和任务，加强和优化金融管理职能，增强货币政策、宏观审慎政策与金融监管政策的协调性，强化宏观审慎管理和系统性金融风险防范职责，守住不发生系统性金融风险的底线。按照简政放权、放管结合、优化服务、职能转变的工作要求，进一步深化行政审批制度改革和金融市场改革，着力规范和改进行政审批行为，提高行政审批效率。加快推进"互联网+政务服务"，加强事中事后监管，切实提高政府服务质量和效果。继续完善金融法律制度体系，做好"放管服"改革的制度保障，为稳增长、促改革、调结构、惠民生提供有力支撑，促进经济社会持续平稳健康发展。

（三）货币政策工具

中央银行的货币政策工具是实现货币政策目标的手段，主要分为一般性工具和选择性工具。[①]在过去较长时期内，中国货币政策以直接调控为主，多采取信贷规模、现金计划等工具。1998 年以后，主要采取间接货币政策工具调控货币供应总量。目前，中国的货币政策工具比较丰富，主要有公开市场操作、存款准备金、银行贷款、利率政策、汇率政策、常备借贷便利、中期借贷便利、抵押补充贷款、结构性货币政策等。

1. 公开市场操作

中国公开市场操作包括人民币公开市场操作和外汇公开市场操作两部分。外汇公开市场操作 1994 年 3 月启动，人民币公开市场操作 1998 年 5 月 26 日恢复交易。1999 年以来，公开市场已成为中国人民银行货币政策日常操作的主要工具之一。

从交易品种看，中国人民银行公开市场业务债券交易主要包括回购交易、现券交易和发行中央银行票据。其中，回购交易分为正回购和逆回购两种：正回购为中国人民银行向一级交易商卖出有价证券，并约定在未来特定日期买回有价证券的交易行为，正回购为央行从市场收回流动性的操作，正回购到期则为央行向市场投放流动性的操作；逆回购为中国人民银行向一级交易商购买有价证券，并约定在未来特定日期将有价证券卖给一级交易商的交易行为，逆回购为央行向市场上投放流动性的操作，逆回购到期则为央行从市场收回流动性的操作。

现券交易分为现券买断和现券卖断两种：买断为央行直接从二级市场买入债券，一次性地投放基础货币；卖断为央行直接卖出持有债券，一次性地回笼基础货币。中央银行票据是中国人民银行发行的短期债券，央行通过发行央行票据可以回笼基础货币，如果央行票据到期，则体现为央行投放基础货币。

除此之外，2013 年 1 月，中国人民银行为了调节短期资金供给，防范突发性市场资金需求变化，创设了"短期流动性调节工具"（short-term liquidity operations，SLO），SLO 可以在银行体系流动性出现临时性波动时灵活使用。

---

① http://www.pbc.gov.cn/zhengcehuobisi/125207/125213/index.html.

2. 存款准备金

存款准备金是指金融机构为保证客户提取存款和资金清算需要而准备的资金，金融机构按规定向中央银行缴纳的存款准备金占其存款总额的比例就是存款准备金率。央行通过调整存款准备金率，影响金融机构的信贷资金供应能力，从而间接调控货币供应量。

3. 银行贷款

银行贷款包括再贴现和再贷款。再贴现是中央银行对金融机构持有的未到期已贴现商业汇票予以贴现的行为。中央银行对金融机构的贷款简称再贷款，是中央银行调控基础货币的渠道之一。中央银行通过适时调整再贴现和再贷款的总量及利率，吞吐基础货币，实现货币信贷总量调控目标，引导资金流向和信贷投向。

4. 利率政策

根据货币政策实施的需要，适时地运用利率工具，对利率水平和利率结构进行调整，进而影响社会资金供求状况，实现货币政策的既定目标。例如，中国人民银行授权全国银行间同业拆借中心公布 2022 年 8 月 22 日贷款市场报价利率（loan prime rate，LPR）：1 年期 LPR 为 3.65%，5 年期以上 LPR 为 4.3%。

5. 汇率政策

一个国家的汇率政策与汇率制度密不可分。2005 年以后，我国实行的是以市场供求为基础，参考"一篮子货币"进行调节和管理的浮动汇率制度。汇率的升降会直接影响进出口和资本流动，汇率政策一般通过国际融资合作、外汇市场的联合干预及宏观经济政策等多维度协调实施。

6. 常备借贷便利

常备借贷便利（standing lending facility，SLF）可以有效提高货币调控效果，防范银行体系流动性风险，增强对货币市场利率的调控效力。央行通常综合运用常备借贷便利和公开市场操作两大类货币政策工具进行流动性管理。

常备借贷便利的主要特点：一是由金融机构主动发起，金融机构可根据自身流动性需求申请常备借贷便利；二是常备借贷便利是中央银行与金融机构"一对一"交易，针对性强；三是常备借贷便利的交易对手覆盖面广，通常覆盖存款金融机构。因此，借鉴全球大多数央行的经验，中国人民银行于 2013 年初创设了常备借贷便利。常备借贷便利的主要功能是满足金融机构短期的大额流动性需求。对象主要为政策性银行和全国性商业银行，期限为 1~3 个月。利率水平可以根据货币政策调控、引导市场利率的需要综合确定。常备借贷便利以抵押方式发放，合格抵押品包括高信用评级的债券类资产及优质信贷资产等。

7. 中期借贷便利

为了发挥中期政策利率的调节效应，2014 年 9 月，中国人民银行创设了中期借贷便利（medium-term lending facility，MLF）。中期借贷便利是中央银行提供中期基础货币的货币政策工具，对象为符合宏观审慎管理要求的商业银行、政策性银行，可通过招标方式开展。中期借贷便利采取质押方式发放，金融机构的国债、央行票据、政策性金融债、高等级信用债等优质债券都是常用的质押品。

8. 抵押补充贷款

依照国务院第 43 次常务会议精神，加大对"棚户区改造"等重点项目的信贷支持力度，为棚户区改造提供长期稳定的资金来源。2014 年 4 月，中国人民银行创设抵押补充贷款（pledged supplementary lending，PSL）。抵押补充贷款的主要功能是支持国民经济重点领域、薄弱环节和社会事业发展并对金融机构提供期限较长的大额融资。抵押补充贷款采取质押方式发放，合格抵押品包括高等级债券资产和优质信贷资产。

9. 结构性货币政策

央行为了支持普惠金融、绿色发展、科技创新等国民经济的重点和薄弱领域逐步构建了适合我国国情的结构性货币政策工具体系。具体包括支农再贷款、支小再贷款、再贴现、普惠小微贷款支持工具、抵押补充贷款、碳减排支持工具、支持煤炭清洁高效利用专项再贷款、科技创新再贷款、普惠养老专项再贷款、交通物流专项再贷款共十项结构性货币政策工具。

此外，我们还可以根据政策工具的调节效应进行划分，归纳为表1.2。

表 1.2　中央银行的主要货币政策工具

工具类型	概　述	内　容	功　能
常规工具	一般性货币政策的工具	存款准备金制度 再贴现政策 公开市场业务	从总量上对货币供应量和信贷规模进行调节
选择工具	针对某些特殊信贷或某些特殊经济领域的工具	消费者信用控制 证券市场信用控制 不动产信用控制 优惠利率 特种存款	常规性货币政策工具的必要补充
传统补充工具	信用直接控制工具	信用分配 直接干预 流动性比率 利率限制 特种贷款	中央银行依法对商业银行创造信用的业务进行直接干预而采取的各种措施
	信用间接控制工具	窗口指导 道义劝告	中央银行凭借在金融体制中的特殊地位，通过与金融机构之间的磋商、宣传等，指导其信用活动
创新补充工具	定制化融资和结构化融资工具	常备借贷便利 中期借贷便利 抵押补充贷款 结构性货币政策工具	常备借贷便利和中期借贷便利是商业银行或金融机构根据自身的流动性需求，通过资产抵押的方式向中央银行申请授信额度的一种更加直接的融资方式。抵押补充贷款和结构性货币政策工具是为了国民经济的某个特殊领域的经济发展需要设定的政策性补充工具

二、政策性银行

政策性银行与商业银行不同，不以盈利为目的，主要对符合国家政策导向的特定业务和领域给予优惠的融资支持。目前，我国有三家政策性银行，分别是国家开发银行、中国进出口银行和中国农业发展银行。

1. 国家开发银行

国家开发银行成立于 1994 年，是直属中国国务院领导的政策性金融机构。[①]国家开发银行标志如图 1.3 所示。2008 年 12 月改制为国家开发银行股份有限公司。2015 年 3 月，国务院明确国家开发银行定位为开发性金融机构。2017 年 4 月，"国家开发银行股份有限公司"名称变更为"国家开发银行"，组织形式由股份有限公司变更为有限责任公司。国家开发银行注册资本 4212.48 亿元，股东是中华人民共和国财政部、中央汇金投资有限责任公司、梧桐树投资平台有限公司和全国社会保障基金理事会，持股比例分别为 36.54%、34.68%、27.19%、1.59%。

图 1.3　国家开发银行标志

国家开发银行是全球最大的开发性金融机构，中国最大的中长期信贷银行和债券银行。国家开发银行目前在中国内地设有 37 家一级分行和 4 家二级分行，境外设有香港分行和开罗、莫斯科等 10 家代表处。全行员工 10000 余人。旗下拥有国开金融、国开证券、国银金租、中非基金和国开发展基金等子公司。国家开发银行主要通过开展中长期信贷与投资等金融业务，为国民经济重大中长期发展战略服务。截至 2021 年末，资产总额 17.17 万亿元，贷款余额 13.2 万亿元；净利润 808 亿元，资本充足率 11.66%，可持续发展能力和抗风险能力进一步增强。

2. 中国进出口银行

中国进出口银行成立于 1994 年 4 月 26 日，是由国家出资设立、直属国务院领导、支持中国对外经济贸易投资发展与国际经济合作、具有独立法人地位的国有政策性银行，在国家"走出去"战略等方面发挥着重要作用，注册资本为 1500 亿元人民币。[②]中国进出口银行标志如图 1.4 所示。

图 1.4　中国进出口银行标志

进出口银行的经营范围：经批准办理配合国家对外贸易和"走出去"领域的短期、中期和长期贷款，含出口信贷、进口信贷、对外承包工程贷款、境外投资贷款、中国政府援外优惠贷款和优惠出口买方信贷等；办理国务院指定的特种贷款；办理外国政府和国际金融机构转贷款（转

---

① 国家开发银行. 开行简介[EB/OL]. http://www.cdb.com.cn/gykh/khjj/.

② 中国进出口银行. 机构概况[EB/OL]. http://www.eximbank.gov.cn/.

赠款）业务中的三类项目及人民币配套贷款；吸收授信客户项下存款；发行金融债券；办理国内外结算和结售汇业务；办理保函、信用证、福费廷等其他方式的贸易融资业务；办理与对外贸易相关的委托贷款业务；办理与对外贸易相关的担保业务；办理经批准的外汇业务；买卖、代理买卖和承销债券；从事同业拆借、存放业务；办理与金融业务相关的资信调查、咨询、评估、见证业务；办理票据承兑与贴现；代理收付款项及代理保险业务；买卖、代理买卖金融衍生产品；资产证券化业务；企业财务顾问服务；组织或参加银团贷款；海外分支机构在进出口银行授权范围内经营当地法律许可的银行业务；按程序经批准后以子公司形式开展股权投资及租赁业务；经国务院银行业监督管理机构批准的其他业务。

3. 中国农业发展银行

中国农业发展银行，是国家出资设立，直属国务院领导的中国唯一的一家农业政策性银行，1994 年 11 月挂牌成立。[①]中国农业发展银行标志如图 1.5 所示。中国农业发展银行的主要任务是按照国家的法律法规和方针政策，以国家信用为基础，筹集农业政策性信贷资金，承担国家规定的农业政策性和经批准开办的涉农商业性金融业务，代理财政性支农资金的拨付，为农业和农村经济发展服务。中国农业发展银行在业务上接受中国人民银行和中国银行保险监督管理委员会[②]的指导和监督。

图 1.5　中国农业发展银行标志

中国农业发展银行的业务主要包括：办理粮食、棉花、油料、食糖、猪肉、化肥等重要农产品收购、储备、调控和调销贷款，办理农业农村基础设施和水利建设、流通体系建设贷款，办理农业综合开发、生产资料和农业科技贷款，办理棚户区改造和农民集中住房建设贷款，办理易地扶贫搬迁、贫困地区基础设施、特色产业发展及专项扶贫贷款，办理县域城镇建设、土地收储类贷款，办理农业小企业、产业化龙头企业贷款，组织或参加银团贷款，办理票据承兑和贴现等信贷业务；吸收业务范围内开户企事业单位的存款，吸收居民储蓄存款以外的县域公众存款，吸收财政存款，发行金融债券；办理结算、结售汇和代客外汇买卖业务，按规定设立财政支农资金专户并代理拨付有关财政支农资金，买卖、代理买卖和承销债券，从事同业拆借、存放，代理收付款项及代理保险，资产证券化，企业财务顾问服务，经批准后可与租赁公司、涉农担保公司和涉农股权投资公司合作等方式开展涉农业务；经国务院银行业监督管理机构批准的其他业务。

---

① 中国农业发展银行．机构概况[EB/OL]. http://www.adbc.com.cn/.

② 1998 年 11 月，中国保险监督管理委员会成立，简称保监会；2003 年 3 月，中国银行业监督管理委员会设立，简称银监会；2018 年 4 月保监会和银监会合并为中国银行保险监督管理委员会，简称"银保监"；2023 年 3 月，中共中央、国务院印发了《党和国家机构改革方案》。在中国银行保险监督管理委员会基础上组建国家金融监督管理总局，不再保留中国银行保险监督管理委员会。2023 年 5 月 18 日，国家金融监督管理总局正式成立。

 **知识窗**

中国邮政储蓄银行：商业银行还是政策性银行？

进入大学后，有一些同学可能会申请助学贷款。我们知道，助学贷款作为一种低息贷款，本质上不以盈利为目的，是中国政策性银行的一类特有业务，国家开发银行就设有专门为大学生提供助学贷款的渠道。但是有些同学会发现，作为一家商业银行，中国邮政储蓄银行也有助学贷款的业务，发放低息助学贷款的行为与商业银行利益最大化的初衷是相违背的，这究竟是为何？

其实，在2006年之前，中国邮政储蓄银行是一家业务单一的储蓄银行，在性质上更倾向于政策性银行。2006年3月，银监会下发《关于加强邮政储蓄机构小额质押贷款业务试点管理的意见》，宣告了中国邮政储蓄银行"只存不贷"历史的终结。在这之后，中国邮政储蓄银行不断拓展业务，一步步走上了国有六大商业银行的位置。但是，中国邮政储蓄银行作为商业银行也保留了一部分政策性银行的业务，发放助学贷款就是其中之一。

资料来源：https://baijiahao.baidu.com/s?id=1734892299870037765&wfr=spider&for=pc.

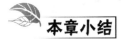 **本章小结**

本章主要介绍了商业银行的相关概念、职能、经营模式及央行和政策性银行。首先，从信用中介、支付中介、信用创造及综合金融服务和经济调节等方面描述了商业银行的职能。其次，就商业银行的分业经营和混业经营进行了比较分析。最后，本章介绍了我国的中央银行与政策性银行，明确了中央银行的职能和常用的货币政策工具及三家政策性银行的经营范围。

 **思考题**

一、名词解释

1. 商业银行
2. 公开市场操作
3. 信用创造
4. 分业经营
5. 混业经营
6. 中央银行
7. 存款准备金
8. 常备借贷便利

9. 政策性银行

10. 结构性货币政策

二、简答题

1. 商业银行的职能有哪些?

2. 商业银行的三大经营性原则之间是什么关系?

3. 简述央行、商业银行、政策性银行之间的区别和联系。

4. 央行的货币政策工具有哪些? 主要功能是什么?

5. 商业银行的两种经营模式是什么? 各有什么利弊?

即测即练

自学自测      扫描此码

第二章

商业银行的起源与发展

商业银行的发展史事实上就是一部微缩的世界金融史，通过学习商业银行跌宕起伏的发展历程，我们可以初步了解世界金融的起源和兴衰更替。

第一节　国外商业银行的起源与发展

一、银行的由来

银行，最早起源于文艺复兴时期的意大利。"bank"一词来自拉丁语"banco"，意思是货币兑换人坐的板凳。当货币兑换商因资金缺乏而被迫中断业务时，他们的条凳就会被拆掉，意为破产，在拉丁文里称作"banca rupta"，英语中的"bankrupt"也是由此而来的。据《大英百科全书》记载，公元前6世纪的古巴比伦就已经有一家名叫"里吉比"的银行。公元前2000年以前，阿拉伯大沙漠的石碑上记载着古巴比伦寺庙通过类似银票文书对外放款的情况。公元前4世纪，希腊的货币兑换业务在一些寺院及公共团体和私人商号之间逐渐开展。到了公元前200年，罗马的银行业快速发展，不仅可以进行货币兑换，而且开展了贷款、信用委托等业务，罗马政府还通过法律条文对银行进行监督。这种模式很快从希腊和罗马传向欧洲其他地区，逐步开启了其走向近代银行的发展历程。

二、中世纪的地中海对早期银行业的影响

中世纪时期的地中海对早期银行业的影响意义深远。[①]中世纪，是指从公元5世纪后期到公元15世纪中期，这个时期的欧洲没有一个统一且强有力的统治政权。地中海则由于其特殊的地理位置和资源，成为各种政治势力争夺的对象。势力最大的当属拜占庭帝国、阿拉伯帝国和拉丁基督教。

10世纪之前，西欧一直处于"黑暗时期"，地中海为拜占庭帝国和阿拉伯帝国所控制，以其附近区域发达的贸易著称。拜占庭帝国的贸易主要以君士坦丁堡为中心，包括威尼斯、黑海、爱琴海及南意大利。而处于倭马亚王朝时代的阿拉伯帝国的对外征服程度也达到了一个高峰，疆域最广阔之时东至中亚，西至西班牙。

10世纪之后，意大利北部的比萨、热那亚和威尼斯等城市国家的航海活动比较活跃。到12世纪，拉丁西欧的势力逐渐壮大，地中海几乎完全被西欧所控制，贸易的主导权也转

---

① 夏继果. 中世纪地中海史的特点[N]. 光明日报，2015-01-24.

移到了西欧的商人手中。但是，拉丁西欧并不团结，内部斗争非常激烈，在当时的争夺中比较有名的有西西里的诺曼王朝、法国的安茹家族、伊比利亚半岛的阿拉贡王国等。14世纪，欧洲发生了黑死病，整体经济陷入危机。但到了15世纪，以地中海为中心的贸易网络又重新复苏，并覆盖到了更广的范围。

由于地中海当时的政治经济割据，导致不同国家的商人所携带的货币在形状、成色、重量等方面各不相同，无法直接交换。为了解决贸易难题，专业的货币兑换商应运而生，商人可以把本国的铸币在兑换商处与其他国家的货币进行互换，兑换商从中收取一定的手续费，这就是银行早期的支付中介职能。随着地中海沿岸贸易的不断繁荣，西欧商人在各政治势力间建立起了一张巨大的贸易网，甚至把撒哈拉以南的非洲、东方和西北欧这些地区连接在一起。自然而然，来自世界各地的商人都愿意把货币存于专业的货币商处，委托办理汇兑与支付业务。货币商慢慢发现自己手中总有一部分沉淀的闲置资金，于是他们就把这一部分资金贷给那些急需要资金的商人，并收取一定的手续费。这就是银行存款和贷款业务的早期雏形。

三、最早的银行

比较公认的世界上第一家真正的银行是威尼斯银行，成立于1580年左右。在此之后，1593年的米兰银行、1609年荷兰的阿姆斯特丹银行、1621年德国的纽伦堡银行等欧洲早期著名的银行都相继建立起来。18世纪末至19世纪初，银行业得到了快速发展，最早出现的资本主义股份制银行是英格兰银行，成立于1694年。19世纪，西方很多国家成立了中央银行。20世纪，世界性和区域性银行发展较快，如1930年的国际清算银行、1945年的世界银行、1956年的国际金融公司、1964年的非洲开发银行、1966年的亚洲开发银行等。

英格兰银行[1]

英王威廉一世于1694年颁发了英格兰银行的皇家特许状，这标志着第一个现代银行的诞生。与旧式的高利贷性质的银行逐步演变为资本主义银行的方式不同，英格兰银行是新兴的资产阶级按照资本主义原则组织的股份制银行。在建立伊始，英格兰银行就将国王和王室成员的私人债务转化为国家永久债务作为核心理念，在以全民税收为抵押的基础上，英格兰银行发行了基于债务的国家货币。这样做的结果就是英国王室便拥有了战争资金和享乐的资本，政府财政充裕、不为拨冗款项所累，银行家也因为放出巨额贷款所产生的利息收入赚得盆满钵满，君主立宪制度下的王室和政府及资本主义银行家各取所需，将人民

---

[1] 宋鸿兵. 货币战争[M]. 北京：中信出版集团，2017.

的税收当作被抵押品。这样强大的新式金融工具促使英国政府赤字直线飙升，1670—1685年的 15 年间，英国政府累计财政收入为 2480 万英镑；1685—1700 年的 15 年间，英国政府收入升至 5570 万英镑，增加了一倍多。而英格兰银行向英国政府发放的贷款从 1685 年的 80 万英镑跃升至 1700 年的 1380 万英镑，增长了 17 倍多。

这种设计巧妙地把国家货币的发行和永久国债绑定在一起。想要新增货币就必须增加国债，而还清国债就意味着摧毁了国家货币，市场上将没有货币流通，如此一来，政府就永远不可能清偿债务。由于偿还利息和经济发展的需要，政府向银行增加借债以应对更大的货币需求，国债只会永远不断地增加，而这些债务的利息由人民的税收来负担，最后落入银行家的钱袋。从英格兰银行发放第一笔贷款开始，英国政府就再也没有还清债务，直到 2005 年底，英国政府的欠债总额从 1694 年的 120 万英镑增至 5259 亿英镑，占英国全国GDP 的 42.8%。

在此情况下，任何阻挡私有化国家银行之路的行为基本就意味着与全英国为敌，资本的煽动和利益的诱惑将会使人为了达成目标，不计任何风险。

四、国外现代银行体系

（一）美国的银行体系

1782 年，美国成立了北美银行，这是美国的第一家银行。历经 200 多年的不断发展，美国已经形成了以美国联邦储备体系为央行的现代银行体系。美国的银行体系由三部分构成，一是联邦储备银行系统，二是商业银行系统，三是非银行金融机构。

1. 联邦储备银行系统

美国的联邦储备体系（后文简称为美联储，Federal Reserve System，Fed）即美国的中央银行，1913 年 12 月 23 日美国总统威尔逊签署《欧文—格拉斯法案》，美联储正式进入筹备阶段，此后的一个世纪以来，美联储的职能及结构进行过多次修改，但其作为美国中央银行的地位从未动摇。美联储主要由联邦储备委员会、联邦储备银行和联邦公开市场委员会（The Federal Open Market Committee，FOMC）组成。其职能主要为：制定和执行货币政策；监管银行等金融机构；维护金融市场的稳定；为金融机构、美国财政部，以及国外机构提供清算等金融服务。联邦储备委员会设在首都华盛顿，由 7 名理事组成，负责管理整个联邦储备体系，理事会成员和主席均由总统任命，该委员会负责制定有关法律规则并监督其实施，制定和审查批准储备金要求、存款最高利率及贴现率等；美联储设有 12 家联邦储备银行，分别位于波士顿、纽约、费城等 12 个城市，他们在各自负责的地区执行中央银行的职能[1]，其他在联邦注册成立的国民银行必须成为联邦储备体系的成员银行；联邦公开市场委员会的主要职能是通过公开市场操作调节市场中的货币供应量。由 12 名成员组成，包括联邦储备委员会的 7 名理事以及 5 位联储银行行长。

---

[1] 参考美联储官网: https://www.federalreserve.gov/aboutthefed/structure-federal-reserve-system.html.

美国联邦储备体系的特点在于：美联储体系不是由联邦政府控制，而是采取去中心化的形式由 12 个联储银行和联储委员会共同执行中央银行职能；美联储体系由成员银行共同拥有，具有很强的独立性和私有性，在制定和执行货币政策时，不需要得到政府和国会的批准。

2. 商业银行系统

商业银行是美国银行体系的重要组成部分，美国的商业银行体系遵循以下两个制度。第一，双轨银行制度。美国的商业银行分为国民银行和州立银行两种，国民银行必须是联邦储备体系的成员，受财政部货币监理署、美国联邦储备体系和联邦存款保险公司的监督管理，如遇到危机，美联储可以提供紧急贷款。而州立银行不一定强制成为联邦储备体系的会员，可以自由选择。如果是其中的会员，就要接受联邦和州的双重监管；否则，除了接受州监管外，还要选择购买联邦存款保险。美国的商业银行总数超过 10000 家，其中，国民银行占 50%，包含花旗银行、美国银行等世界性大银行。第二，单一银行制度。20 世纪 30 年代的经济危机过后，为了保证银行经营的安全性，单一银行制度规定美国境内银行不得跨州设立分支机构，商业银行也不能从事投资银行业务。在单一银行制度的要求下，许多商业银行的原有投行部门会单独经营。例如，摩根大通公司原有的投行部门分离出来后成立了摩根士丹利，现在是全球知名的投行。20 世纪 80 年代后，在金融自由化的大趋势下，美国的单一银行制度面临着巨大冲击，为了适应市场竞争，单一银行制度开始逐渐趋于放松。

3. 非银行金融机构

美国除了商业银行还有一些其他的非银行金融机构[①]，如储蓄机构、投资机构及保险公司等。第一，储蓄机构不是银行，但可以吸收存款。储蓄机构又可以分为储贷机构（主要从事住房抵押贷款业务）、互助储蓄银行（抵押贷款、政府证券、公司债券等贷款业务）和信用社（非营利合作金融机构），为会员提供个人贷款业务。第二，投资机构。主要包括投资银行（如美林、摩根士丹利、高盛等）、证券经纪公司（从事短期存款、证券信贷、股票等业务）、货币市场基金、固定信托投资公司、封闭式基金等。第三，保险公司。主要为企业和个人提供人寿和财产保险，有股份公司和合作公司两类。

（二）欧盟银行体系

欧盟作为一个国家联盟，其中央银行为欧洲中央银行，简称欧洲央行。欧洲央行的总部位于德国法兰克福，自 1998 年 6 月 1 日成立之后，就一直负责欧盟欧元区的金融及货币政策，主要职能是维护欧元区的货币稳定，主导利率、货币储备和发行，以及制定欧洲货币政策等。1992 年《马斯特里赫特条约》确定了欧洲央行的地位。欧洲央行是世界上第一个管理超国家货币的中央银行，具有非常高的独立性，既不接受欧盟领导机构的指令，也

---

① 参考 https://wenku.baidu.com/view/16f0cf6aab956bec0975f46527d3240c8447a163.html?

不受各国政府监督。1999 年 1 月 1 日欧元正式启用后，欧元区[①]国家可以保有财政政策的权利，但货币政策须由欧洲央行统一制定。欧洲央行在欧元区国家中设有欧盟成员国央行，类似于美联储中的 12 家联邦储备银行。两者都属于二元的中央银行体制，地方和中央两级分别行使权力，两级中央银行具有相对的独立性。此外，欧洲央行在制定欧元区货币政策时，也会与未在欧元区但同属欧盟的其他国家中央银行代表进行沟通，从而达到调控欧盟区整体银行业的目的。

欧洲银行大多采用股份有限公司的组织形式。在组织结构上，呈现出"大部门小分行"的特征。由于许多资源集中在银行的大部门，所以，许多业务均在大的银行部门完成。大部门的业务除了分工细、专业强，整体业务流程已经实现了高度的集约化和程序化，能够在很大程度上发挥规模效应，降低运营成本。小的分支机构虽然很多，但是职能较为单一。[②]

（三）日本银行体系

日本的银行体系是以日本银行为中心，以商业银行为主体，其他银行类金融机构为补充的架构设计。日本银行是日本的央行，主要职能包括发行和管理纸币现钞、执行金融政策、维持金融系统稳定等。日本银行虽然宣称不受日本政府影响，但是，实际上日本政府可以通过各种手段干涉日本银行。2000 年，日本经济略显好转，由于日本银行贸然加息导致经济再次步入衰退，这也导致日本政府的干涉更加频繁。2020 年 7 月，日本央行开始研究数字货币，设立了"数字货币组"[③]。

日本的银行体系曾经采用的是"商业银行+专业银行"的模式，其中，商业银行分为都市银行和区域银行，专业银行包括信托银行、信用联合会以及农林牧渔金融合作社。此外，日本的银行系统还有一些其他的金融控股公司和外资银行。目前，不少专业银行已经转为普通银行，性质类似于区域银行。城市银行，也称都市银行，共有四家，即三菱东京日联银行、三井住友银行、瑞穗银行和理索纳银行。这些城市银行一般以东京、大阪等六大城市为中心设立总行，分支机构遍布全国。区域银行共计 104 家，这些银行一般以地区中心为总部，原则上只在本区域内开展业务，属于地方性的金融机构。比较有代表性的区域银行为北海道银行，2004 年与北陆银行合并为北库金融集团。日本的区域银行主营业务是服务中小企业，除了满足中小企业的融资需求之外，甚至有的还直接或者间接参与企业的经营和战略发展。[④]

---

① 目前，欧盟共有 27 个成员国。分别是法国、德国、意大利、荷兰、比利时、卢森堡、丹麦、爱尔兰、希腊、葡萄牙、西班牙、奥地利、瑞典、芬兰、马耳他、塞浦路斯、波兰、匈牙利、捷克、斯洛伐克、斯洛文尼亚、爱沙尼亚、拉脱维亚、立陶宛、罗马尼亚、保加利亚、克罗地亚。

　　欧元区国家有 20 个，分别是德国、法国、意大利、荷兰、比利时、卢森堡、爱尔兰、西班牙、葡萄牙、奥地利、芬兰、立陶宛、拉脱维亚、爱沙尼亚、斯洛伐克、斯洛文尼亚、希腊、马耳他、塞浦路斯、克罗地亚。

② 中国经济网，李钢：欧洲商业银行组织架构的演化及其启示[EB/OL]. http://views.ce.cn/main/qy/201201/06/t20120106_22977609.shtml, 2012-01-06.

③ 日本商业银行体制——百度百科：https://baike.baidu.com/item/日本商业银行体制/22521202?fr=ge_ala.

④ 包商研究院：日本银行业发展历程研究，2019(7).

第二节　我国商业银行的起源与发展

一、清政府以前的钱庄与票号

与西方的银行相比，中国的银行产生较晚。南北朝时期，寺庙中的典当业是我国关于银行业的较早记载。唐朝时期出现了我国最早的汇兑业务，类似于汇票的"飞钱"。北宋前期（1023 年），四川成都的商人在"飞钱"的基础上发行了交子①，并建立了专门经营铁钱与交子兑换业务的交子铺，交子也是我国乃至世界最早出现的纸币。钱庄是中国封建社会后期出现的一种金融组织，最初的业务主要是货币兑换，后来经发展，逐渐包括存款、放款和汇兑等业务。清乾隆年间，钱庄已具有较大规模，大多分布于长江流域及江南各大城市，但中心在上海。

票号是清代以经营汇兑业务为主的信用机构，也称为票庄或者汇号。山西商人经营盐业、票号等商业，被世人冠以晋商的名号，晋商一度以"富足甲天下"的称号享誉全国。到了清代，晋商已成为国内势力最雄厚的商帮。道光初年，山西平遥县的日升昌票庄是最早的一家票庄，后来许多商号独立出兼营的汇兑业务，或者有的重新集资设立票号，逐渐形成了山西票号。世界经济史学界把晋商和意大利商人相提并论，对其给予了非常高的评价。

二、清政府晚期的金融机构

19 世纪中叶，英商东方银行（丽如银行）②是最早来到中国的外国银行。其后，各资本主义国家纷纷来华设立银行。为了抵抗外国银行在华的垄断地位，受清政府委托，洋务运动代表人物盛宣怀于 1897 年 5 月 27 日在上海开办了第一家中国商业银行——中国通商银行。这是我国第一家由中国人自己开办的商业银行，总行设于上海黄浦路。通商银行是我国第一家发行纸币的银行，具有发行银元和银两两种货币的特权，先后在北京、天津、汉口、广州等地开办分行，代表着中国现代金融业的开端。

但是，该银行在组织制度和业务经营方面具有浓厚的买办性和封建性，内部制度和人员安排完全仿照了英国的汇丰银行。为了取得帝国主义的承认，中国通商银行加入了外商银行同业公会，接受该公会的管辖与制约。事实表明，中国通商银行是中国半殖民地半封建经济下的畸形儿，是一个在官僚、买办和封建势力支配下的资本主义银行。

1905 年，户部银行成立，总行设在北京，户部银行是官商合办性质的银行，被国家授予了铸造货币、发行纸币、统一币值等特权。户部银行实际是国家银行，也是我国最早的

---

① 关于交子的来源有很多种说法，本书采用"飞钱说"，依据是《宋史·食货志》中："交子会子之法，盖有取于唐之飞钱。"

② 1845 年英商东方银行在香港和广州设分行和分理处，1847 年设立上海分行，即丽如银行。

中央银行。1908 年，户部银行更名为大清银行，全盛时期的大清银行共设分行 21 处，分号 30 余处，是清末最大的一家银行。1911 年，大清银行的历史伴随着辛亥革命而终结，但是同期成立的浙江兴业银行、交通银行却继续经营了下来。

三、辛亥革命后的金融机构

民国元年，经孙中山先生批准，中国银行在原大清银行的基础上改组而成。随后，北洋军阀窃取了辛亥革命的成果并组建了北洋政府，中国银行被北洋政府接管，除此之外，在辛亥革命后继续营业的交通银行也成为袁世凯的统治工具。在北洋政府授意下，中国银行与交通银行在缺乏金银储备的情况下疯狂增加钞票发行额，最终在 1916 年酿成了两家银行的停兑风潮。[①]但是，在第一次世界大战期间，中国新式私营银行的发展进入了快车道，据相关统计，1914—1921 年，全国新设银行 90 余家，包括当时赫赫有名的"北四行"（金城银行、盐业银行、大陆银行、中南银行）和"南三行"（上海商业储备银行、浙江实业银行、浙江兴业银行）。

四、战争时期的中国银行业

1926 年，北伐战争爆发，国民党逐渐掌握了政权。1927 年北伐战争后，蒋介石成立了南京国民政府。国民党取得全国政权之后，以蒋、宋、孔、陈四大家族为代表的官僚资本集团迅速垄断了全国的经济。1935 年，"四行二局"全部建立，标志着四大家族基本完成了对全国金融的垄断。

"九一八"事变后，日本侵略者扶植起"伪满洲国"。1932 年 6 月，"伪满洲国"设立了"满洲中央银行"，总行设在长春，妄图控制东北三省的金融。"满洲中央银行"发行了不兑现的伪满纸币，并利用伪满币以极低的价格收兑原有货币，盘剥百姓，积聚资金。1936—1941 年，日本在华成立了"满洲兴业银行""蒙疆银行"等伪政权银行，实行所谓的"以战养战"，发动侵华战争。

抗日战争胜利后，国民党政府四大家族手中的"四行二局"迅速接收了日伪时期的各个银行机构资产，加快了对民间银行的吞并速度。此时，银行的垄断地位达到了顶峰。相比较而言，在同一时期，中国共产党高度重视对金融机构的领导和扶持工作，除了巩固已有的金融机构，还在解放区积极发展新的金融组织。解放区银行注重扶助生产，保障后方，支援前方战争，在解放城市中积极开展城市金融业务，大力支持城市工商业恢复生产，坚决打击扰乱货币金融的非法活动，对稳定物价和经济发展起到了非常大的正向促进作用。1948 年 12 月 1 日，在华北银行、北海银行、西北农民银行的基础上，河北省石家庄市成立了中国人民银行。中国人民银行的成立标志着我国统一金融体系的基本形成，代表着新

---

① 王一成，达津. 简明中国银行史（三）[J]. 中国钱币，1996(3): 54-57.

中国银行业的开端①。

五、新中国成立后的银行业

第一阶段：1948—1984 年，银行大一统时代

从 1948 年到 1984 年是中国人民银行的"大一统"时期，中国人民银行兼营中央银行与一般性商业银行的双重业务。1979 年 2 月，国务院批准恢复组建中国农业银行，作为从事农业金融业务的专业银行。1979 年 3 月，专营外汇业务的中国银行从中国人民银行中分离出来，独立经营。同年 8 月，中国人民建设银行也从财政部独立出来，专门从事固定资产贷款和中长期投资业务，后更名为"中国建设银行"。1983 年 9 月，国务院决定中国人民银行将单一行使中央银行职责，同时设立中国工商银行，经营原中国人民银行办理的工商信贷和储蓄等经营性业务，四家专业银行将在国家政策分工所限定的地域和行业范围内开展金融活动②。自此，人民银行"大一统"的金融体制结束了，以中国人民银行为核心，四大专业银行为主体的金融机构体系正式形成。

第二阶段：1984—1997 年，商业银行体系的初步形成

在专业化银行的金融体系中，国家给予了银行机构较大的经营自主权。1985 年，银行信贷资金管理体制由实行"差额包干"改为"实存实贷"；财务体制也由"统收统支"改为各银行独立核算、自负盈亏。1989 年实行了"限额管理，以存定贷"的方针，资产负债管理体制开始逐步建立。同时，通过建立各种岗位责任制、目标经营制和单项承包制，推行劳动人事制度和中层干部聘任制等措施，积极推动国有银行的机关式管理方式向企业化管理方式过渡。

1986 年，为适应中国经济体制改革和发展，国务院批准重新组建交通银行。1987 年 4 月 1 日，交通银行正式营业，这是我国第一家全国性的国有股份制商业银行，总行设立在上海江西中路 200 号。在此之后，全国各地相继成立了 10 余家股份制商业银行，各银行之间的业务相互交叉，相互竞争。③

1994 年，我国建立了国家开发银行、中国进出口银行、中国农业发展银行三家政策性银行，政策性银行成立的目的是分离国有银行原本承担的政策性业务，为其商业化运营减负，政策性银行进一步为专业银行的企业化创造条件。

1995 年，《中华人民共和国商业银行法》颁布，我国首次在法律上确定了商业银行的性质、定位及行业运作的范围边界。1995 年 7 月，第一家地方性的股份制商业银行——深圳城市商业银行（现在的平安银行）正式成立，它整合了当时 16 家信用社，为深圳金融业注入了市场活力。1996 年 7 月 13 日，全国农村金融体制改革工作会议在北京召开，会议决定，中国农业银行不再领导管理农村信用社，农村信用社的业务管理改由县联社负责，

---

① 王一成，达津. 简明中国银行史（四）[J]. 中国钱币，1996(4):46-48, 52.

② 《中国近代金融史》编写组. 中国近代金融史[M]. 北京：中国金融出版社，1985.

③ 洪葭管. 中国金融史[M]. 成都：西南财经大学出版社，1993.

对农村信用社的金融监管由中国人民银行直接承担。1996 年 8 月 22 日，《国务院关于农村金融体制改革的决定》发布，决定成立农村金融体制改革部际协调小组，由中国人民银行牵头，中国人民银行行长任组长，办公室设在中国人民银行。

第三阶段：1998—2003 年，银行业的市场化改革

1997 年亚洲金融危机之后，国有商业银行不良资产剧增，银行风险的加剧直接影响到了国家经济和金融体系的安全，金融风险的管理和防范问题迫在眉睫。1997 年 11 月，为正确估量经济、金融形势，深化金融改革和整顿金融秩序，国家召开了第一次全国金融工作会议，成立了金融工作委员会，对全国性金融机构组织关系实行垂直领导。进一步通过改革四家银行的干部任免制度、补充资本金、剥离不良资产等方式改善了国有商业银行的财务状况，提升了风险抵御能力。但是，由于管理体制和经营机制的问题没有得到根本解决，随着信贷规模的不断扩大，资本充足率又开始不断下降，不良贷款率在 2002 年达到了25.2%，2003 年的平均总资产回报率为–0.2%[①]。

第四阶段：2003—2013 年，商业银行向资管投行业务转型的过渡期

我国 2001 年 12 月 11 日正式加入世界贸易组织后，按照承诺将逐步开放银行业，外资银行先进的管理经验和技术对我国的商业银行形成了巨大的压力和挑战。2002 年 2 月，党中央和国务院召开第二次全国金融工作会议，提出要按照"产权清晰、权责明确，政企分开、管理科学"的现代金融企业制度要求，全面完善国有商业银行的治理结构、运行机制及财务状况。同时，国务院成立了国有独资商业银行综合改革专题工作小组，部署了中国人民银行牵头研究国有商业银行改革问题。

2003 年 5 月 19 日，中国人民银行向国务院提出了动用外汇储备向国有商业银行注资的新思路。2003 年 9 月，中央和国务院原则通过了《中国人民银行关于加快国有独资商业银行股份制改革的汇报》，决定选择中国银行、中国建设银行作为试点银行，用 450 亿美元国家外汇储备和黄金储备补充资本金，进一步加快国有独资商业银行股份制改革进程。在改革具体运作模式的选择上，国家根据产权明晰的原则，于 2003 年 12 月 16 日依《公司法》设立了中央汇金公司，该公司运用国家外汇储备向试点银行注资，并作为国有资本出资人代表，行使国有重点金融机构控股股东职责，真正落实出资人对资本安全性和收益性的责任和约束。

通过一系列的措施，国有商业银行的改革取得了阶段性成功。股份制改革使得国有商业银行的产权更加清晰；汇金公司行使国有资本出资人的权利，强化了国有银行的产权约束；战略投资者和公众投资者的引入打破了国有商业银行的单一产权结构，完善了国有商业银行的法人治理结构，强化了自身的风险约束机制。上市后严格的信息披露制度更加有利于强化银行的外部监督约束，也使银行的经营情况有了客观的市场评价基准。

伴随着市场化改革的深入，中国经济步入快速增长时期，资本市场发展迅速。同时，居民财富多元化配置开始起步，银行理财业务开始兴起并快速扩大。这一时期，现金管理、

---

① 易棉阳，姚会元. 1980 年以来的中国近代银行史研究综述[J]. 近代史研究，2005(3): 252-282.

资产管理、债券承销、投贷联动、资产证券化、跨境并购融资等业务快速发展，新兴融资产品得到极大丰富。

第五阶段：2014 年至今，商业银行金融科技创新驱动时期

进入新常态发展阶段后，中国经济主要表现为增速放缓、结构调整、创新驱动三大特征。在利率市场化的背景下，商业银行依赖息差的收入增长模式面临巨大挑战，特别是互联网金融的迅猛发展，第三方支付模式快速抢占了商业银行在支付结算和小微金融领域的市场份额。[①]为了应对挑战，商业银行普遍加大了金融科技的投入力度，加快数字化转型，积极打造移动金融场景，发挥综合金融优势。此外，针对大型互联网平台进入金融领域无序扩张背后的潜在系统性风险，央行、银保监会等部门迅速补齐监管短板，商业银行与互联网巨头的竞争关系进入新阶段。

第三节 商业银行的资产负债理论

商业银行的资产负债理论主要经历了三个阶段的演变和发展，分别是资产管理理论、负债管理理论和资产负债管理理论。伴随着商业银行理论发展的更迭，商业银行的发展也不断迎来了新的契机。

一、资产管理理论

资产管理理论盛行于 18 世纪 70 年代至 20 世纪 50 年代。具体分为商业贷款理论、资产转移理论和预期收入理论三个阶段。资产管理理论主要解决如何把筹集到的资产恰当地分配到现金资产、证券投资、贷款和固定资产等不同资产上的问题。商业银行的资产管理理论以资产管理为核心，早在 17 世纪，资产管理就成为商业银行管理遵循的原则。

（一）商业贷款理论

商业贷款理论是早期的资产管理理论，出现在亚当·斯密于 1776 年《国民财富的性质和原因的研究》一书中。商业贷款理论的基本观点是：存款是银行贷款资金的主要来源，而银行存款的大多数是活期存款，这种存款随时可能被提取，为了保证资金的流动性，商业银行只能发放短期的与商业周转有关的、与生产物资储备相适应的有偿性贷款，而不能发放不动产等长期贷款。银行贷款应该以商业行为为基础，以商业票据为凭证。作为早期的资产管理理论，商业贷款理论存在着一些局限性：第一，这种带有自偿特征的放款理论，不能满足经济发展对银行长期资金的需求，也限制了银行自身的发展；第二，该理论忽视了银行存款的相对稳定性，没有充分利用长期负债；第三，该理论忽视了短期贷款的风险性，且使银行的发展受制于经济周期及其带来的风险。

---

① 王松奇. 中国商业银行竞争力报告（2019—2020）[M]. 北京：人民日报出版社，2022.

（二）资产转移理论

资产转移理论也称为可转换理论，最早由美国的莫尔顿于1918年在《政治经济学杂志》上发表的一篇论文中提出。其基本观点为：为了保持足够的流动性，商业银行最好将资金用于购买变现能力强的资产。这类资产一般具有信誉高（如国债或政府担保债券及大公司发行的债券），期限短，流通能力强、易于出售这三项条件。这一理论重视商业银行的稳定性，较商业贷款理论有所进步，但其仍然具有局限性：第一，证券价格受市场波动的影响很大，当银根紧缩时，资金短缺，证券市场供大于求，银行难以在不受损失的情况下顺利出售证券；第二，当经济危机的发生使证券价格下跌时，银行大量抛售证券，却很少有人购买甚至无人购买，这与银行投资证券以保持资产流动性的初衷相矛盾。

（三）预期收入理论

该理论是一种关于商业银行资产投向选择的理论，最早是由美国的普鲁克诺于1949年在《定期放款与银行流动性理论》一书中提出。其基本观点为银行的流动性应着眼于贷款的按期偿还或资产的顺利变现，无论是短期商业贷款还是可转让资产，其偿还或变现能力都以未来收入为基础。只要未来收入有保证就可以保证银行资产的流动性。这项理论综合考虑了商业银行的稳定性与风险性，较上述两种理论有了长足的进步。但仍然存在局限性：第一，把预期收入作为资产经营的标准，而预期收入状况由银行自己预测，不可能完全精确；第二，在贷款期限较长的情况下，不确定性因素增加，债务人的经营情况可能发生变化，到期时并不一定具有偿还能力。

二、负债管理理论

该理论产生于20世纪50年代末期，盛行于60年代。负债管理理论是以负债为经营重点，即以借入资金的方式来保证流动性，以积极创造负债的方式来调整负债结构，从而增加资产和收益。这一理论认为：保持流动性不需要完全靠建立多层次的流动性储备资产，一旦银行有资金需求，就可以通过多种方式主动向外负债。负债管理理论在历史上依次经历了由存款理论向购买理论再到销售理论发展的三个阶段。

（一）存款理论

存款理论曾经是商业银行负债的主要理论。其主要特征是它的稳健性和保守性。该理论强调应按照存款的流动性来组织贷款，将安全性原则摆在首位，反对盲目存款和贷款，反对冒险牟取利润。存款理论有三项基本观点：第一，存款是商业银行最主要的资金来源，是其资产业务的基础；第二，银行在吸收存款过程中是被动的，为保证银行经营的安全性和稳定性，银行的资金运用必须以其吸收存款沉淀的余额为限；第三，存款应当支付利息，作为对存款者放弃流动性的报酬，付出的利息构成银行的成本。但是，存款理论忽略了银行在扩大存款或其他负债方面的能动性，也没认识到负债结构、资产结构及资产负债综合关系的改善对于保证银行资产的流动性、提高银行营利性等方面的作用。

（二）购买理论

购买理论基本否定了存款理论。购买理论认为：首先，商业银行对存款不是消极被动，而是可以主动出击购买外界资金；其次，商业银行购买资金的基本目的是增强其流动性；最后，商业银行吸收资金的适宜时机是在通货膨胀的低利率，甚至是负利率条件下。直接或间接抬高资金价格，也是实现购买行为的主要手段。在充分考虑了商业银行的能动性后，购买理论给予了商业银行过于自主的决策权，这将会助长商业银行盲目扩大负债，加深债务危机，最终导致银行业恶性竞争，从而加剧通货膨胀。

（三）销售理论

销售理论认为：银行是金融产品的制造企业，银行负债管理的中心任务就是迎合顾客的需要，努力推销金融产品，扩大商业银行的资金来源和收益水平。该理论给银行负债管理注入了现代企业的营销理念，即围绕客户的需要来设计资产类或负债类产品及金融服务，并通过不断改善金融产品的销售方式来完善服务。该理论虽然可以扩大银行的资金来源，但是，过多地销售金融产品同样会给银行带来过多的负债和成本，未能完全兼顾安全性、流动性和营利性。

三、资产负债管理理论

20 世纪 70 年代末 80 年代初，金融管制逐渐放松，银行业务覆盖的范围越来越大，同业竞争加剧，商业银行需要对资产和负债进行全面的综合管理，由此产生了均衡管理的资产负债管理理论。该理论的主要特点是：具备综合性，注重资产和负债管理并重；适应性较强，可以根据经济环境的变化不断调整自己的经营行为，加强动态管理。资产负债管理理论提出了三项基本经营原则：第一，总量平衡原则，即资产与负债规模相互对称，统一平衡；第二，结构对称原则，即资产和负债的偿还期及利率结构对称；第三，分散性原则，即资金分配运用应做到数量和种类分散。

目前，资产负债管理的主要技术方法分为缺口管理法和利差管理法。第一，缺口管理法，具体分为以下两种。一是利率敏感性缺口管理方法。基本思路是：银行可以根据利率变动的趋势，通过扩大或缩小利率敏感性资产与利率敏感性负债之间缺口的幅度，来调整资产和负债的组合及规模，以达到盈利的最大化。二是持续期缺口管理方法。具体做法是：在任何一个既定时期，计算资产加权平均到期日减负债加权平均到期日的差额，即持续期缺口。如该缺口为正，则说明资金运用过多；反之，则资金运用不足，应根据外部环境进行调控。第二，利差管理法，即控制利息收入和利息支出的差额，以便适应银行的经营目标。主要手段有两种：一是增加利差，即控制利息收入和利息支出的差额，以便适应银行的经营目标；二是创新金融衍生工具及交易方式，即运用金融期货交易、金融期权交易、利率互换等衍生工具，进行利差管理与资产的避险保值。

本章小结

本章主要介绍了商业银行的发展史。商业银行历史悠久，是市场贸易的适应产物，商业银行的出现正式宣告了金融业的诞生。无论是坐在街边板凳上的"街头"金融从业人员还是英国金匠推行的金银保管体系，商业银行的发展历程中蕴含着人类文明推动社会经济发展的智慧。

中国的商业银行发展历史较为波折。改革开放后，面对国内越发强烈的金融流通需求，商业银行在国家的政策调控下正在各行各业发挥着重要的金融媒介作用。目前，中国银行业的体系已经趋于完善，多元化多层次的银行体系已经初具规模。但是，市场制度、法律制度及监管制度还不完善，在当前复杂的国内外背景下，银行业未来面临着巨大的挑战和压力。抓住发展机遇、防范重大系统性金融风险、深化改革、坚持服务实体经济是银行业高质量发展的重要保障。

商业银行的理论发展经历了资产管理理论、负债管理理论和资产负债管理理论三个阶段。在商业银行理论的不断更新中，人们对商业银行经营和管理的认识逐渐深刻。未来，商业银行的理论发展也将顺应时势，不断创新，进一步为商业银行开发新的业务模式和盈利模式提供理论支撑。

思考题

一、名词解释

1. 美联储
2. 交子
3. 钱庄
4. 票号
5. 资产负债综合管理理论

二、简答题

1. 早期商业银行产生的背景是什么？
2. 美国的银行体系架构是什么？
3. 我国商业银行的发展历经了几个阶段？
4. 商业银行的资产负债理论发展主要经历了几个阶段的演变和发展？每个阶段有何特点？
5. 从我国商业银行的发展来看，有哪些思考？

即测即练

自学自测　扫描此码

第三章

国内外主要商业银行

2021 年全球 30 家最具系统重要性（list of important banks in the global system，G-SIBs①）的银行名单显示：位于评分区间第五档的银行暂时空缺，第四档的银行仅有 1 家，为美国的摩根大通公司；第三档包括 3 家银行，分别为法国巴黎银行、汇丰银行和花旗银行；第二档包括 8 家银行，分别为中国的中国银行、建设银行和工商银行，美国的高盛和美国银行，英国的巴克莱银行，德国的德意志银行和日本的三菱日联金融集团②；第一档包括 18 家银行，具体为中国的农业银行，美国的纽约银行梅隆公司、道富银行、摩根士丹利和富国银行，英国的渣打银行，荷兰商业银行，西班牙国际银行，法国的农业信贷银行、法国兴业银行、BPCE 银行集团，日本的三井住友银行和瑞穗金融集团，加拿大的多伦多道明银行和加拿大皇家银行，瑞士的瑞银集团和瑞信银行，意大利的裕信银行。这些具有全球性质的金融机构在国际金融市场中承担着重要功能，被视为全球银行业的"稳定器"。我们将在本章选取其中部分具有代表性的商业银行进行介绍。

第一节 美国的商业银行

自 1782 年 1 月美国第一家银行——北美银行（Bank of North America）成立以来，美国银行业经历了长达 200 多年的发展，逐渐形成了一个涵盖联邦储备银行、商业银行、投资银行、储贷机构和政府专业金融机构的庞大金融体系。下面将主要介绍摩根大通公司、美国银行和花旗银行 3 家具有代表性的美国商业银行。

一、摩根大通公司

摩根大通公司③（JP Morgan Chase & Co.，JP 摩根）被誉为美国现代金融业"教父"，其前身 J. P.摩根公司可以追溯至 1799 年，是全球历史最长、规模最大的金融服务集团之一。

---

① G-SIBs 总共分为五档，基于 2020 年底的数据和巴塞尔银行监管委员会（Basel committee on Banking Supervision，BCBS）设计的评估方法，按照其系统性、国际性、相互关联性和复杂性的程度进行归档，最新数据由 20 国集团（G20）国家的监管机构组成的金融稳定理事会（FSB）于 2021 年 11 月公布，评分区间由高到低依次是第五档、第四档、第三档、第二档和第一档。

② 三菱日联金融集团，由三菱东京金融集团（MTFG）和日联控股（UFJ Holding）合并，于 2005 年 10 月 1 日正式成立。

③ 参考摩根大通公司官方网站：J.P. Morgan | Official Website https://www.jpmorgan.com/global。

2000 年，摩根大通与大通曼哈顿合并，正式更名为摩根大通公司，新公司名为 J. P. Morgan Chase & Co.，总部位于纽约。该公司的服务对象涵盖个人客户、企业、机构和政府客户等，业务遍及全球，在投资银行业务、金融服务、投资管理、私人银行业务和私募股权投资等业务领域遥遥领先。截至 2021 年末，摩根大通公司总资产高达 3.74 万亿美元，较 2020 年的 3.38 万亿美元上涨 11%。此外，摩根大通公司在中国境内的发展也十分迅速。2007 年，摩根大通银行（中国）有限公司在北京成立，经过十余载的发展，到 2023 年 5 月，摩根大通银行（中国）有限公司在中国境内共拥有 8 家分行，分别位于北京、上海、广州、深圳、天津、成都、哈尔滨和苏州 8 个城市。

在 1929 年至 1933 年经济危机前，J.P.摩根公司与摩根士丹利同属摩根公司。1933 年，美国政府认为造成危机的原因之一是"全能银行"（商业银行混业经营）的存在，因此出台了《格拉斯—斯蒂格尔法案》，对商业银行的混业经营进行了严格限制。摩根公司将原有的投资银行部门独立出来，成立了投资银行摩根士丹利，剥离后的摩根公司成为专营的商业银行。

作为美国历史最悠久的金融机构之一，摩根大通公司至今已有超过 200 年的历史。在其发展过程中，逐渐合并整合 1200 多家机构，形成了投资银行、零售金融服务、银行卡服务、商业银行、财产及证券服务和资产管理六个板块协同发展的大格局，业务结构稳健，抵御风险冲击的能力强。

二、美国银行

美国银行[①]（Bank of America，BOA）的历史最早可追溯到 1784 年的马萨诸塞州银行。2002 年 8 月，美国美洲银行（Bank Of America Corporation，简称美洲银行）将其在中国大陆注册的中文名正式变更为美国银行。[②]近年来，美国银行资产质量保持在较高水平，流动性充足。截至 2021 年末，美国银行总资产达到 3.17 万亿美元，较 2020 年末的 2.82 万亿美元增长 12.41%，是美国第二大商业银行，仅次于摩根大通。

美国银行的发展离不开公司良好的组织架构与管理模式。首先，从整体架构上看，美国银行不主张个性化业务，而是以标准业务为主。其核心业务主要是零售银行业务、国际业务和其他金融业务。为支持核心业务发展，美国银行还设有支持部门，以业务为单元，各业务单元的支持部门实行垂直管理。其次，美国银行在总行之下的层面不进行全面集中管理，而是由各个业务单元各自进行设置，单元与单元之间是合作关系，而非隶属关系。最后，美国银行的各级管理团队采用"六西格玛管理模式"来改善并整合成本、服务、销售等方面的业务和环节[③]，现在已经成为全世界零售银行的领航者。

---

① 参考美国银行官方网站：美国银行——银行业务、信用卡、贷款和美林投资 https://www.bankofamerica.com/.
② 参考 Bank Of America Corporation 2021 年年度报告。
③ 参考 Bank Of America Corporation 2021 年（ESG）年度报告。

三、花旗银行

花旗银行①（Citibank）是花旗集团（Citygroup）属下的一家零售银行，其历史可追溯到 1812 年成立的纽约城市银行（City Bank of New York）。截至 2021 年末，花旗集团总资产为 2.29 万亿美元，是美国第三大商业银行，仅次于摩根大通和美国银行。花旗集团为全球 100 多个国家约 2 亿名客户提供服务，覆盖个人、机构、企业和政府部门的信贷业务、投行业务、经纪业务、保险业务、资产管理业务等。

第二节　欧洲的商业银行

一、汇丰银行

汇丰银行②，全称香港上海汇丰银行有限公司（The HongKong and Shanghai Banking Corporation Limited），于 1865 年 3 月由苏格兰人托马斯·苏石兰（Thomas Sutherland）在香港建立，4 月，上海分行开始营业，主要为国际贸易往来提供融资服务。19 世纪末，汇丰银行已成长为亚洲重要的金融机构。到 20 世纪末，汇丰凭借业务增长、收购和多元化发展，从重要的区域性银行转变为世界领先的金融机构，并于 1991 年成立了汇丰控股有限公司（HSBC Holdings plc）。1992 年，新成立的汇丰控股有限公司收购了英国米特兰银行（Midland Bank）的全部股份，随后将总部迁往英国伦敦。

汇丰控股是英国的银行和金融服务公司。该公司的部门包括财富管理及个人银行业务部门（wealth and personal banking，WPB）、商业银行业务部门（cmb-commercial banking，CMB）及全球银行和市场业务部门（global banking and markets，GBM），在欧洲、亚太地区、中东和北非、北美和拉丁美洲等地开展金融业务。截至 2021 年末，汇丰控股总资产达到 2.96 万亿美元。

二、法国巴黎银行

法国巴黎银行（BNP Paribas）③由法国两家主要商业银行 BNP 和 Paribas 合并而来，是一家业务遍布全球 68 个国家及城市的银行集团。

法国巴黎银行拥有三大核心业务：零售银行业务、企业与投资银行业务和投资解决方案业务。零售银行业务为欧元区及欧元区以外地区的客户提供银行业务；企业与投资银行业务为客户提供融资、顾问，以及资本市场服务；投资解决方案业务则为客户提供私人银行、资产管理、证券服务、房地产和保险服务等金融服务。截至 2021 年末，法国巴黎银行

---

① 参考花旗银行官方网站：Global Investment Bank and Financial Services | Citi https://www.citigroup.com/citi/.
② 参考汇丰银行官方网站：汇丰英国——个人及网上银行　https://www.hsbc.co.uk/.
③ 参考法国巴黎银行官方网站：https://group.bnpparibas/en/.

总资产达 2.63 万亿欧元。

三、瑞银集团

瑞银集团（United Bank of Switzerland，UBS），即瑞士银行，是欧洲最大的金融控股集团，于 1862 年成立，总部位于瑞士苏黎世。[①]旗下核心业务有资产管理、投资担保、科学研究及商业零售服务等。

瑞士银行坚持一体化银行模式，以财富管理业务为核心，协同发展投行业务和资产管理业务，主要为全世界的个人、机构、公司客户和私人客户提供广泛的银行服务。包括常规的贷款服务，国际商业贷款和银团贷款，证券交易与担保，投资咨询与托管，发行并承销股票、债券和票据业务等。2003 年，瑞士银行成为首家取得中国内地合格境外机构投资者（qualified foreign institutional investor，QFII）牌照的境外投资者。截至 2021 年末，瑞银集团总资产为 1.12 万亿美元。

 **知识窗**

瑞士银行：全世界最安全的银行

瑞士银行历史悠久，据相关统计，瑞士银行中的存款占全世界个人财富的 25% 以上，被称为"全球富豪的管家"。瑞士银行存款的高安全性为世人所公认，用户的个人信息也享有全世界最严格的保密制度的庇护。对于一个国土面积只有 4.1 万平方公里的国家而言，银行的高安全性从何而来？

首先，瑞士的国家安全性高。作为全球少数几个永久中立国之一，瑞士未参与一战与二战，国土没有遭受战争的摧残，因而资金环境相对稳定。其次，瑞士银行保密机制严格。1934 年，瑞士当局颁布了《联邦银行法》，对用户隐私进行了极其严格的保护，任何人包括瑞士联邦政府不可以对外泄露储户的身份。瑞士银行的银行职员也多以继承式职位受雇，世代相传，接受严格的职业教育，保密协议终身有效，一旦泄密，不仅会受到法律的制裁，还会受到其他的惩罚。

但也由于瑞士银行严格的保密机制，让许多犯罪分子选择将非法所得的赃款存入瑞士银行。瑞士银行保护客户财务隐私的本意，反而成为掩盖犯罪的"温床"，也使得瑞士银行成为洗钱和避税的高发地。近年来，受到全球各国对瑞士银行的不断施压及相关国际事件的影响，瑞士银行也开始不再坚持绝对保密，一贯中立的立场也出现了改变。这些改变一方面是在全球加强金融监管的背景下，绝对保密的政策因与法律监管相违背，受到越来越多国家的抵制；另一方面，瑞士本国在国际问题中的中立态度也有所松动。这两方面因素

---

① 参考瑞士银行（中国）有限公司官方网站：瑞士银行（中国）有限公司官方网站 | UBS 中国大陆 https://www.ubs.com/cn/sc/ubs-china.html.

的影响正在让瑞士银行的"安全性"与"中立性"发生动摇。

资料来源：

参考：1. 瑞士银行官方网站. https://baike.so.com/doc/2737453-2889347.html.

2. 360 百科. https://baike.so.com/doc/2737453-2889347.html.

3. 知乎. zhuanlan.zhihu.com/p/373581855.

四、德意志银行

德意志银行（Deutsche Bank）是德国最大的银行，1870 年成立于德国柏林，在世界范围内为个人、公司、政府和公共机构提供商业银行和投资银行服务。[①]

德意志银行通过 6 个部门运营其业务，分别为全球市场部、企业部、私人财富和商业客户部、德意志资产管理部、邮政银行部和非核心业务部门。其中：全球市场部为提供交易和套期保值服务的机构和公司客户提供金融产品；企业部即投资银行，汇集了商业银行、企业融资和交易银行业务；私人财富和商业客户部为客户提供财富管理方案；德意志资产管理部主要通过股票、固定收益、房地产等投资工具进行资产投资管理；邮政银行部主要是为国内的零售、商业和企业客户提供金融服务；非核心业务部门负责处理衍生品资产、特定交易资产、信用相关投资组合以及特定大宗商品资产等非核心业务资产。截至 2021 年末，德意志银行总资产为 1.5 万亿美元。

第三节　亚洲的商业银行

一、三菱日联金融集团

三菱日联金融集团（Mitsubishi UFJ Financial Group，MUFG），总部位于日本东京，是日本总资产规模最大的金融机构。[②]2005 年，该集团由日本三菱东京金融集团（MTFG）和日本联合金融控股集团（UFJ）合并而成，是一家银行控股公司。三菱日联金融集团业务多元化，汇集了商业银行、信托公司、证券公司、信用卡公司、消费金融公司和资产管理公司等主要金融领域的顶级公司业务，可以为客户提供全面的金融服务。三菱东京 UFJ 银行是三菱日联金融集团的下属银行，是日本最大的商业银行。2010 年，三菱东京日联银行（中国）有限公司（该公司为三菱东京 UFJ 银行 2007 年 7 月在中国成立的外商独资银行）在全国银行间债券市场上成功发行了总金额为 10 亿元人民币的金融债券，成为首家在中国境内发行人民币债券的外资商业银行。该债券期限为 2 年，发行利率为 3 个月上海银行间同业拆放利率（Shanghai interbank offered rate，Shibor）加 48 个基点。2019 年 6 月，中国人

---

① 参考德意志银行官方网站：https://www.db.com/index?language_id=1&kid=sl.redirect-en.shortcut。

② 参考三井住友银行官方网站：三井住友银行 https://www.smbc.co.jp/。

民银行授权三菱东京 UFJ 银行担任日本人民币业务清算行（此前被认定为人民币业务清算银行的仅有美国摩根大通）。根据 2021 年报显示，三菱日联金融集团总资产为 3.08 万亿美元。

二、韩亚金融集团

韩亚金融集团[①]正式成立于 2005 年 12 月，其前身是韩国首个完全以民间资本创建的金融企业——韩国投资金融。韩亚银行是韩亚金融集团创建的全资子公司，总部位于首尔，是韩国第三大商业银行。2007 年 12 月，韩亚银行在中国设立韩亚银行（中国）有限公司。

韩亚金融集团拥有韩国最大的全球化网络机构，主要业务包括商业银行、证券、信托、基金、保险等在内的综合性经营活动，为各类客户提供全方位的金融服务。截至 2020 年末，韩亚金融集团拥有韩亚银行、韩亚金融投资、韩亚信用卡、韩亚资本、韩亚生命、韩亚损害保险等 14 家子公司，在韩国拥有 651 家分支机构，并在中国香港、美国、日本、新加坡、越南、缅甸、印度等 24 个国家及地区设有分支机构，总资产达到 3641 亿美元，净利润为 17 亿美元。

第四节　中国的商业银行

中国的银行业金融机构包括大型商业银行、股份制商业银行、城市商业银行、农村金融机构和其他类金融机构[②]。根据银保监会统计，截至 2022 年 6 月 30 日，我国共有银行业金融机构 4599 家，包括开发性金融机构 1 家[③]、住房储蓄银行 1 家、政策性银行 2 家、国有大型商业银行 6 家、股份制商业银行 12 家、民营银行 19 家、外资法人银行 41 家、城市商业银行 125 家、信托公司 68 家、金融租赁公司 71 家、消费金融公司 30 家、汽车金融公司 25 家、货币经纪公司 6 家、企业集团财务公司 254 家、金融资产投资公司 5 家、贷款公司 12 家、村镇银行 1649 家、农村商业银行 1600 家、农村信用社 572 家、农村资金互助社 39 家、农村合作银行 23 家、其他金融机构 38 家[④]。具体可参见图 3.1。

截至 2022 年 6 月 30 日，中国银行业金融机构总资产 360.43 万亿元，其中，国有大型商业银行总资产 145.49 万亿元，占比 40.36%；股份制商业银行总资产 63.92 万亿元，占比

---

① 参考韩国韩亚银行官方网站：1Q Bank https://www.hanabank.cn/hubPT/。

② 按照银保监会官网公布数据的口径，农村金融机构包括农村商业银行、农村合作银行、农村信用社和新型农村金融机构；其他类金融机构包括政策性银行及国家开发银行、民营银行、外资银行、非银行金融机构、金融资产投资公司。

③ 这里的开发性金融机构也属于政策性银行，所以常见的说法是我国目前共有政策性银行 3 家。

④ 38 家其他金融机构中有 5 家为金融资产投资公司，具体包括工银金融资产投资有限公司、农银金融资产投资有限公司、中银金融资产投资有限公司、建信金融资产投资有限公司和交银金融资产投资有限公司。

17.73%；城市商业银行总资产 48.02 万亿元，占比 13.32%。农村金融机构总资产 49.16 万亿元，占比 13.64%。其他类金融机构包括政策性银行及国家开发银行、民营银行、外资银行、非银行金融机构和金融资产投资公司等总资产为 53.84 万亿元，占比为 14.94%。按照 2022 年中国人民银行和中国银行保险监督管理委员会认定的 19 家国内系统性重要银行来看，6 家国有银行全部入选，另有 9 家股份制银行和 4 家城市商业银行入选系统性重要银行（表 3.1）。其中，中国银行、建设银行、工商银行和农业银行也被纳入 2022 年 30 家全球系统重要性银行名单之列。

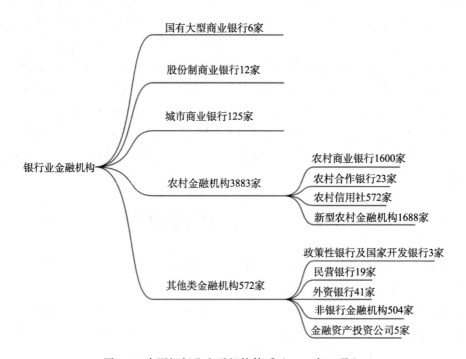

图 3.1　中国银行业金融机构体系（2022 年 6 月）

表 3.1　2022 年国内系统性重要银行

组　别	性　质	银　行
第一组（9 家）	股份制银行	中国民生银行、中国光大银行、平安银行、华夏银行、广发银行
	城市商业银行	宁波银行、江苏银行、上海银行、北京银行
第二组（3 家）	国有银行	中国邮政储蓄银行
	股份制银行	中信银行、浦发银行
第三组（3 家）	国有银行	交通银行
	股份制银行	招商银行、兴业银行
第四组（4 家）	国有银行	中国工商银行、中国银行、中国建设银行、中国农业银行
第五组	无	无

一、国有大型商业银行

1949 年新中国成立后，银行业进入全面整顿期，中国人民银行吸收合并了当时的绝大部分银行，成为国内唯一的银行。1978 年改革开放后，初步形成了以中国工商银行、中国农业银行、中国银行和中国建设银行（简称工农中建）四大专业银行为主，其他股份制商业银行为辅的局面。1993 年，《国务院关于金融体制改革的决定》将政策性业务从工农中建四大银行中剥离出来，由此，四大银行转变为国有大型银行。1999 年为对应解决四大银行长期积累的不良资产问题，国务院先后成立了中国华融资产管理公司、中国长城资产管理公司、中国东方资产管理公司和中国信达资产管理公司，为四大银行的发展奠定了扎实的基础。

（一）中国工商银行

中国工商银行（Industrial and Commercial Bank of China，ICBC，简称工行）成立于 1984 年 1 月。[①]成立之初定位为专业银行，主要承接人民银行办理的工商信贷和储蓄业务，1993 年成为国有大型银行，2005 年 10 月改制为股份有限公司。2006 年 10 月在上交所和香港联交所同日挂牌上市。

中国工商银行是中国最大的商业银行，同时也是世界领先的大银行之一，拥有优质的客户基础、多元的业务结构、强劲的创新能力和市场竞争力。截至 2021 年末，总资产达 35.17 万亿元人民币，比上年末的 33.35 万亿元人民币增长 5.46%。截至 2022 年 6 月，中国工商银行在全球拥有 1029 万公司客户和 7.12 亿个人客户。在银行业务方面，中国工商银行坚持服务实体经济的本源，累计向实体经济投放增量资金超 3 万亿元，投融资创下新高的同时，精准直达重点领域和薄弱环节。在银行资产质量方面，银行质量指标持续稳定向好，不良贷款处置力度持续加大，在不断完善的全面风险管理体系下，资产质量进一步优化。

（二）中国农业银行

中国农业银行（Agricultural Bank of China，ABC，简称农行）的前身最早可追溯至 1951 年成立的农业合作银行。[②]自 1979 年 2 月恢复成立以来，该行相继经历了国家专业银行、国有独资商业银行和国有控股商业银行等不同发展阶段。2009 年 1 月，中国农业银行整体改制为股份有限公司。2010 年 7 月，分别在上海证券交易所和香港联合交易所挂牌上市。

从 2014 年起，金融稳定理事会（Financial Stability Board，FSB）连续八年将该行纳入全球系统重要性银行名单。2021 年，在美国《财富》杂志世界 500 强排名中，位列第 29 位；在英国《银行家》杂志全球银行 1000 强排名中，以一级资本排序，位列第三。

中国农业银行是中国主要的综合性金融服务提供商之一，以"服务乡村振兴的领军银

[①] 参考中国工商银行官方网站：https://www.icbc.com.cn/。

[②] 参考中国农业银行官方网站：https://www.abchina.com/cn/。

行"和"服务实体经济的主力银行"两大定位，全面实施"三农"县域、绿色金融、数字经营三大战略。银行业务范围同时涵盖投资银行、基金管理、金融租赁、人寿保险等领域。截至 2021 年末，中国农业银行总资产 29.07 万亿元，境内分支机构共计 22807 个，境外分支机构包括 13 家境外分行和 4 家境外代表处。

（三）中国银行

中国银行（Bank of China，BOC，简称中行）成立于 1912 年 2 月，是中国持续经营时间最久的银行[①]，先后行使中央银行、国际汇兑银行和国际贸易专业银行职能。1994 年改组为国有独资商业银行，全面提供各类金融服务，发展成为本外币兼营、业务品种齐全、实力雄厚的大型商业银行。2006 年率先成功在香港联合交易所和上海证券交易所挂牌上市，成为国内首家"A+H"上市银行。

中国银行是中国全球化和综合化程度最高的银行，在中国内地及境外 62 个国家和地区设有机构，完善的全球服务网络为客户提供"一点接入、全球响应、综合服务"的金融解决方案。此外，中国银行还是 2008 年北京夏季奥运会和 2022 年北京冬季奥运会唯一官方银行合作伙伴，是中国唯一的"双奥银行"。借助冬奥会合作伙伴的身份，中国银行构建了"金融+体育"场景生态圈，通过"绿洲工程"打造组件化、平台化、服务化的 IT 架构。截至 2021 年末，中国银行总资产达到 26.72 万亿元人民币，其国际地位、竞争能力、综合实力已跻身全球大型银行前列。

（四）中国建设银行

中国建设银行（China Construction Bank，CCB，简称建行），其历史可追溯至 1954 年，前身是中国人民建设银行，归属于财政部，负责根据国家经济计划管理和分配拨给建设项目和基础建设相关项目的政府资金。[②]1979 年，中国人民建设银行成为一家国务院直属的金融机构，并逐渐承担了更多商业银行的职能。1996 年，中国人民建设银行更名为中国建设银行，总部设在北京。于 2005 年 10 月在香港联合交易所挂牌上市，2007 年 9 月在上海证券交易所挂牌上市。

截至 2021 年末，中国建设银行总资产为 30.25 万亿元人民币，仅次于中国工商银行。市值约为 1753.02 亿美元，居全球上市银行第六位。中国建设银行设有 14510 个分支机构，服务亿万个人和公司客户。拥有各级境外机构约 200 家，覆盖 31 个国家和地区。近些年中国建设银行积极践行"新金融"，全力推动实施"住房租赁、普惠金融、金融科技"三大战略，全面采取"建生态、搭场景、扩用户"的数字化经营战略。2021 年中国建设银行位列"亚洲品牌 50 强"第 29 位，净利润在国内排名遥遥领先。

---

① 参考中国银行官方网站：https://www.boc.cn/。

② 参考中国建设银行官方网站：http://www2.ccb.com/cn/investor/corporate_governance/list_corporate_ go-vernance.html?tab0。

（五）中国邮政储蓄银行

中国邮政储蓄银行（Postal Savings Bank of China，PSBC，简称邮储银行）可追溯至 1919 年开办的邮政储金业务，至今已有百年历史。[①]2007 年 3 月，在改革原邮政储蓄管理体制的基础上，中国邮政储蓄银行有限责任公司正式挂牌成立。中国邮政储蓄银行于 2012 年 1 月整体改制为股份有限公司，于 2015 年 12 月引入 10 家境内外战略投资者，于 2016 年 9 月和 2019 年 12 月分别在香港联合交易所和上海证券交易所挂牌上市。惠誉、穆迪分别给予该行与中国主权一致的 A+、A1 评级。2021 年，在英国《银行家》杂志"全球银行 1000 强"排名中，中国邮政储蓄银行一级资本位列第 15 位。

中国邮政储蓄银行定位于服务"三农"、城乡居民和中小企业，营业网点分布广泛，覆盖乡村等偏远地区，拥有近 4 万个营业网点，服务个人客户超 6 亿户，是中国领先的大型零售银行。同时银行积极履行社会责任，坚持服务实体经济，打造线上和线下互联互通、融合并进的金融服务体系，为广大客户提供优质、便捷、高效的综合化金融服务。截至 2021 年末：中国邮政储蓄银行资产总额 12.59 万亿元，较上年末增长 10.87%；不良贷款率仅为 0.82%，为同业较低水平。

（六）中国交通银行

交通银行（Bank of Communications，BCM，简称交行）始建于 1908 年，是中国历史最悠久的银行之一，也是近代中国的发钞行之一。[②]1987 年 4 月 1 日，交通银行重新组建后正式对外营业，成为中国第一家全国性的国有股份制商业银行，总部设于上海。2005 年 6 月交通银行在香港联合交易所挂牌上市，2007 年 5 月在上海证券交易所挂牌上市。

交通银行集团通过全资或控股子公司的形式，参与了商业银行、金融租赁、基金、理财、信托、保险、境外证券和债转股等业务领域。截至 2021 年末，交通银行集团资产总额 11.67 万亿元，较上年末增长 9.05%；资产质量不断改善，不良贷款率为 1.48%，较 2021 年末下降 19 个基点。到 2022 年 6 月末，交通银行境内分行机构共有 248 家，其中省分行 30 家，直属分行 7 家，省辖行 211 家，营业网点总计 2868 个。此外，交通银行还设立了 23 家境外分（子）行及代表处。近年来，交行坚持将"上海主场"建设和数字化新交行作为两大突破口，打造普惠金融、贸易金融、科技金融、财富金融四大业务特色，实现业务新发展。

二、股份制商业银行

与大型商业国有银行不同，股份制银行一般由企业法人持股，业务上自主经营、独立核算，以利润最大化为经营目的。随着股份制商业银行的迅猛发展，其已成为银行业乃至国民经济发展不可缺少的重要组成部分。目前，我国共有 12 家全国性股份制商业银行，即

---

① 参考中国邮政储蓄银行官网：https://www.psbc.com/cn/。
② 参考中国交通银行的官方网址：http://www.bankcomm.com。

招商银行、浦发银行、中信银行、中国光大银行、华夏银行、中国民生银行、广发银行、兴业银行、平安银行、浙商银行、恒丰银行、渤海银行。本部分仅选取招商银行和浦发银行进行简述。

（一）招商银行

招商银行成立于 1987 年，总部位于中国深圳，是中国境内第一家完全由企业法人持股的股份制商业银行。[①]2002 年 4 月，招商银行在上海证券交易所上市。2006 年 9 月，在香港联合交易所上市。

近年来，招商银行坚持"质量、效益、规模"动态均衡发展理念，资产负债结构持续优化，资产质量进一步优化。招商银行有两大业务特色。第一，招商银行推行"财富管理→资产管理→投资银行"的价值循环链高效运转。财富管理方面，招商银行构建轻型财富类产品矩阵，紧跟时代潮流，向年轻顾客提供简单流量型的理财服务；资产管理方面，招商银行大力发展资管业务和托管业务，截至 2021 年末，资产管理规模[②]突破 4 万亿元人民币，托管规模接近 20 万亿元人民币；投资银行方面，招商银行强化"风控为先"理念，重点发力各类创新业务，建设投资银行业务生态圈，推进投资银行业务稳健发展。第二，招商银行被誉为"零售银行之王"，是国内转型零售银行的优秀代表。通过产品组织和客群管理，衍生出"人+数字化"的服务模式。根据中国人民银行统计，招商银行存款余额位居全国性中小型银行第一。至 2021 年末，招商银行总资产规模达 9.25 万亿元人民币。

（二）浦发银行

上海浦东发展银行股份有限公司（简称浦发银行），1993 年 1 月成立，1999 年在上海证券交易所挂牌上市，总部设在上海。截至 2022 年 6 月末，其总资产规模达 8.51 万亿元。[③]浦发银行在境内外设立了一级分行 42 家、营业机构近 1700 家。浦发银行是国内为数不多同时获得三大国际评级机构（惠誉、标普和穆迪）投资级以上评级的股份制商业银行之一。

浦发银行作为总部设在上海的全国性股份制商业银行，充分利用了其区位优势，面向当地开展了一系列特色业务。第一，打造"轻型银行"。个人业务中，浦发银行建设推广"大点贷""发呗"等场景金融，以数字化梯度经营客户；对公业务中，大力支持小微企业及新基建、新能源、新兴产业、高端制造业、重要产业链供应链企业。第二，打造"绿色银行"。浦发银行绿色贷款余额居股份制同业前列，搭建"跨银行间市场、资本市场、碳金融要素市场"的绿色金融超市。第三，打造"全景银行"。着力于零售智能化、产业数字金融、数字化风控和数据资产经营建设。

---

① 参考招商银行官方网站：http://www.cmbchina.com/。
② 资产管理规模包括招银理财、招商基金、招银国际和招商信诺资管截至 2021 年末的资管业务总规模。
③ 参考浦发银行官方网站：https://www.spdb.com.cn/。

三、城市商业银行和农村商业银行

城市商业银行（简称城商行）和农村商业银行（简称农商行）都属于商业银行，相较于国有大型银行和股份制商业银行，两者规模相对较小，服务范围基本局限于一省或者一市。虽然影响范围较小，但是对于当地的业务服务往往更加细致，针对性更强，具有一定的业务特色。作为商业银行的重要组成部分，城商行和农商行也有着一些差别：从历史渊源来看，农商行由农村信用社转制而来，城商行一般由城市信用社转制而来；从独立性来看，城商行的独立性高于农商行，农商行一般受省联社的制约，而城商行是受所在地的政府制约。

近些年，城商行和农商行积极求变、转型升级。截至 2021 年底，17 家城商行和 10 家农商行实现在 A 股上市，相较于 128 家城商行和 1596 家农商行的存量而言，银行之间的发展差异化更加明显，头部效应更加集中。宁波银行、江苏银行、上海银行和北京银行四家城商行还进入了 2022 年中国 19 家国内系统性重要银行的名单。下面我们以北京银行和上海农村商业银行为代表进行介绍。

（一）北京银行

北京银行成立于 1996 年[①]，是国内资产规模最大的城商行，同时也是城商行中为数不多的有资质在异地开设分支机构的银行。其分支机构遍布我国的香港、北京、天津、上海、西安、深圳、杭州、长沙、南京、济南、南昌、石家庄、乌鲁木齐等十余个中心城市和荷兰，合计 650 余家。

截至 2022 年 6 月末，北京银行资产总额达到 3.20 万亿元，是国内唯一一个资产规模超过 3 万亿元的城商行。作为北京本地的城商行，北京银行发挥"主场优势"，围绕北京"四个中心""两区""三平台"建设并优化金融供给，在机构业务领域中形成显著的差异化竞争优势。从"科技银行""数字银行""数币银行""生态银行"和"文化银行"五个方面入手，北京银行不断服务实体经济，以打造北京地区数字产业化、金融科技创新、数字货币发展的金融场所为目标，推出专精特新企业专属产品"领航贷"，发布"京碳宝"数字化与低碳服务品牌，创新推出"京萤计划"儿童综合金融服务体系等[②]。

（二）上海农村商业银行

上海农村商业银行股份有限公司（简称上海农商银行）成立于 2005 年 8 月 25 日，是由国资控股、总部设在上海的法人银行，也是全国首家在农信基础上改制成立的省级股份制商业银行。[③]2021 年 8 月，上海农商银行在上海证券交易所上市。

---

① 参考北京银行官方网站：http://www.bankofbeijing.com.cn/。
② 参考 2022 北京银行股份有限公司半年度报告。
③ 参考上海农商银行官方网站：http://www.shrcb.com/。

作为上海本地的农村商业银行，上海农商银行围绕上海新三大任务、"五个中心"及"四大品牌"建设，以"普惠金融助力百姓美好生活"为使命，践行"诚信、责任、创新、共赢"的核心价值观，推进"坚持客户中心、坚守普惠金融、坚定数字转型"核心战略。在英国《银行家》公布的"2022 年全球银行 1000 强"榜单中，上海农商银行位居全球银行业第 124 位，比 2021 年大幅上升 25 位；在中国银行业协会 2021 年度商业银行稳健发展能力"陀螺"评价结果中，位列城区农村商业银行综合排名第一；位列 2022 年中国银行业100 强榜单第 23 位，在全国农商银行中排名第二。

本章小结

本章从国际国内两个角度出发，分别介绍了各国具有重要地位的商业银行。从中可以看出，国内外商业银行的经营模式差别较大。国外商业银行在营销机制、制度设计、产品创新及监管层面都较为成熟，规模较大。而国内的商业银行机构分层则更加清晰，业务范围和服务宗旨各具特色，在服务实体经济，普惠民生方面发挥着重要的金融服务功能。

思考题

一、名词解释

1. G-SIBS
2. 股份制商业银行
3. 金融科技
4. 绿色银行
5. 普惠金融

二、简答题

1. 简述瑞士银行为什么不再是最安全的银行。
2. 简述国内商业银行的分类。
3. 简述国外和国内商业银行的业务差异。
4. 简述城商行和农商行的区别。
5. 商业银行在社会经济发展中的作用。

自学自测   扫描此码

第四章

资产业务

资产业务是指商业银行运用资金从事各种金融活动的业务，是商业银行主要的收入来源。近年来，银行业总资产不断增加，图 4.1 展示了 2011—2021 年银行业总资产与 M2 的同比增速，可以看出，银行业总资产同比增速基本与 M2 同比增速保持一致。但是，2017年受监管政策的影响，金融机构"去杠杆"力度增加，银行业总资产的增速相较其他年份下降较快。

图 4.1　2011—2021 年银行业总资产同比增速与 M2 同比增速走势

数据来源：Wind。

资产规模体现了商业银行的综合实力和市场地位，资产质量体现了商业银行的经营管理能力，两者是衡量商业银行抵御风险能力的主要指标。依据银保监会的统计数据显示，2021 年末，商业银行的总资产为 288.59 万亿元，占银行业金融机构总资产的 83.7%。其中：大型商业银行①总资产为 138.4 万亿元，占商业银行总资产的 47.96%；股份制商业银行②总资产为 62.19 万亿元，占商业银行总资产的 21.55%；城市商业银行总资产为 45.07 万亿元，占商业银行总资产的 15.62%，农村商业银行总资产为 43.2 万亿元，占比为 15%。由于城市商业银行和农村商业银行较为分散，发展水平参差不齐，因此，本书按照资产规模选取了一些具有代表性的银行，如表 4.1 所示。

---

①　大型商业银行包括中国工商银行、中国农业银行、中国银行、中国建设银行和交通银行。自 2019 年起，邮政储蓄银行纳入"大型商业银行"汇总口径。

②　股份制商业银行包括中信银行、光大银行、华夏银行、广东发展银行、平安银行、招商银行、上海浦东发展银行、兴业银行、民生银行、恒丰银行、浙商银行和渤海银行。2012 年深圳发展银行更名为平安银行。

表 4.1　2021 年末 A 股上市代表性商业银行资产规模情况一览表

序号	证券代码	证券简称	金融机构类型	资产总计（亿元）
1	601398.SH	工商银行	大型商业银行	351713.83
2	601939.SH	建设银行	大型商业银行	302539.79
3	601288.SH	农业银行	大型商业银行	290691.55
4	601988.SH	中国银行	大型商业银行	267224.08
5	601658.SH	邮储银行	大型商业银行	125878.73
6	601328.SH	交通银行	大型商业银行	116657.57
7	600036.SH	招商银行	股份制商业银行	92490.21
8	601166.SH	兴业银行	股份制商业银行	86030.24
9	600000.SH	浦发银行	股份制商业银行	81367.57
10	601998.SH	中信银行	股份制商业银行	80428.84
11	600016.SH	民生银行	股份制商业银行	69527.86
12	601818.SH	光大银行	股份制商业银行	59020.69
13	000001.SZ	平安银行	股份制商业银行	49213.80
14	600015.SH	华夏银行	股份制商业银行	36762.87
15	601916.SH	浙商银行	股份制商业银行	22867.23
16	601169.SH	北京银行	城市商业银行	30589.59
17	601229.SH	上海银行	城市商业银行	26531.99
18	600919.SH	江苏银行	城市商业银行	26188.74
19	002142.SZ	宁波银行	城市商业银行	20156.07
20	601009.SH	南京银行	城市商业银行	17489.47
21	600926.SH	杭州银行	城市商业银行	13905.65
22	601577.SH	长沙银行	城市商业银行	7961.50
23	601838.SH	成都银行	城市商业银行	7683.46
24	601963.SH	重庆银行	城市商业银行	6189.54
25	601997.SH	贵阳银行	城市商业银行	6086.87
26	002936.SZ	郑州银行	城市商业银行	5749.80
27	002948.SZ	青岛银行	城市商业银行	5222.50
28	002966.SZ	苏州银行	城市商业银行	4530.29
29	601665.SH	齐鲁银行	城市商业银行	4334.14
30	001227.SZ	兰州银行	城市商业银行	4003.41
31	600928.SH	西安银行	城市商业银行	3458.64
32	601187.SH	厦门银行	城市商业银行	3294.95
33	601077.SH	渝农商行	农村商业银行	12658.51
34	601825.SH	沪农商行	农村商业银行	11583.76
35	002958.SZ	青农商行	农村商业银行	4304.38
36	601128.SH	常熟银行	农村商业银行	2465.83
37	601860.SH	紫金银行	农村商业银行	2066.66
38	600908.SH	无锡银行	农村商业银行	2017.70
39	002839.SZ	张家港行	农村商业银行	1645.79
40	603323.SH	苏农银行	农村商业银行	1587.25
41	002807.SZ	江阴银行	农村商业银行	1531.28
42	601528.SH	瑞丰银行	农村商业银行	1368.68

数据来源：Wind。

从资产规模来看，几类商业银行的差异较大且呈现一定的层次性。截至 2021 年年末，在 A 股上市的商业银行共 42 家，包含 6 家大型商业银行、9 家股份制商业银行、17 家城市商业银行和 10 家农村商业银行（见表 4.1）。以上 42 家上市商业银行资产规模合计 226.7 万亿元，占商业银行总资产的 92.41%，头部效应明显。其中：大型商业银行资产规模均超过 10 万亿元，工商银行以 35.17 万亿元的总规模居于首位；股份制商业银行资产规模为 2 万亿~10 万亿元；城市商业银行规模差异较大，北京银行是城市商业银行中唯一一家资产规模超过 3 万亿元的银行，多数城市商业银行规模在万亿元以下；农村商业银行中，仅 2 家资产规模超过万亿元。

研究商业银行的资产质量需要对资产业务类型进行详细分析。从大类来看，商业银行的资产业务主要分为贷款业务和投资业务两类。具体来看，在商业银行资产负债表的资产端主要体现为发放贷款及垫款、金融资产投资、现金及存放中央银行款项和同业资产四个会计科目。商业银行的这四类资产业务通常由不同的部门经营，但也有一些部门会同时经营两类资产业务，如金融市场部。图 4.2 给出了商业银行资产业务的大致分类及对应的业务部门。

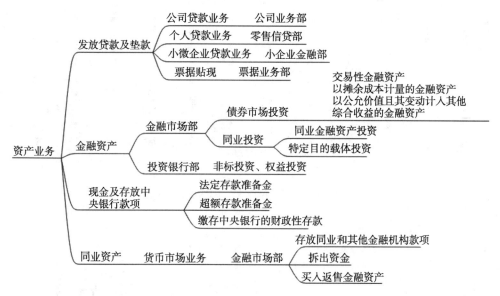

图 4.2　商业银行资产业务架构图

图 4.3~图 4.5 为大型商业银行、股份制商业银行和城市商业银行的历年年报对比分析。从三类商业银行[①]的资产业务占比情况来看，发放贷款及垫款业务是各类商业银行中最重要的业务品种，占比最高；2015 年之后，金融投资业务在各类商业银行的资产占比稳中有升，仅次于发放贷款及垫款业务，但同业资产占比呈下降趋势。

---

① 考虑到年报数据的可得性，大型商业银行和股份制商业银行的统计数据从 2010 年开始，主要城市商业银行的统计数据从 2015 年开始。此外，由于农村商业银行规模较小，上市也较少，因此仅分析前三类商业银行。

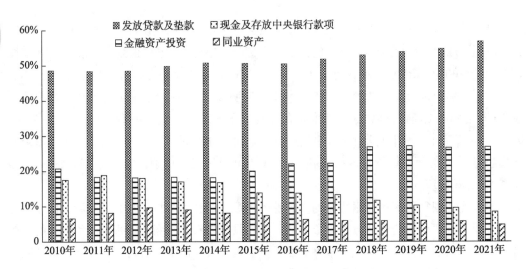

图 4.3　2010—2021 年大型银行主要资产占总资产的比例

数据来源：Wind。

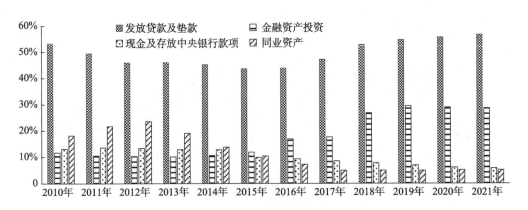

图 4.4　2010—2021 年股份制商业银行主要资产占总资产的比例

数据来源：Wind。

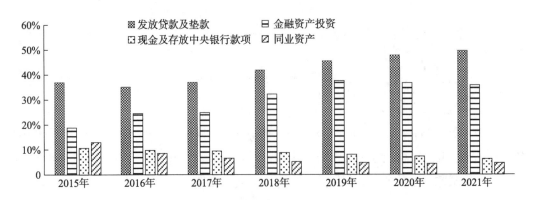

图 4.5　2015—2021 年城市商业银行主要资产占总资产的比例

数据来源：Wind。

第一节　发放贷款及垫款

贷款业务是指经批准可经营该项业务的金融机构将一定数量的货币资金按照约定的利率出借给借款人，在约定的期限到期后，收回本金和利息的借贷行为。图4.6给出了2019—2021年社会融资规模的变化。从新增人民币贷款、新增外币贷款、新增信托贷款等主要分项的对比情况来看，新增人民币贷款占据绝对优势，贡献度达到50%以上，说明间接融资仍占据主导地位。

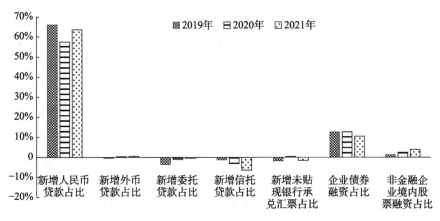

图4.6　2019—2021年社会融资规模中主要分项新增量占比情况

数据来源：Wind。

一、贷款业务的政策管理与程序

贷款政策是指各家商业银行结合自身的经营状况、市场定位和绩效目标等制定的指导贷款业务的各项方针和措施，其目的是实现业务经营的协调一致性，保证银行资产质量。合理的、科学的贷款政策对优化和提升商业银行的经营绩效具有非常重要的意义。

贷款政策贯穿于银行贷款的整个环节，主要遵循"三性"原则，即安全性、流动性和盈利性。贷款政策包括贷款业务的发展战略，贷款的审批与授权，贷款的期限、品种和规模，关系人贷款政策，信贷集中风险管理政策，贷款的定价机制、担保政策、分类政策，以及贷后的一些配套政策，如不良贷款管理政策及催收政策、核销政策和档案管理政策等。虽然贷款政策因各家银行的规模大小、业务品种和市场定位有些许差别，但各类商业银行贷款政策的基本内容大致相同。

为了降低商业银行的业务风险，商业银行在开展贷款业务时还需要参照一定的贷款程序。商业银行的贷款程序是指从借款人提出贷款申请到商业银行信用评估、发放贷款到回收贷款的整个过程，同时也包括违约贷款的处理环节，具体程序为贷款申请、信用分析、贷款尽职调查、贷款审批、签订合同、贷款发放、贷后跟踪和贷款归还等。整体而言，商业银行贷款程序分为两部分，一是贷款决策程序，二是贷后程序。从贷款申请到贷款发放的过程被称为贷款决策程序，风险识别是关键环节，银行在此基础上综合分析和判断借款人的信用资质及未来还本付息的能力，该过程除了要进行贷款决策之外，还需要决定贷款的金额、利率、期限、还本付息方式及其他相关要素等。贷后程序是贷款经营的最后环节，对于确保银行如期收回贷款具有至关重要的作用。在贷后的过程中，可能发生借款人信用资质的变化，因此，后期需要及时跟踪管理。

二、贷款业务的信用分析

信用分析是商业银行进行贷款决策的重要环节。一般而言，商业银行在决定是否提供贷款及贷款的具体数额时不仅需要结合同一时期的行业数据，从常见的财务比率指标进行分析，如企业的变现能力比率、负债比率、资产管理比率和盈利能力比率（见表 4.2），而且还会从品质（character）、能力（capacity）、资本（capital）、经营环境（condition）、抵押品（collateral）、连续性（continuity），即通常所称的信用"6C"原则进行分析评价。银行在综合分析判断的基础上，根据贷款需求进一步要求企业提供贷款补充担保措施，如房地产担保、个人担保、应收账款担保、代理经营、存货担保等。通过构建多重安全"屏障"，降低银行的损失风险，以保证未来能够顺利收回贷款的本金和利息。

表 4.2　常用的财务比率分析指标

财务比率	分　项	计算公式	说　明
变现能力比率	流动比率	流动资产/流动负债	2∶1 比率左右较为合适
	速动比率	（流动资产-存货）/流动负债	1∶1 比率较为合适
	现金比率	（现金+现金等价物）/流动负债	比率越高，短期偿债压力越小
负债比率	资产负债率	负债总额/资产总额×100%	比率越低，债权人权益保障程度越高。正常企业的负债率应低于 75%。不同行业的资产负债率差别也较大
	产权比率	负债总额/所有者权益×100%	比率越低，长期偿债能力越强，债权人权益保障能力越高。产权比率一般 0.7～1.5 比较合理
	有形净值债务率	负债总额/（股东权益-无形资产净值）	指标越大，风险越大；反之，则越小。该指标越小，表明企业长期偿债能力越强，反之，则越弱
	利息保障倍数	（税前利润+利息费用）/利息费用	比率越高，支付利息的能力越强。利息保障倍数一般大约为 3 比较合理
资产管理比率	应收账款周转率	销售收入净额/应收账款平均余额	指标越高，说明应收账款周转越快，效率越高，应收账款变现速度越快，企业资产应用效率和短期偿债能力越强
	存货周转率	销售成本/存货平均余额	比率越高，说明企业存货周转快，积压少，变现能力强。但是，存货周转率不能仅看比率大小，还需要结合企业的历史记录以及同行业同规模的企业进行综合比较

财务比率	分 项	计 算 公 式	说 明
	流动资产周转率	销售收入净额/平均流动资产	比率越高，表明企业相对节约流动资产，相当于流动资产投入的增加，在一定程度上增强了企业的盈利能力；反之，则需要企业补充流动资金，形成更多的流动资金占用，降低企业盈利能力
	总资产周转率	销售收入净额/平均资产总额	周转率越高，表明企业经营期间对全部资产的运用效率越高，反之，则说明企业资产的投资收益较低
盈利能力比率	销售利润率	税前利润/销售收入净额×100%	该比率越高，反映企业销售收入的收益水平越高，即每单位销售收入所获得的利润越大。将企业连续几年的销售利润率进行对比分析，可判断企业的销售盈利发展变化
	资产净利率	净利润/平均资产总额×100%	该指标越高，表明企业的投入产出水平越高，资产运营越有效，成本费用的控制水平越高
	成本费用利润率	利润总额/成本费用总额×100%	该项指标越高，表明企业每一单位成本费用对应的利润就越大，反映企业的经济效益越好
	净资产收益率	净利润/所有者权益×100%	该指标越高，说明股东的投资报酬率高，也表明公司运用自有资本的效率越高

三、贷款业务的定价管理

贷款的价格即为贷款利率，是影响商业银行绩效和风险的重要因素。一般而言，商业银行结合资金成本、风险溢价、贷款费用和期望利润四方面因素，对贷款的利率、承诺费、补偿价格和隐含利率等指标进行定价。在贷款业务中，贷款利率和贷款数量的可得性指标都十分重要，商业银行会根据自身经营目标对不同属性、不同行业、不同地域的客户进行差异化贷款定价。

贷款定价一般有三种方式：第一种是成本相加贷款定价法，即对筹集资金的边际成本、银行的经营成本、风险溢价的成本和银行预期的利润水平加总后进行定价；第二种是价格领导模型定价法，即在优惠利率的基础上增加一定的利差或者乘以一定比例进行定价；第三种是成本—收益定价法，即考虑到贷款中利率以外的其他费用，贷款的实际税前收益率，通常高于约定的贷款利率。

2019年8月中国人民银行发布公告，实施贷款市场报价利率（loanprime rate，LPR）改革，不再公布商业银行贷款定价的主要参考指标——贷款基准利率，而是改为每月20日（遇节假日顺延）公布LPR，采用公开市场操作利率（主要指中期借贷便利利率）加点的方式进行报价。后者的定价方式相较于前者来说更为市场化。表4.3给出了自2004年以来贷款利率市场化进程。

表 4.3　贷款利率市场化进程

时　　间	政　策　内　容
2004 年 10 月	取消贷款利率上限
2013 年 7 月	取消贷款利率下限
2013 年 10 月	推出 LPR 集中报价和发布机制
2019 年 8 月	LPR 改革，报价利率改为公开市场操作利率（主要指 MLF 利率）加点

　　LPR 利率改革是健全市场化利率形成和传导机制的重要一步。从事实上看，LPR 利率改革后，1 年期 LPR 与 1 年期 MLF 的利差由 2016 年以来的最大值 130BP 下降至 2021 年的 90BP（见图 4.7），真正实现了降低实体融资成本的目标。

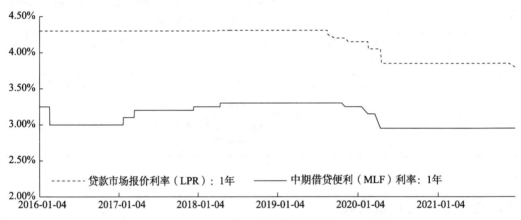

图 4.7　2016—2021 年 1 年期贷款利率与 MLF 利率

数据来源：Wind。

四、贷款业务的分类管理

　　按照期限进行划分，一般以 1 年和 5 年为界限将贷款分为短期贷款和中长期贷款；按照贷款的安全保障程度可分为信用贷款（无担保无抵押的贷款方式）、担保贷款（保证贷款、抵押贷款、质押贷款）和票据贴现；按照服务主体类型的不同，一般分为公司贷款和个人贷款。近年来，为响应国家政策号召，支持小微企业发展，公司贷款业务项下衍生出小微企业贷款业务、普惠金融业务和票据业务，不同的业务分别对应不同的部门经营管理。按照商业银行的组织架构划分，公司贷款业务、小微企业贷款业务分别由公司的金融业务部[①]和小企业金融部经营管理，个人贷款业务由零售业务部经营管理，票据业务由票据业务部或下设在其他部门进行管理。

（一）公司贷款业务

　　公司贷款又称企业贷款，是商业银行资产负债表中"发放贷款及垫款"科目中的最大

---

① 文中列举的部门在不同银行的组织架构设计中名称不同，或有交叉，选取通用部门名称，下同。

组成部分。商业银行作为贷款业务的供给方，为符合自身标准的企业提供不同类型的贷款服务，用于企业日常经营或扩大再生产等。贷款的投向受外部环境和内部环境等因素的影响呈现非对称性。一般而言，公司贷款业务有以下五种分类方式。

第一种，按照期限划分，公司贷款分为短期公司贷款和中长期公司贷款。

第二种，按照用途划分，公司贷款分为流动资金贷款、固定资产贷款和项目融资贷款等。一是流动资金贷款，主要是指商业银行向在生产经营过程中出现临时性、季节性资金需求的生产经营者发放的一类贷款，该类贷款具有期限短、融资成本较低、手续简便、周转性较强的特点。二是固定资产贷款，主要是指商业银行向企业发放的，用于固定资产循环中弥补资金缺口的贷款。固定资产贷款按具体用途可分为基本建设贷款、技术改造贷款、科技开发贷款和商业网点设施贷款等，具有贷款期限长、双重计划性和管理连续性等特点。三是项目融资贷款，主要是指用于建造一个或一组大型生产装置、基础设施、房地产项目或其他项目，包括对在建或已建项目的再融资，还款资金来源主要依赖该项目产生的销售、补贴收入现金流等，如房地产开发贷款等。

第三种，按照贷款的偿还方式划分，公司贷款分为一次性偿还贷款和分期偿还贷款。一次性偿还贷款是指本金一次性还清，利息可以分期或一次性还清，适用于期限较短、金额较少的贷款；分期偿还贷款是指在约定还款期限内分次偿还本金和利息的还款方式，适用于期限较长、金额较大的贷款。

第四种，按照担保方式类别划分，公司贷款分为信用贷款、保证贷款、抵押贷款和质押贷款等形式。信用贷款是指以借款人的信誉发放的贷款，借款人无须提供抵押品或第三方担保，而是仅凭自身信誉就能取得贷款，并以借款人信用程度作为还款保证。因此，信用贷款对借款人的资质要求较高，信用风险较大。后三种贷款方式被称为担保贷款，是以一定的财产或第三方信用作为担保而发放的贷款。抵押和质押都是以一定的财产作为担保，两者的区别在于质押物的所有权是否发生转移。保证贷款中第三方作为担保人，对贷款的偿还需承担连带责任。

第五种，按照风险程度划分，公司贷款分为五类：正常、关注、次级、可疑、损失。这种分类方法是依据 2001 年中国人民银行下发的《贷款风险分类指导原则》，以风险为基础对贷款质量进行分类，其中后三种为不良贷款。这种分类方式能够更加全面、真实、动态地反映贷款的质量和风险，有利于商业银行及时有效地发现问题。

虽然银行信贷当前仍是我国占比最高的融资渠道，但随着经济结构的变化和债券市场的飞速发展，依据我国经济结构转型升级的需要，直接融资模式在助力经济发展方面的贡献度越来越高。近年来，随着利率市场化进程加快，企业客户的直接融资能力大幅提升，债券发行已经成为我国企业重要的融资方式之一。2020 年末，债券市场托管余额已经达到100.7 万亿元，中国已经成为仅次于美国的世界第二大债券市场。

（二）个人贷款业务

个人贷款又称零售贷款，是指银行向符合贷款条件的自然人发放的用于个人消费、生产经营等的本外币贷款。个人贷款按照用途不同，可以划分为个人房屋按揭贷款、个人消费贷款、个人经营贷款及其他贷款。

（1）个人房屋按揭贷款是个人贷款中比重最大的部分，指商业银行向借款人发放的用于购买房屋、建造或大规模修理住房的贷款。按照交易时间先后分为一手房屋按揭贷款和二手房屋按揭贷款；按照贷款资金的来源一般又可以分为公积金贷款、商业贷款和组合贷款。还款方式包括等额本息、等额本金、到期一次性还本按月付息等。对于贷款期限、贷款额度及贷款利率等条件，个人与商业银行可以进行商定。鉴于个人房屋按揭贷款是最常见的贷款类型，本部分对还款方式中经常遇到的等额本息和等额本金两种方式进行对比分析（表4.4）。

表 4.4　住房按揭贷款的两种还款方式

名　　称	等额本息法	等额本金法
每月还款金额	贷款本金×月利率×$\left[\dfrac{(1+月利率)^{还款月数}}{(1+月利率)^{还款月数}-1}\right]$	$\dfrac{贷款本金}{还款月数}+(本金-已归还本金累计额)×月利率$
总利息	月月还款额×贷款月数-贷款本金	贷款本金×月利率×$\left(\dfrac{贷款月数}{2}+0.5\right)$
推导过程	已知变量： 本金 P（贷款总额） 月利率 i（年化利率/12） 期数 n（还款总月数） 需要计算的变量： 月供 Y（每月还款额） 总利息 I（累计还的利息之和） 计算过程： （1）在 n 期结束后，本息和为 $P×(1+i)^n$ 月供经复利计算后所产生的本息为 $Y×(1+i)^{n-1}+Y×(1+i)^{n-2}+\cdots+Y×(1+i)^0=Y×\dfrac{(1+i)^n-1}{i}$ 即： $P×(1+i)^n=Y×\dfrac{(1+i)^n-1}{i}$ （2）月供 $Y=\dfrac{P×(1+i)^n×i}{(1+i)^n-1}$ （3）还款总额 $S=n×Y=\dfrac{n×P×(1+i)^n×i}{(1+i)^n-1}$ （4）总利息 $I=S-P=n×Y-P$	已知变量： 本金 P（贷款总额） 月利率 i（年化利率/12） 期数 n（还款总月数） 需要计算的变量： 月供 Y（每月还款额） 总利息 I（累计还的利息之和） 计算过程： （1）每月所还本金固定为 $Y_p=\dfrac{P}{n}$ 剩余需要还款的本金 $P_r(k)=P-\dfrac{P}{n}×k$ 本月所还利息 $Y_i(k)$ $Y_i(k)=P_r(k-1)×i=i×\left[P-\dfrac{P}{n}×(k-1)\right]$ （2）月供 Y 为每月需要还款的本息和 $Y=Y_i(k)+Y_p=i×\left[P-\dfrac{P}{n}×(k-1)\right]+\dfrac{P}{n}$ （3）还款总额 S 为累月月供 $Y(k)$ 所得 $S=\displaystyle\sum_{k=1}^{n}Y(k)=P×i×\left(\dfrac{n+1}{2}\right)+P$ （4）总利息 $I=S-P=P×i×\left(\dfrac{n+1}{2}\right)$

以个人住房贷款为例，如例4-1所示，可以看出，等额本息法和等额本金法每个月的还款金额和总利息差别较大。等额本息法的总利息较高，每个月还款金额相同。等额本金

法总利息较少，第一个月的还款金额最大，后期逐月依次减少。

【例 4-1】 王先生贷款买房，房屋总价为 100 万元，首付是 30 万元，从银行商业贷款是 70 万元。贷款期限为 20 年，还款月数为 240 月。按揭贷款年化利率为 4.92%，月利率为 4.92%/12=0.41%。还款方式按照等额本息和等额本金法，分别计算如表 4.5 所示。

表 4.5　住房按揭贷款两种还款方式的差异

名　　称	等额本息法	等额本金法
月还款额	每个月相同： 700000 × 0.41% × [(1 + 0.41%) ^ 240]/[(1 + 0.41%) ^ 240 − 1] = 4588.81	第一个月：700000/240 + 700000 × 0.41% = 5786.67 第二个月：700000/240 + (700000 − 700000/240) × 0.41% = 5774.71 第三个月：700000/240 + (700000 − 700000/240 × 2) × 0.41% = 5762.75（每月递减 11.96 元） ⋮ 最后一个月：2928.63
月还款本金	第一个月：4588.81 − 700000 × 0.41% = 1718.81 第二个月：4588.81 − (700000 − 1718.81) × 0.41% = 1725.86 第三个月：4588.81 − (700000 − 1718.81 − 1725.86) × 0.41% = 1732.93 ⋮ 最后一个月：4570.07	每个月相同： 700000/240 = 2916.67
还款额	4588.81 × 240 = 1101314.40	700000 + 345835 = 1045835.00
总利息	1101314.4 − 700000 = 401314.40	700000 × 0.41% × (240/2 + 0.5) = 345835.00

（2）个人消费贷款是指商业银行向有日常生活消费、临时性经营周转资金需求的借款人发放的人民币贷款。根据具体消费的内容不同，商业银行在贷款品种上差异较大。如个人汽车消费贷款、助学贷款、住房装修贷款、耐用消费品贷款等。近些年，个人消费类贷款也成为各家商业银行纷纷发力的重要品种。

（3）个人经营贷款是指银行向借款人发放的贷款，用于借款人合法生产经营中流动资金周转、经营设备、场所租金与商用房装修等相关场景下的资金需求。需要以经营实体为借款基础，因此一般需要提供营业执照等相关文件。

个人贷款业务由于利率较高、相对较分散，信用风险较小，因此，该类业务是商业银行信贷资产中的优良资产。具体来看，贷款定价远高于融资成本，并且大多数贷款采用固定利率或 LPR 加点的形式，收益相对锁定。个人贷款的程序和公司贷款程序基本相似。与对公贷款相比，个人贷款单笔金额小、较分散，虽然短期内难以形成规模上的快速增长，但资产质量相对稳定，抵御经济周期的能力较强，并且商业银行对个人客户的议价能力较强，资产收益率高于对公贷款。从个人贷款的种类来看，中长期贷款的需求相对稳定且保持较高增长态势，其中主要为个人房屋按揭贷款，这主要是因为房地产不仅具有居住属性，而且具有明显的金融属性。从中国人民银行的数据来看，居民部门杠杆率（居民部门债务占 GDP 比重）由 2011 年的 27.81%快速上升到了 2021 年的 62.2%，其中，房贷的贡献率最高。2021 年，受国家对房地产行业宏观调控的影响，在"房住不炒"的政策定位下，房地产的金融属性开始降低，居民部门杠杆率逐渐下降趋于平稳。

（三）小微企业贷款业务

小微企业金融是指金融机构为各类小微企业（包括个体工商户、微型企业和小企业）提供一揽子金融服务的业务。该类业务包括但不限于存贷款业务、支付结算、财富管理、财务咨询等。

小微企业金融按照性质可划分为三种类型，商业性小微企业金融、扶持性小微企业金融和社会救助性小微企业金融。其中，商业性小微企业金融大部分是由商业银行提供金融服务，后两种则由政府部门或者政策性金融机构主导。

还有一些银行专门设立了小微企业金融部门，主要为小微企业贷款业务提供专项支持。小微企业金融部业务主要围绕小企业金融产品的研发、推广和管理展开，是商业银行支持实体经济的一种新业务模式。该部门内部通常设置面向小微客户营销活动的营销策划岗、小微企业金融产品研发设计岗、产品管理岗等，对小微客户所处的行业、发展阶段、供应链等进行分类，综合分析后为客户提供与其行业、发展周期、现金流特点相匹配的专业化金融服务方案，如商户贷、助融贷和 POS 贷等各种贷款服务。

随着利率市场化改革的不断推进，企业客户尤其是大型企业，融资渠道逐步趋于多样化，融资数量和融资的议价能力得到进一步增强。相比之下，由于小微企业自身的特性，如缺少抵押物、抗风险能力弱、生命周期短等，与商业银行存在较大的信息不对称性，小微企业面临的"融资难、融资贵"一直是一个难题。

（四）票据业务

票据业务是一种特殊类型的贷款，是商业银行提供的以票据为基础的短期融资服务，同时兼具支付结算的功能。票据持有人将未到期的商业票据贴付一定的利息，将票据权利转让给商业银行。商业银行可以选择持有到期，从付款人手中获得资金；也可以选择在到期日之前将票据转贴现或再贴现。作为一项传统业务，票据业务是建立在商业信用的基础上，是银行信用和商业信用的结合体。票据业务一般由商业银行的票据业务部专营，部分商业银行的票据业务部被设置为单独的一级部门，也有商业银行将票据业务部设置为金融市场部下的二级部门。

近年来，随着经济的快速增长，企业对短期融资需求不断增加，我国票据业务发展迅猛，2016 年由中国人民银行批准设立的上海票据交易所为传统的线下票据贴现模式转为线上票据贴现模式提供了支持。随着票据市场安全度和透明度的提升，交易效率也随之提高，业务风险大幅降低；同时票据业务作为企业融资的主要渠道，对货币政策传导起着重要的作用。

知识窗

杠 杆 率

按照融资主体的不同，社会实体经济部门可以分为政府部门、非金融企业部门和居民部门。金融机构与上述三个部门联系紧密：资金从这些部门流向金融机构，成为金融机构的负债，而金融机构又会将这些资金以贷款等形式发放至流通领域，反过来成为这些部门的负债。宏观杠杆率的计算方式如下。

宏观杠杆率＝各部门从金融体系获得的债务余额/国内生产总值（GDP）

此处各部门指的是非金融部门。从上述计算公式可以看出，宏观杠杆率体现了各个非金融部门承受的债务压力。宏观杠杆率的高低同时取决于分母端的名义经济增长情况和分子端的债务增长情况。名义经济增长是政策制定的目标，约束条件即为债务或杠杆是否在可承受的范围之内。此外，宏观杠杆率也是衡量债务周期和系统性金融风险的关键指标。目前，我国宏观杠杆率指标主要有三个口径和数据来源，即中国人民银行、社会科学院和国际清算银行。

通过对 2017—2021 年中国人民银行口径下的总杠杆率和分部门的杠杆率情况进行分析，如表 4.6 所示，可以发现，五年间我国总体宏观杠杆率"先升后降"。2020 年受疫情冲击，宏观杠杆率大幅攀升，其中，政府部门和居民部门同比增长率均超 10%，非金融企业部门同比增长率最低。2021 年企业部门是去杠杆主力，政府部门相对稳定。

表 4.6　各部门杠杆率的变化　　　　　　　　　　　　　　%

年份	总杠杆率	部　门			总杠杆率环比增长率	部　门		
		政府部门	居民部门	非金融企业部门		政府部门环比增长率	居民部门环比增长率	非金融企业部门环比增长率
2016	248.6	36.7	52.2	159.8	—	—	—	—
2017	252.0	36.0	57.0	159.0	1.4	−1.9	9.2	−0.5
2018	249.1	36.4	60.5	152.2	−1.2	1.1	6.1	−4.3
2019	255.9	38.6	65.1	152.2	2.7	6.0	7.6	0.0
2020	280.2	45.9	72.6	161.7	9.5	18.9	11.5	6.2
2021	272.5	46.6	72.2	153.7	−2.7	1.5	−0.6	−4.9

数据来源：2022 年 2 月 11 日中国人民银行发布的《2021 年第四季度中国货币政策执行报告》。

五、绿色信贷业务

绿色信贷业务的概念于 2007 年 7 月由中国人民银行、中国银行业监督管理委员会和国家环境保护总局三部门联合提出。该业务作为商业信贷业务的一种，主要针对环境违法的企业和项目进行信贷控制，通过金融杠杆来实现环保调控。中国人民银行对绿色贷款的定义为："金融机构为支持环境改善、应对气候变化和资源节约高效利用等经济活动，发放给企（事）业法人、国家规定可以作为借款人的其他组织或个人，用于投向特定领域的贷款。"这里的特定领域涵盖六个方面[①]，即节能环保产业、清洁生产产业、清洁能源产业、生态环境产业、基础设施绿色升级产业、绿色服务产业。事实上，绿色信贷的本质在于合理优化和处理金融发展与可持续发展的关系。

近年来，得益于政策对发展绿色信贷的引导作用，金融机构绿色信贷规模大幅增加。图 4.8 给出了社会融资规模存量和绿色信贷余额的变化趋势。可以看出，2022 年第二季度末绿色贷款余额达到 19.55 万亿元，同比增长 40.45%，较 2018 年年末实现翻番，上升趋势明显，存量规模为全球第一。绿色信贷对于社会融资规模存量的贡献度从 2018 年末的占比 3.63%至 2022 年上半年末的 5.85%，上涨了 2.22 个百分点。

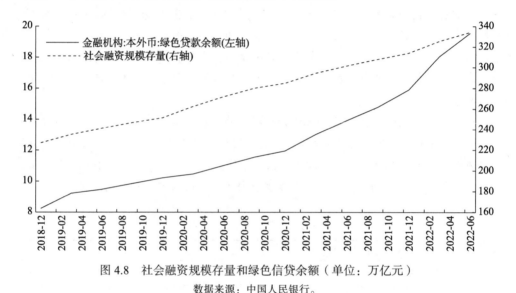

图 4.8   社会融资规模存量和绿色信贷余额（单位：万亿元）

数据来源：中国人民银行。

从 2021 年 42 家 A 股上市银行的年报数据来看，大型商业银行对绿色信贷业务的支持力度最大。其中，工商银行绿色贷款余额居于首位，投向六大产业的贷款余额高达 2.48 万亿元，其次为农业银行、建设银行和中国银行，四家银行绿色贷款余额均在万亿元以上；在股份制商业银行中，兴业银行以 4539 亿元位居第一，除渤海银行和平安银行外，其余 8 家银行绿色信贷规模均在千亿元以上；城市商业银行规模较小，仅江苏银行绿色贷款规模过千亿元，其余规模相对较小，多数在百亿元以下。从绿色信贷的投向来看，基础设施绿色升级产业和清洁能源产业是主要方向，如基础设施、绿色交通、环保、水资源处理、风电项目、生态环境、清洁能源等。

---

① 出自 2019 年国家发展改革委、工业和信息化部、自然资源部、生态环境部、住房和城乡建设部、中国人民银行和国家能源局七部门制定的《绿色产业指导目录（2019 年版）》和中国人民银行下发的《绿色贷款专项统计制度》。

第二节 金融投资

在商业银行的资产负债表中，金融投资主要分为"以公允价值计量且其变动计入当期损益的金融资产""以公允价值计量且其变动计入其他综合收益的金融资产"和"以摊余成本计量的金融资产"三个会计科目。根据 2018 年 1 月 1 日起实施的《企业会计准则第 22 号——金融工具确认和计量》《企业会计准则第 23 号——金融资产转移》《企业会计准则第 24 号——套期会计》（简称"中国版 IFRS9"），境内外同时上市的商业银行需要执行新会计准则。新会计准则由四分类变为三分类，减少了金融资产类别，提高了分类的客观性和会计处理的一致性。

从前面的分析（见图 4.3～图 4.5）可以看出，大型商业银行和股份制商业银行金融投资占总资产的比例为 20%～30%，主要城市商业银行占比为 30%～40%，略高于大型商业银行和股份制商业银行。自 2015 年后，金融投资在各类商业银行的资产占比稳中有升，这主要是由于 2015 年资本市场快速去杠杆，融资融券类业务受到重创。资金大量涌入债券市场，金融投资占比增加，从图 4.9 可以看出，10 年期国债收益率于 2016 年跌至 2.62%，随后上升，在 2020 年初，又降至 2.49%。

图 4.9　2015—2021 年 10 年期国债收益率走势和上证综合指数走势

数据来源：Wind。

金融投资作为商业银行自有资金的投资，主要集中于金融市场部和投资银行部或金融同业部。金融市场部主要负责固定收益类资产，包括但不限于债券及固定收益类产品。投资银行部或金融同业部主要负责非标准化债权资产（简称"非标"）的投资。一方面，由于缺乏安全垫保护、风险较高、缺乏流动性等诸多原因，商业银行非标投资的比例非常小；另一方面，政策也对商业银行投资非标资产做出了更多限制，2018 年银保监会颁布了《商业银行大额风险暴露管理办法》，该办法在流动性新规的框架下，结合《巴塞尔协议Ⅲ》，明确了商业银行的集中度风险监管要求。整体上看，该办法对同业业务的约束性进一步增强。

金融市场部作为商业银行的核心业务部门，主要负责商业银行自有资金的运用及流动性管理，是银行资金的"大管家"。业务品种主要涵盖货币市场业务、债券市场业务及固定收益类产品投资业务等。本节将主要阐述债券市场投资和同业投资。

一、债券市场投资

商业银行债券市场业务最核心的部分在于运用自营资金进行债券投资，通常由金融市场部进行经营管理。从历史观测数据来看，银行债券投资的增量与存款的增长存在明显的相关性。2013年以后，随着银行主动负债工具的增加，对存款的依赖性下降，两者的相关性逐步减弱。此外，银行进行债券投资，不仅需要考虑投资收益，而且需要综合考虑流动性管理、资本占用、税收和监管要求等多个因素。因此，金融市场部不仅肩负自身的利润指标，而且发挥着调节商业银行整体监管指标的重要作用。

（一）债券的基础知识

债券本质上是一种债权债务凭证，发行人即资金募集方——社会各类经济主体（如国家政府、金融机构、非金融企业、国际组织等），为筹集资金向投资者承诺按规定利率支付利息并按约定条件偿还本金，从债券的基本概念可以看出其具有偿还性、流动性、安全性和收益性等基本特征。从法律关系来讲，债券是具有法律效力的凭证，债券发行人即债务人，投资者（或债券持有人）即债权人，他们通过债券建立了一种法律关系。债券市场分为发行市场（一级市场）和流通市场（二级市场），两者相辅相成。债券市场是金融市场的主要组成部分，在社会经济活动中占据重要地位，具有优化资源配置以及宏观调控的功能。

按照发行主体的信用划分，债券可分为两大类，即政府信用类债券和非政府信用类债券。其中：政府类信用债券包括国债、央行票据、政策性金融债（以下简称政金债）和地方政府债等；非政府类信用债券包括金融债券、非金融企业债务融资工具、公司债券、企业债券、同业存单、可转债、可交债、信贷资产支持证券、资产支持票据（ABN）和证券交易所挂牌交易的资产支持证券等。主要的交易场所为银行间市场和交易所市场。

（二）商业银行债券投资实践

从商业银行的投资实践来看，商业银行的债券投资策略通常需要在债券的久期和品种之间进行平衡。

根据招商证券基于"成分法"模型构建的市场久期跟踪来看，2020—2021年，商业银行久期基本在4年左右，处于市场中等水平且波动不大，低于保险机构久期（10年左右），高于券商久期（3年左右）、信托久期（3年左右）和公募基金久期（2年左右）。

商业银行债券可投资的品种几乎覆盖债券市场的所有品种，但考虑到税收、资本占用和业务合作优惠等原因，会有一定的倾向性。例如，通过权重法计算信用风险加权资产时，商业银行对国债和政金债的风险权重为0%、对地方政府债的风险权重为20%，而对一般企业债权的风险权重为100%、对股权投资的风险权重均在250%及以上。因此，商业银行金融市场部主要投资于国债、地方政府债和政金债，其他品种相对较少。不同类型债券的税收情况和风险资本占用情况如表4.7所示。

表4.7　银行自营业务中不同类型债券的税收情况和风险资本占用情况

债 券 类 型	增 值 税		所 得 税		是否占用风险资本
	持有期利息收入	资本利得	持有期利息收入	资本利得	
国债	免	6%	免	25%	否
地方政府债	免	6%	免	25%	20%
政金债	免	6%	25%	25%	否
铁道债	6%	6%	12.50%	25%	20%
商业银行金融债	免	6%	25%	25%	25%
同业存单	6%	6%	25%	25%	按期限
信贷资产证券化	6%	6%	25%	25%	根据优先劣后有所差别
资产支持证券	6%	6%	25%	25%	25%或100%
资产支持票据	6%	6%	25%	25%	25%或100%
永续债	6%	6%	25%	25%	按发行人会计处理
短期融资券、中期票据、定向融资工具、中小企业集合票据、企业债、公司债、二级资本债	6%	6%	25%	25%	100%

数据来源：新浪财经网站。

从市场存续债券总量来看，商业银行仍是我国债券市场的第一大持有主体，2021年末商业银行合计持有债券59.52亿元，占整个债券市场发行总量的52.92%；第二大持有主体是广义基金，合计持有债券32.43亿元，占整个债券市场发行总量的28.83%；第三大持有主体是特殊结算成员（以政策性银行为主），合计持有债券4.89亿元，占整个债券市场发行总量的4.35%；第四大持有主体是境外机构，合计持有债券3.93亿元，占整个债券市场发行总量的3.5%，近年来，外资占比呈现逐年升高的态势；此外，保险和券商的持债占比分别为2.63%和1.97%，明显低于境外机构。详细数据如表4.8所示。

从商业银行持有的主要债券品种看，截至2021年末，商业银行持有的地方政府债金额最大，合计持有25.33亿元，占市场地方债存续总量的83.6%；其次为国债和政金债，合计持有23.93亿元，占市场国债及政金债存续总量的56.68%。三种债券合计占商业银行持有主要债券余额的83.39%，同业存单、中期票据、金融债券及其他信用债占比不足20%。

表 4.8　2021 年末主要券种持有者结构　　（单位：亿元）

机构	国债政金债	地方政府债	同业存单	中期票据	金融债券	其他信用债	合计
商业银行	239254	253332	35807	12973	21989	31855	595210
信用社	7266	1518	4004	268	257	194	13507
保险机构	11735	10230	227	1866	4691	818	29567
证券公司	8012	3060	1965	4377	1150	3614	22178
广义基金	81647	11029	79559	54038	47676	50326	324275
境外机构	35381	115	1455	1147	740	501	39339
柜台市场	7937	79			0	0	8016
交易所	8542	9976	0	0	6	10179	28703
其他	22341	13675	7534	1929	1308	2125	48912
合计	422116	303014	139139	79714	78855	101890	1124728

数据来源：上海交易所、深圳交易所、中央结算公司、上海清算所。

此外，商业银行对于债券的投资也会因其计入不同会计科目，产生不同的决策。商业银行会依据不同投资目的，将债券投资分别记在"以公允价值计量且其变动计入当期损益的金融投资""以公允价值计量且其变动计入其他综合收益的金融投资"和"以摊余成本计量的金融投资"三个科目项下。前两项受市场风险影响易产生较大波动，故相对于"以摊余成本计量的金融投资"而言，期末余额较小。

随着金融市场的开放，境内机构不仅可以投资境外债券，而且可以发行中资外币债券和离岸人民币债券。同时，境外投资者可以在境内发行人民币债券，也可以通过"全球通"和债券通的"北向通"参与中国的银行间债券市场。

知识窗

信用债市场情况

在银行间债券市场和交易所债券市场中，非金融企业信用债是非金融企业部门进行直接融资的重要渠道，是资本市场的重要组成部分。近年来，我国信用债市场发展迅速，满足了企业多种融资需求，助力实体经济快速发展，但同时信用债违约风险也有快速上升的趋势。2014 年"超日债"成为国内首例违约的公募债券，信用债进入了打破刚兑的时代。表 4.9 显示了 2014—2021 年中国债市的违约金额，可以发现违约规模呈逐年上升态势，特别是进入 2018 年以后，违约债券金额急剧上升。

从违约主体所处的行业来看，以 Wind 的行业类别进行划分，有 10 个一级行业内主体出现过违约事件，覆盖日常消费、能源和可选消费、房地产等多个行业；从违约主体的企业性质来看，央企（中国二重）、大型国有（天威集团）、地方国有（川煤炭、东北特钢等）、民营企业（宏图高科、康得新等）、上市公司（凯迪生态等）、中外合资企业（东飞马佐里等）等均出现违约，基本已经覆盖所有性质的企业；从违约主体的外部评级来看，评级为AA一级至AAA级的公司也存在违约债券。

表4.9 2014—2021年违约债券情况

年份	违约主体数量/家	违约债券数量/只	违约债券金额/亿元
2014	7	8	32.06
2015	31	33	130.78
2016	38	57	398.27
2017	25	39	329.4
2018	63	138	1239.9
2019	89	207	1661.87
2020	100	185	1884.62
2021	106	196	1881.39

数据来源：wind数据库。

"萝卜章"事件

2013年，随着金融机构金融市场业务的发展，为达到调节利润、规避持有债券久期的限制和提高投资收益率等目的，金融机构之间的债券代持业务发展较快。金融机构在相互信任的基础上签订了一份代持协议，甚至部分金融机构不签订协议就开展业务。2016年发生了一起"萝卜章"事件，不但打破了金融机构间的"信任关系"，还在债券市场中引发了较大的流动性风险。

"萝卜章"事件是指国海证券原团队成员张某、郭某等人，在债券业务中，以国海证券名义与其他交易对手方开展代持业务。后来张某失联，郭某投案，代持机构要求国海证券接盘，国海证券则宣称相关协议所用印章系伪造，即"萝卜章"。交易行为纯属离职员工个人行为，进而产生纠纷。债券交易协议涉及债券金额超百亿，涉及金融机构20余家，给债券市场造成了较大的冲击。证监会在对国海证券进行现场检查后发现，国海证券存在内部管理混乱、合规管理不规范等问题，国海证券的资管业务被暂停一年。同时，国海证券的债券承销业务、经纪业务等各个方面均受到不同程度的负面影响。

资料来源：中华人民共和国中央人民政府网站. https://www.gov.cn/xinwen/2017-05/19/content.5195387.htm.

二、同业投资

同业投资属于同业资产业务，与银行的债券市场投资共同计入"金融投资"科目。同业投资指金融机构直接购买（或委托其他金融机构购买）同业金融资产或特定目的载体的投资行为，分为直投和通道两种模式。其中，同业金融资产包括但不限于商业银行债、保险公司债、证券公司债等金融债和商业银行的次级债，这些债券的发行场所为银行间市场或证券交易所市场，通常为标准化的资产。特定目的载体包括但不限于商业银行资产管理部发行的理财产品，信托公司发行的信托计划，证券公司、基金管理公司及子公司、保险等机构发行的资产管理计划等，通常为非标准化的金融资产。

从表 4.10 可以看出，商业银行和证券公司是发行金融债券的主要机构。2021 年年末，商业银行金融债券余额占市场金融债券总量的 66.43%，证券公司存量金融债券余额占市场金融债券总量的 24.13%。此外，结合表 4.8，可以看出除了广义基金，商业银行是金融债券的主要投资机构。

表 4.10　2021 年年末金融债券存量情况

类　别	债券数量/亿元	债券数量比重/%	债券余额/亿元	余额比重/%
商业银行债	302	13.65	18919	18.81
商业银行次级债券	598	27.03	47909	47.62
保险公司债	71	3.21	2974	2.96
证券公司债	937	42.36	22576	22.44
证券公司短期融资券	96	4.34	1699	1.69
其他金融机构债	208	9.40	6524	6.49
合计	2212	100.00	100601	100.00

数据来源：Wind。

在特定目的载体方面，银行资产管理部发行的保本型理财产品募集资金投资形成的资产一般也放在同业金融资产项下。通常而言，货币基金、债券基金投资比例在同业金融资产投资中相对较高，其他相对较低。此类资产管理产品投资底层仍是债券、非标准化资产类投资等，和银行自有投资范围相差不大，但是之所以发展此类业务，原因如下：

第一，流动性管理需要。货币基金和一些券商、信托现金管理类产品具有高流动性，相比货币市场工具而言具有较高的投资收益，为了表内的流动性安排，商业银行通常在月末、季末和年末等时点大量赎回此类产品，用于补充表内流动性和提升表内的流动性指标。

第二，通道需要。这里存在两种典型的通道业务模式：一是资管计划可以作为银行对冲存款的通道。商业银行发行同业存单，募集资金投资货币基金，货币基金可将部分资金用于银行线下同业存款。对于银行而言，该业务模式不仅会因为货币基金的免税效应给商业银行带来净利差收入，而且会给银行带来存款的增长。对于货币基金而言，线下同业存款收益高于负债成本，也可以增加银行的投资收益。但是，在政府监管部门严厉打击"同业空转"的背景下，此业务规模有所降低。另一种业务模式是银行通过投资信托计划进行委托贷款。由于贷款限额、贷款集中度等表内监管指标的约束，商业银行无法满足一些客户的融资需求，因此，银行常常会借助信托通道对企业间接发放贷款。自 2003 年以来，该业务模式发展速度非常迅猛，但该类业务会变相增加实体企业的融资成本。2020 年监管部门通过颁布法规与窗口指导等多种方式对信托通道类业务进行整顿，融资类信托规模和占比均出现大幅下降。

第三，获利需要。商业银行表内直接进行债券投资及非标准化资产投资，需承担相应的市场风险、信用风险等。但是，通过投资广义基金，在刚兑未打破的情况下，实现了风险转移和绝对收益。此外，受限于专业度、人员配置等现状，商业银行将此类投资委托给专业度更高的资管计划和基金，可以更加有效地获取资本市场的红利。

特殊目的载体中的权益工具、债权融资计划和信托受益权等非标准化资产①投资等通常由金融同业部或投资银行部负责，其余由金融市场部负责。对于银行而言，非标准化资产不仅投资收益高，而且其部分业务还能为银行带来存款等其他的辅助收益。因此，在综合效益的驱动下，非标准化资产投资快速增长。但非标准化资产也有一些缺点，如风险相对较高、期限较长、流动性差等。近年来，随着金融同业业务的压缩，此类金融资产投资比重大幅下降。

第三节　现金及存放中央银行款项

存放中央银行款项主要包括银行缴纳的法定存款准备金、超额存款准备金及缴存中央银行的财政性存款等。该项计入"存放中央银行款项"或"现金及存放中央银行款项"科目。

一、法定存款准备金

法定存款准备金是指商业银行依据《中国人民银行法》规定，必须按照商业银行吸收的一般存款的一定比例向人民银行各分支机构缴存的存款。

$$准备金 = 法定准备金 + 超额准备金$$
$$商业银行法定准备金 = 法定准备金率 \times 商业银行存款总额$$

2015 年 9 月 15 日存款准备金考核制度改革，中国人民银行对金融机构由原来的时点法改为平均法进行计量和考核。存款准备金考核设每日下限，即维持期内每日营业结束时，金融机构按法人存入的存款准备金日终余额与准备金考核基数之比，该比值可以低于法定存款准备金率，但幅度应在 1 个（含）百分点以内，这是商业银行每日的最高透支额度。从图 4.10 可以看出，自 2008 年 9 月大型存款类金融机构和中小型存款类金融机构人民币存款准备金率差别化管理后，中小型存款类金融机构一直低于大型存款类金融机构。2011 年 5 月达到最高点后，连续下调，截至 2021 年 12 月末，大型存款类金融机构人民币存款准备金率为 11.5%，中小型存款类金融机构人民币存款准备金率为 8.5%，相差 3 个百分点。

---

① 按照 2020 年 7 月 3 日中国人民银行会同中国银行保险监督管理委员会、中国证券监督管理委员会、国家外汇管理局发布的《标准化债权类资产认定规则》，非标准化资产是指未满足五类要求（等分化、可交易，信息披露充分，集中登记、独立托管，公允定价、流动性机制完善，在银行间市场、证券交易所市场等国务院同意设立的交易市场交易）的债权资产，包括信托贷款、委托贷款、信托收（受）益权等。

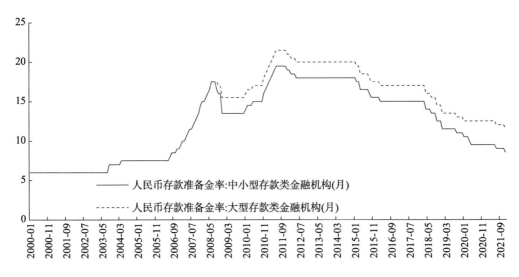

图 4.10　大型存款类金融机构和中小型存款类金融机构人民币存款准备金率

数据来源：中国人民银行。

为深入贯彻中央经济工作会议、中央农村工作会议精神，认真落实《中共中央国务院关于做好 2022 年全面推进乡村振兴重点工作的意见》工作部署，强化责任担当，积极主动作为，抓重点、补短板、强基础，加强资源配置，创新金融产品，优化金融服务，进一步提升金融支持，全面推进乡村振兴的能力和水平，中国人民银行提出了《关于做好 2022 年金融支持全面推进乡村振兴重点工作的意见》。该意见提出要积极提升金融机构服务乡村振兴能力，强化货币政策工具支持，进一步优化存款准备金政策框架，执行好差别化存款准备金率政策。该意见强调要对机构法人在县域、业务在县域、资金用于乡村振兴的地方法人金融机构，加大支农支小再贷款、再贴现支持力度，实施更加优惠的存款准备金政策。这也是当前各大类金融机构法定存款准备金率存在较大差异的政策因素。

二、超额存款准备金

超额存款准备金又称备付金，是金融机构存放在中央银行，超出法定存款准备金的部分，主要用于支付清算、头寸调拨或作为资产运用的备用资金。中国人民银行已经取消了对商业银行备付金比率的要求，将原来的存款准备金率和备付金率合二为一[①]。但是，超额存款准备金不再对机构进行统计，中国人民银行会有一个总的指标统计，即超额存款准备金率，也称为超储率。不同于外国中央银行对准备金的计息模式，我国对法定存款准备金和超额准备金均进行计息。由图 4.11 可以看出，自 2000 年以来，金融机构超额存款准备金率一直处于震荡下行趋势。2020—2021 年三季度，平均值为 1.66%。结合图 4.3～图 4.5，可以发现大型商业银行现金及存放中央银行款项占比一直处于高位，主要城市商业银行占

---

① http://dfjrjgj.hunan.gov.cn/dfjrjgj/jrblc/jrjt/202008/t20200825_13674066.html.

比最低，大型商业银行较股份制商业银行和主要城市商业银行分别高出大约 4.14 和 5.54 个百分点，进一步说明大型商业银行在控制流动性风险方面的能力较强。

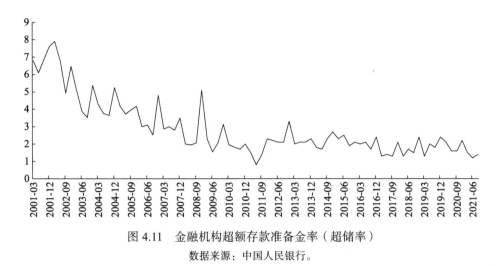

图 4.11　金融机构超额存款准备金率（超储率）

数据来源：中国人民银行。

 知识窗

关于押运车的小故事（银行头寸的调剂）

　　银行在日终需要盘算现金，并通过押运车押送至央行金库或商业银行自有的金库。通过押运车调剂现金头寸除了保护资金安全的因素之外，还有两大功能：第一，实现日常性现金管理，银行有严格的现金管理制度，每日必须账实相符；第二，实现银行不同网点机构之间的资金调配，提高资金的使用效率。

第四节　同业资产

　　同业业务是商业银行之间及商业银行与非银行金融机构之间发生的资金往来业务，通常分为同业资产和同业负债。2010 年以来随着金融市场的快速发展，商业银行大力发展同业业务，同业业务的职能和业务类型发生了较大变化，如表 4.11 所示。

　　除同业金融投资以外，同业资产业务与同业负债业务基本对应，主要反映在"存放同业款项""拆出资金"和"买入返售金融资产"等资产端科目。同业资产业务中的存放同业、拆放同业、借出同业、受托方同业代付、买入返售金融资产，分别与同业负债业务中的同业存放、同业拆借、同业借款、委托方同业代付、卖出回购金融资产对应。同业资产业务中银行为资金出借方，在会计处理方面，存放同业计入资产端的"存放同业款项"，拆放同业、借出同业、受托方同业代付计入"拆出资金"，买入返售金融资产业务计入"买入返售金融资产"。该科目属于货币市场业务，由商业银行的金融市场部经营管理。

表 4.11　2010 年前后同业业务比较

名　称	2010 年前同业业务	2010 年后同业业务
主要职能	金融机构之间短期头寸调剂的主要工具	发挥信用创造职能，向社会提供资金支持
业务类型	同业存放（包含结算性存款和非结算性存款） 同业拆借（包含场内交易和场外交易） 买入返售（卖出回购）	除传统的三类业务外，扩展： 银信合作 银证合作 银保合作等

一、存放同业和其他金融机构款项

存放同业，也称同业存款，即同业及其金融机构存入款项，是指某银行存入其他银行和非银行金融机构的存款款项，用于补充银行的流动性。存出方将人民币和外币置于存放方处，由双方协商期限及利率，以提高资金收益率。银行作为存出方为存放同业，如果作为存入方则为同业存放。存放同业的期限相对较长，本质上也是一种"信贷"行为，存在信用风险。

二、拆出资金

同业拆借是指商业银行之间利用资金融通过程的时间差、空间差、行际差来调剂资金而进行的短期借贷。同业拆借作为临时调剂性借贷行为，期限较短，分为拆出和拆入两种。拆出资金是指一个金融机构出借给其他金融机构的款项，其目的在于通过优化资产结构而实现整体资产收益最大化。而拆入资金是指一个金融机构向其他金融机构借入的款项，其目的是补充本金融机构临时性的资金短缺，拆入资金属于负债业务。

上海银行间同业拆放利率（Shanghai interbank offered rate，Shibor），是由位于上海的全国银行间同业拆借中心计算和发布的。Shibor 是单利、无担保的批发性利率，通过信用等级较高的银行组成的报价团进行自主报价后取算术平均得到。2007 年 1 月 4 日，Shibor 正式运行。中国人民银行成立 Shibor 工作小组，依据《上海银行间同业拆放利率（Shibor）实施准则》确定和调整报价银行团成员、监督和管理 Shibor 运行、规范报价行与指定发布人行为。目前，对社会公布的 Shibor 品种包括隔夜、1 周、2 周、1 个月、3 个月、6 个月、9 个月及 1 年。Shibor 报价银行团现由 18 家商业银行组成，即六大国有银行——中国银行、农业银行、工商银行、建设银行、交通银行和邮储银行，8 家股份制商业银行——招商银行、中信银行、光大银行、兴业银行、浦发银行、华夏银行、广发银行和民生银行，2 家城市商业银行——北京银行和上海银行，1 家外资银行——汇丰中国和 1 家政策性银行——国开行。这 18 家报价银行是公开市场一级交易商或外汇市场做市商，在中国货币市场上的人民币交易相对活跃、信息披露比较充分。全国银行间同业拆借中心授权 Shibor 的报价计算和信息发布，即每个交易日根据各报价行的报价，剔除最高、最低各 4 家报价，对其余报价进行算术平均计算后，得出每一期限品种的 Shibor，当日 11:30 对外发布（2014 年 8 月 1

日起改为 9:30 对外发布）。

三、买入返售金融资产

买入返售金融资产（buying back the sale of financial assets）是指公司按返售协议约定，先买入，再按固定价格对证券等金融资产进行返售所融出的资金。银行资产负债表中的买入返售金融资产主要是指债券逆回购，债券逆回购是指债券买卖双方在成交的同时，约定于未来某一时间以某一价格再进行反向交易的行为。商业银行的债券逆回购交易分为债券质押式逆回购和债券买断式逆回购，两者的主要差别在于债券的所有权是否发生转移。

（一）债券质押式逆回购

债券质押式逆回购（简称"质押式逆回购"）是指逆回购方（买入返售方、资金融出方）融出资金的同时，正回购方（卖出回购方、资金融入方）将债券出质给逆回购方，约定在将来某一指定日期，逆回购方向正回购方返回原出质债券，同时收取本金和利息的行为。该种模式下，债券作为质押品，所有权未发生转移。银行间质押式逆回购采取一对一询价模式，主要交易要素涉及回购期限、回购利率、回购金额、质押券及折算比例等。

债券质押式逆回购主要在两个场所进行，即银行间市场和交易所市场，可以分为银行间质押式逆回购和交易所质押式逆回购。据中国外汇交易中心 2021 年 12 月各品种成交金额情况数据显示，质押式逆回购是银行间市场资金交易规模最大的品种，尤其以隔夜和 7 天两个品种为主。质押式逆回购利率有银行间质押式逆回购加权利率（用 R 表示，如隔夜、7 天分别用 R001、R007 表示）与银行间存款类机构质押式逆回购加权利率（用 DR 表示，如隔夜、7 天分别用 DR001、DR007 表示）两种。自 1997 年 6 月银行间同业市场推出质押式回购业务，R007 作为涵盖银行市场全部机构的加权平均回购利率逐渐成为短期资金市场利率的代表。2014 年 12 月 15 日央行对外发布启用 DR007（存款类金融机构 7 天质押式回购利率）。市场中许多金融产品均是以 R 和 DR 的利率作为参考标准的。

事实上，R 是传统市场利率，代表着整个银行间的质押式回购加权平均利率，定价中涵盖了交易对手风险和质押品风险，是综合的资金价格。DR 是银行业存款类金融机构间以利率债为质押形成的回购加权平均利率。DR 主要面向存款类金融机构，质押品也仅限于利率债，这能够有效控制交易对手风险和质押风险。因此，DR 利率可以直接代表央行净投放所形成的资金价格，更能反映央行的货币政策目标。

债券质押式回购交易是证券市场一类重要的融资方式。上海证券交易所于 1993 年 12 月、深圳证券交易所于 1994 年 10 月分别开办了以国债为主要品种的质押式回购交易，其目的主要是发展我国的国债市场，活跃国债交易，发挥国债这一金边债券的信用功能，为社会提供一种新的融资方式。随着沪、深证券交易所债券市场和全国银行间债券市场的发展，我国债券回购交易的券种不断扩大。依据 1995 年 8 月 8 日《中国人民银行、财政部、中国证券监督管理委员会关于重申对进一步规范证券回购业务有关问题的通知》规定，债券回购交易的券种只能是国库券和经中国人民银行批准发行的金融债券。为了推动我国企业债券市场的发展、完善债券交易机制、活跃上海和深圳债券市场，2002 年 12 月 30 日和2003 年 1 月 3 日上海证券交易所和深圳证券交易所分别推出了企业债券回购交易。上海交易所现有实行标准券制度的债券质押式回购有 1 天、2 天、3 天、4 天、7 天、14 天、28 天、91 天、182 天 9 个品种，代码分别为 GC001、GC002、GC003、GC004、GC007、GC014、GC028、GC091 和 GC182。深圳交易所现有实行标准券制度的债券质押式回购有 1 天、2天、3 天、4 天、7 天、14 天、28 天、63 天、91 天、182 天、273 天，11 个品种代码分别为 R001、R002、R003、R004、R007、R014、R028、R-063、R091、R182、R273。

知识窗

回购违约事件

2018 年金融危机后，信用风险逐步蔓延至债券质押式回购市场。回购业务中的正回购方丧失还款能力，导致大批业务违约。2019 年 5 月，某银行实发大范围回购违约，金额巨大。该公司的质样品为所属集团发行的结构化债券，因此当回购违约时，质押品完全丧失意义。2019 年 6 月 17 日，全国银行间同业拆借中心（简称交易中心）对外发布《全国银行间同业拆借中心回购违约处置实施细则(试行)》（简称《细则》），正式开展回购违约担保品处置业务。《细则》明确回购交易中正回购方(简称违约方)触发违约事件且交易双方未能就违约处置协商一致的，逆回购方（简称守约方）可委托交易中心通过匿名拍卖等市场化机制处置相关回购债券。同日中债登[①]和上清所相继就回购违约出台试行处置细则。

资料来源：http://finance.sina.com.cn/money/bank_hydt/2019-06-17/doc_ihrhigay6317219.sheml.

（二）债券买断式逆回购

债券买断式逆回购交易（亦称"开放式逆回购"，简称"买断式逆回购"）是指在债券购买方（逆回购方）买入债券持有人（正回购方）的债券同时，交易双方约定在未来某一日期，再由卖方（正回购方）以约定价格从买方（逆回购方）购回相等数量同种债券的交易行为。该种模式下，债券发生实质的买卖交易，所有权发生转移。买断式逆回购同时具有投资和融券功能。买断式回购既可以满足持券方传统的融资需求，又可以满足其对手方的融券需求，在市场下跌时，可以提供一种做空机制。此外，买断式回购还具有远期价格发现功能，买断式回购的成交价格实际上就是该债券的远期价格，它反映了市场对于债券在未来一定时间内的价格预期，投资者可以根据买断式回购所揭示出来的远期价格制定相应的投资策略，规避市场风险。

---

① 中债登：债券类登记托管《中央国债登记结算有限责任公司》；中证登：股票类登记托管（中国证券登记结算有限公司）；上清所：银行间市场清算所股份有限公司。

银行间债券回购和拆借业务参与对象仅限于交易成员，即经中国人民银行批准进入全国统一同业拆借市场的成员，主要有银行、证券公司、基金公司和资产管理公司等。非金融机构、个人不得参与银行间债券回购业务和拆借业务；交易场所仅限于全国统一同业拆借市场。表4.12给出了2021年12月各类产品的成交量。其中，银行间质押式隔夜回购成交额最大，在所有产品中占比最高，其次为R007。同业拆借业务和买断式回购业务相对体量较小。由表4.13的各类金融机构成交金额和利率情况可以进一步看出，银行和证券的质

表4.12 2021年12月各品种成交金额情况（单位：亿元）

质押式回购		同 业 拆 借		买断式回购	
品种	成交金额	品种	成交金额	品种	成交金额
R001	960064.31	IBO001	108439	OR001	5103
R007	113644.49	IBO007	11552	OR007	496
R014	34664.86	IBO014	850	OR014	280
R021	6502.83	IBO021	261	OR021	105
R1M	4685.27	IBO1M	264	OR1M	115
R2M	1286.87	IBO2M	198	OR2M	8
R3M	139.01	IBO3M	752	OR4M	16
R4M	72.02	IBO4M	44	合计	6123
R6M	5.48	IBO6M	81		
R9M	0.13	IBO9M	13		
R1Y	8.90	IBO1Y	68		
合计	1121074.17	合计	122521		

数据来源：中国外汇交易中心。

表4.13 2021年12月各机构成交金额和利率情况

机 构 类 型	质押式回购		同业拆借		买断式回购	
机构类型	成交金额/亿元	加权平均利率	成交金额/亿元	加权平均利率	成交金额/亿元	加权平均利率
大型商业银行	305320	2.04	45234	1.95	275	2.05
股份制商业银行	313624	1.98	81853	1.95	968	2.09
城市商业银行	388826	1.97	35184	2.02	2102	2.07
农村商业银行和合作银行	198402	2.01	21298	2.08	1466	2.02
证券公司	151635	2.22	23907	2.16	4666	2.15
其他	884343	2.21	37566	2.12	2769	2.20
合计	2242148	2.09	245042	2.02	12247	2.13

数据来源：中国外汇交易中心。

押式回购和同业拆借业务占比较大，商业银行比证券公司的融资成本有明显优势。主要原因可能在于质押品不同，一般而言，银行类金融机构以质押利率债为主，成交利率主要参考 DR 利率，而券商及其他类机构质押券大多以信用债为主，成交利率主要参考 R 利率。从表 4.14 所显示的 2021 年末各机构质押式回购、同业拆借和买断式回购的余额情况来看，广义基金占比最高，其次为大型商业银行。

除上述四类主要资产业务之外，商业银行的资产负债表中还有金融衍生资产、固定资产、无形资产、递延所得税资产、其他资产等，在此不再一一介绍。

表 4.14　2021 年 12 月各机构余额情况 （单位：亿元）

机 构 类 型	质押式回购余额	同业拆借余额	买断式回购余额
大型商业银行	21830	1234	20
股份制商业银行	13962	2014	71
城市商业银行	15735	2352	218
农村商业银行和合作银行	9849	2569	98
证券公司	12991	2210	629
其他（广义基金）	88656	5903	427
合计	163023	16282	1463

数据来源：中国外汇交易中心。

本章小结

从本章的分析中，我们可以看到商业银行不同的资产，在流动性、安全性和盈利性三大方面差异较大。因此，规模较大的商业银行一般会成立资产负债管理部门，对不同的资产投资进行统筹安排，确保商业银行整体资产业务的"三性"[①]协调统一。

一、资产业务分类对比

从流动性和安全性来看，现金及存放中央银行款项、同业资产、金融投资和发放贷款及垫款的流动性由强到弱，安全性也是由高到低的。盈利性的比较相对复杂，从绝对收益来看，由高到低依次为贷款、金融投资、同业资产和现金及存放中央银行款项（表 4.15）。但对于银行自营部门而言，国债、利率债、地方政府债和一些信用债具有相对的减免政策，同时资本占用相对较低，考虑这两个因素后，债券投资的绝对收益或可高于贷款的绝对收益。

___

① 安全性、流动性、营利性。

表 4.15　主要资产的特点比较

项　目	流　动　性	安　全　性	盈　利　性
发放贷款及垫款	整体期限较长，流动性较差。随着金融创新的发展，为盘活资产，一些银行贷款被打包成证券化产品，但整体流转规模占总体贷款规模的比例仍然较小	整体上信用风险较高，虽然一些贷款有抵押品，但在违约发生时较难变现。（参考商业银行的资本充足率、不良贷款率和拨备覆盖率等重要指标）	收益相对较高，但近些年银行加权平均资产收益率和平均资产回报率下降趋势明显
金融投资	以债券投资为主，虽期限较长，但债券资产可变卖，具有较好的流动性，且可以进行质押融资。流动性弱于现金类资产和同业资产，但优于发放贷款	以政府类信用债券投资为主，信用风险较低；受市场波动的影响，资产具有一定市场风险，但是整体风险较低	收益低于贷款，但高于现金类资产和同业资产。综合考虑债券投资的免税效应和资本占用效应，债券回报率在一些年份可能高于贷款
现金及存放中央银行款项	期限较短，流动性最高	安全性最好	收益最低
同业资产	期限较短，可通过合理布局资产期限进行流动性变现	交易双方为金融机构，整体风险较小。近年受金融机构信用分层的影响，资产安全性有所降低	市场价格相对透明，受货币政策及市场预期等因素较大，整体收益相对较低

二、资产业务的评价指标

银行的资产业务是商业银行在现有约束条件下实现综合收益最大化的过程。资产质量通常从以下四个方面进行考量，见表 4.16。

表 4.16　资产质量的考量因素

序号	指标体系	指　标	释　义
1	资产结构	信贷占比、金融投资占比、现金及存放中央银行款项占比和同业占比	通常而言，金融投资占比和同业占比较高的银行可在一定程度上提高资金的使用效率，但也增大了经营风险
2	信贷投向	银行的信贷投向中，对地方政府融资平台广义口径余额；信贷投向的行业分散度和集中度；对公贷款和个人贷款的比例	结合政策导向对实体经济的影响，可能导致收入大幅下降
3	金融投资	新会计准则下，三分类的金融投资占比	金融资产公允价值变动不一定影响当期的损益
4	表外风险	表外敞口在发生风险的情况下可能变为银行的或有负债	表外项目可能影响商业银行风险加权资产，进而影响商业银行的资本充足率

思考题

一、名词解释

1. 法定存款准备金

2. 不良贷款

3. 信用"6C"原则

4. 抵押贷款和质押贷款

5. 等额本息

6. 等额本金

7. 绿色贷款

8. 债券

9. 拆出资金

10. 质押式逆回购

二、简答题

1. 商业银行的资产业务主要包括哪几方面？

2. 简述同业投资发展的背景和趋势。

3. 商业银行的个人贷款品种包括哪些类型？

4. 请结合例子说明等额本息和等额本金两种还款方式的优劣。

5. 商业银行资产质量的考量因素有哪些？一般参考哪些指标？

自学自测　　　　　　　扫描此码

第五章

负债业务

　　负债业务是商业银行资金的主要来源，与资产业务相对应。2021 年末，中国银保监会统计数据显示，大型商业银行、股份制商业银行和城市商业银行三类商业银行总负债占整个商业银行总负债的 85%以上。在商业银行的资产负债表中，负债业务主要体现为吸收存款、同业负债、应付债券和向中央银行借款四大方面（如图 5.1 所示）。其中值得注意的是，在商业银行资产负债表中没有同业负债的科目，但通常同业负债等同于负债表中的"同业及其他金融机构存放款项""拆入资金""卖出回购金融资产"和"应付债券"中拆分出来的同业存单四部分加总。因此，在分析应付债券项目时，不应包含已拆分出来的同业存单数据。

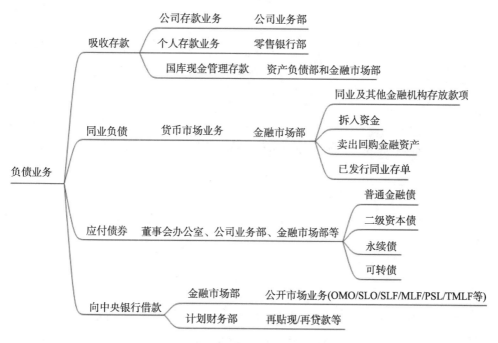

图 5.1　商业银行负债业务架构图

　　图 5.2～图 5.4 给出了 2010—2021 年银行主要负债占总负债的比例变化（图中除吸收存款数据为右轴外，其他三项数据均为左轴）。从负债业务的四个子项目占总负债的比例来看，吸收存款占总负债的比重最大。虽然，近十年吸收存款占总负债的比例呈现下降趋势，但大型商业银行吸收存款占总负债的比重仍稳定在 78%以上，股份制商业银行稳定在 60%以上，主要城市商业银行稳定在 62%以上，说明吸收存款仍是我国商业银行负债的主要来源。

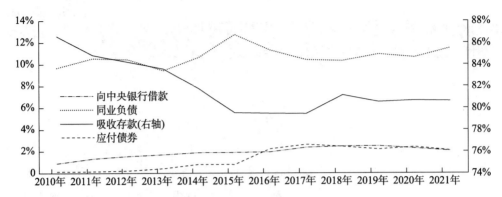

图 5.2　2010—2021 年大型商业银行主要负债占总负债的比例

数据来源：中国人民银行，Wind。

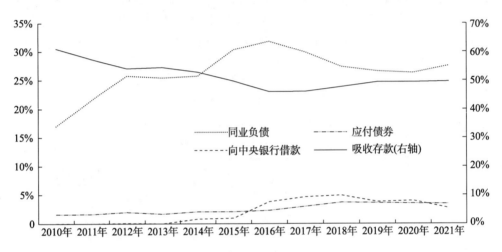

图 5.3　2010—2021 年股份制商业银行主要负债占总负债的比例

数据来源：中国人民银行，Wind。

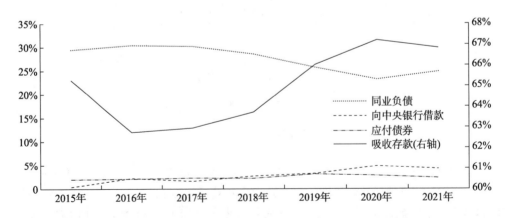

图 5.4　2015—2021 年主要城市商业银行主要负债占总负债的比例

数据来源：中国人民银行，Wind。

同业负债占总负债的比例排名第二。2010—2021 年，大型商业银行同业负债占总负债的比重约为 9%～13%；股份制商业银行处于 16%～32%；2015—2021 年，主要城市商业银行的同业负债占比从 30% 左右逐年下降至 24% 左右。大型商业银行应付债券占总负债的比例约为 1%～3%；股份制商业银行和主要城市商业银行基本稳定在 1%～4%。向中央银行借款占总负债的比例最小。大型商业银行向中央银行借款占总负债的比例保持在 3% 以内，股份制商业银行和主要城市商业银行的这一比例稳定在 5% 以内。

第一节　吸收存款

存款是商业银行生存和发展的根基，也是商业银行负债来源中最主要的部分。存款不仅可以为商业银行的资产业务提供资金来源，同时也是商业银行规模扩张的决定性因素。大型商业银行凭借自身的规模优势，吸收存款比中小银行更为容易，因此，存款占比明显高于其他性质的商业银行。

由图 5.5 可以看出：2010—2015 年大型商业银行和股份制商业银行吸收存款的占比逐年下降，其中，股份制商业银行占比下降幅度更大；2015—2020 年大型商业银行吸收存款占比稳中有升，基本保持在 80% 左右，位居三类商业银行之首；主要城市商业银行吸收存款占比在六年期间均值为 64.65%，高于股份制商业银行的 61.82%。以上三类商业银行吸收存款的占比均在 55% 以上，占据负债业务的绝对优势地位，同时也反映出在 2017 年的严格监管环境下[①]，中小银行逐步回归存贷业务，吸收存款占比开始逐步提升。

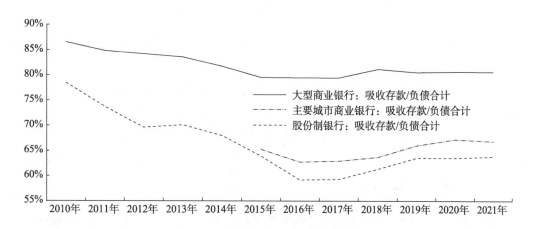

图 5.5　三类商业银行吸收存款占总负债的比例
数据来源：中国人民银行，Wind。

---

① 2017 年，银监会连续出台多项政策整治行业乱象，如 "三违反" "三套利" "四不当" "十乱象" 等多项监管措施。银监系统对国有银行、股份制银行、城商行等各类金融机构的同业、委外及非法集资等违规金融活动，累计开出 2838 张罚单。最高罚单为广发银行惠州分行的 "侨兴债" 案件，直接罚没 7.22 亿元。

2020 年以来，央行在引导银行降低贷款利率的同时，也通过多种方式稳定银行负债成本，以维护银行的息差利润。一是同业负债渠道，央行通过稳定银行间市场利率，从而稳定商业银行同业负债成本。二是存款渠道，央行通过各种治理方式降低商业银行存款成本。主要方式有治理各类灰色地带高息存款成本。主要方式有治理各类灰色地带高息存款成本，继续改革存款利率定价自律机制、压低存款上浮幅度、直接或间接调整存款基准利率等。央行之所以要稳定银行负债成本，维护银行息差，其核心原因在于，央行货币政策的传导需要商业银行保持必要的利润率和息差。所以在终端贷款利率不断下降，商业银行息差不断压缩的过程中，央行需要通过各种措施稳定和降低银行负债成本，为货币政策的实施创造可持续空间。

一、存款业务的成本管理

利率是资金的价格，商业银行吸收存款，需要按照约定的利率支付一定的利息。因此，控制利息支出是负债成本控制的核心内容。此外，为获得存款，商业银行还需要支付一定的成本费用。利息和费用共同构成了商业银行存款业务的成本，一般可分为利息成本、营业成本、资金成本和可用资金成本等。

利息成本是商业银行以货币形式直接支付给存款机构和个人的报酬，受期限和计息方式等因素的影响，存款利率可分为固定利率和浮动利率。固定利率顾名思义是指利率不随其他因素发生变化，浮动利率是在固定的基准利率之上加上利差，随基准利率波动而波动。

营业成本是指商业银行花费在吸收存款业务上除利息之外的一切支出，包括办公费用、人力费用、广告宣传费、折旧费等。

资金成本即商业银行为吸收存款花费的一切费用，包括利息成本和营业成本，不同银行吸收存款的能力不同，因此，资金成本也不尽相同。

可用资金成本是指商业银行能够自主支配用于贷款业务和投资业务的资金，是商业银行总存款中扣除应缴的法定存款准备金和其他必要的储备金后的余额。

存款成本最基本的两种估算方法为历史加权平均成本法（也称成本加利润存款定价法）和边际成本法。

（一）历史加权平均成本法

历史加权平均成本法可以计算每种存款服务的成本，能够评价银行历史的经营成本，但该方法未考虑到未来利息成本的变动。计算公式如下。

$$历史加权平均成本 = \frac{\sum 每种资金来源的数量 \times 每种资金来源的平均成本}{各类资金来源的总量}$$

（二）边际成本法

边际成本是指商业银行每增加一单位的资金所支付的成本。只有当边际成本小于边际

回报时，新增加的资金才能支撑资产的增长。相较于其他方法，边际成本法更能反映商业银行总体新增资金成本的情况。计算公式为

边际成本 = 新利率×以新利率吸收的资金总额 - 旧利率×以旧利率吸收的资金利额

（三）存款的其他定价方法

为了吸引客户，银行会根据客户存款余额及与客户的合作关系等情况进行特殊定价，即按照一定的档次或者满足一定的条件进行定价。例如，为了吸引更多的客户存款，银行会制定不同日均余额下对应的费率表，或是针对客户和银行的合作关系协商存款价格。在商业银行的官方网站上，我们可以查阅到同一期限的个人存款在不同认购起点下，存款利率不同的情形。以南京银行为例，2023 年发行的第 15 期个人大额定期存单产品中，期限为 3 年和 5 年的分别有两个产品，认购起点为 20 万元和 30 万元的年化利率利差为 0.5%。

 **知识窗**

国内第一家破产的银行——海南发展银行高息揽储

海南发展银行（简称海发行）于 1995 年 8 月 18 日开业，注册资本 16.77 亿元人民币（其中外币折合人民币 3000 万元），是海南省一家具有独立法人地位的股份制商业银行，由海南省政府控股。海发行兼并了 5 家信托投资公司，一共有包括中国北方工业总公司、中国远洋运输集团公司、北京首都国际机场等在内的 43 个股东。

1997 年 12 月 16 日，中国人民银行宣布，关闭海南省 5 家已经实质破产的信用社，其债权债务关系由海发行托管，其余 29 家海南省境内的信用社，有 28 家被并入海发行。从账面上看，海发行实力增强，但由于这些信用社大多是不良资产，海发行也背上了沉重的包袱。由于原信用社为了吸收存款，承兑储户 20%以上的利息，但是在兼并后只能调整为 7%。不少定期存款到期的客户开始将本金及利息取出，转存其他银行。未到期的储户也开始提前支取存款，引发挤兑效应，海发行被逼规定了每周取款的次数和限额。但是，由于挤提存款问题严重，次数和限额规定一变再变，储户每次能取到的钱越来越少。相较于个人储户，公司储户的提款难度更大。此时，海发行的其他业务也已经基本无法正常进行，再加上房地产泡沫破灭，海发行账内不少的贷款也难以收回。

1998 年 6 月 21 日，中国人民银行发出公告：由于海南发展银行不能及时清偿到期债务，根据《中华人民共和国人民银行法》《中华人民共和国公司法》和中国人民银行《金融机构管理条例》，中国人民银行决定关闭海南发展银行，停止其一切业务活动，由中国人民银行依法组织成立清算组，对海南发展银行进行关闭清算；指定中国工商银行托管海南发展银行的债权债务，对其境外债务和境内居民储蓄存款本金及合法利息保证支付，其余债务待组织清算后偿付。

互联网形势下的村镇银行变现高息揽储

2022年6月爆发了河南和安徽地区多家村镇银行无法兑付客户存款的事件。该事件涉及河南的禹州新民生村镇银行、柘城黄淮村镇银行、上蔡惠民村镇银行、开封新东方村镇银行；安徽的固镇新淮河村镇银行、黟县新淮河村镇银行。这些银行的客户来源于全国多地，因此，在社会层面引发了较大反响。

上述银行最大的问题是规模小，公众信任度低，吸收存款能力差。因此，为了增强吸金能力，这些银行除了通过线下网点，还通过"互联网存款"业务，例如，小米金融、度小满、360你财富、滴滴金融等12+家互联网平台渠道吸收资金。"互联网存款"业务兴起于2018年，银行借助互联网平台获取客户，推出期限相对灵活但利息水平可以媲美3年期、5年期定期存款的互联网存款产品。虽然2021年1月，银保监会、中国人民银行联合下发《关于规范商业银行通过互联网开展个人存款业务有关事项的通知》，明确商业银行不得通过非自营网络平台开展定期存款和定活两便存款业务。但这些村镇银行仍然通过微信小程序或其他"资金掮客"吸收公共资金，承诺客户高息，贴息后的收益水平能达到6%～8%，远超正常存款利息水平。

除了高息揽储，这些村镇银行与河南新财富集团合作，将一些理财产品伪装成正常的银行存款，获取了来自各地民众的巨额资金。这种伪装极大地提高了新财富集团的可信度，众多投资人因此毫不犹豫地将积蓄投入其中。但该集团通过股东的身份非法转移资金，最终导致资金链断裂，给投资者带来了巨大损失。一时间这些村镇银行纷纷通知系统升级维护，网上银行、手机银行暂停服务，无法提取存款，客户资金遭受损失。

资料来源：https://baijiahao.baidu.com/s?id=1773489631373612343&wfr=spider&for=pc.

二、存款业务的定价管理

通常而言，存款利率越高，对资金的吸引力越大，但与此同时，银行的高利率也降低了自身的利润水平。因此，对存款的合理定价是商业银行运营和发展的基础。我国在商业银行存款利率的定价方面，经历了几个阶段的改革。1996—2003年是利率市场化的准备阶段；2004年起，央行持续推进利率市场化改革，主要通过调整存款基准利率，以及在此基础上的浮动区间来实现对存款利率的引导；2015年，我国利率市场化改革迈出历史性一步，放开存款利率浮动上限。具体改革进程可参见表5.1。

表5.1　存款利率市场化改革进程

时　间	内　容
2004年	央行取消存款利率的下限
2007年	上海银行间同业拆借利率（Shibor）正式运行
2012年	存款利率浮动区间上限调整为基准利率的1.1倍
2015年	央行宣布取消对商业银行和农村合作金融机构等金融机构存款利率浮动上限

虽然央行已经放开存款利率的上下限，但近些年受银行揽储压力的不断加码，以及"资管新规"禁止发行保本理财产品等多种因素的影响，结构性存款和大额存单等变相银行存款高利率产品成为揽储的重要工具，商业银行的负债端成本居高不下。2019 年 10 月监管机构发布规范结构性存款业务的通知，要求商业银行严格区分结构性存款和其他存款。2019 年 12 月，央行设定利率自律机制，将结构性存款保底收益率纳入银行自律管理范围，督促银行合理确定利率水平。同时，银保监会也采取措施，督促银行有序发展结构性存款业务。但是，由于受疫情影响，2020 年商业银行的结构性存款业务经历了非常大的波折。为了支持实体经济发展，企业的短期贷款以及其他债券融资的利率被压得很低，因此，不少企业将贷款获得的资金投资购买利率较高的结构性存款，进行空转套利，最终导致结构性存款规模大幅上涨。2020 年 6 月，银保监会通过窗口指导，要求股份制银行结构性存款规模在 2020 年 9 月 30 日之前缩至年初规模，在 2020 年 12 月 31 日之前缩至年初规模的 2/3。进一步由图 5.6 可以看出，结构性存款规模在 2020 年 4 月一度高达 12.1 万亿元的高位（大型银行单位存款 + 大型银行个人存款 + 中小型银行个人存款 + 中小型银行单位存款），到 6 月快速下降了约 1.2 万亿元，后期规模仍在持续降低。

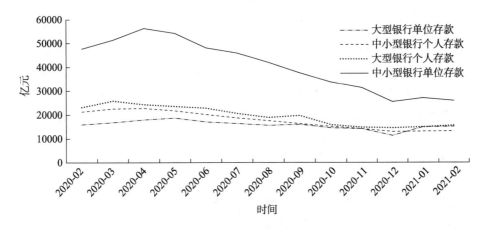

图 5.6　2020 年 2 月—2021 年 2 月中资全国性银行结构性存款规模

数据来源：同花顺。

此外，在 2019 年以前，部分金融机构为吸收存款，发行了活期存款靠档计息、定期存款提前支取靠档计息和周期付息等所谓的"创新"产品。人民银行发布的《2020 年第四季度中国货币政策执行报告》明确指出，这些产品的实际利率水平明显超出同期限存款利率，且违反了定期存款提前支取按活期计息、整存整取定期存款到期一次性还本付息等规定。为维护存款市场竞争秩序，2019 年以来，人民银行指导利率自律机制加强存款自律管理，督促金融机构依法合规经营，有序整改不规范存款创新产品。自 2019 年 12 月 17 日起，金融机构停止新办定期存款提前支取靠档计息产品，2020 年末此类产品余额从整改前的 15.4

万亿元压缩至零。另外，金融机构自 2019 年 5 月 17 日起逐步整改活期存款靠档计息产品，并于 2019 年 12 月起停止新办，余额自然到期。截至 2020 年年末，活期存款靠档计息产品已压缩 5.5 万亿元，压缩比例超八成①。2021 年 6 月 21 日，人民银行指导市场利率定价自律机制将原有存款基准利率一定倍数形成的存款利率自律上限，改为在存款基准利率基础上增加一定基点的模式。存款利率自律机制优化后，存款市场竞争更加有序，长期存款利率明显下行，定期存款期限结构有所优化，存款在银行之间的分布保持基本稳定，在很大程度上有利于稳定银行的负债成本。

三、存款业务的分类管理

商业银行的存款业务分为两大类，即公司存款业务和个人存款业务。公司存款业务比重高于个人存款业务。公司存款业务与公司贷款业务一样，由公司业务部经营管理，类似的，个人存款业务与个人贷款业务也同样由零售业务部经营管理。随着国库现金业务的发展，国库现金存款作为一般性存款也成为银行存款的重要组成部分，国库现金存款业务由资产负债部经营管理，执行部门为金融市场部。

（一）公司存款业务

公司存款业务分为单位活期存款、单位定期存款、单位通知存款和单位协定存款等。

单位活期存款是指在中国境内开立结算账户的机关、团体、企业、事业、其他组织、个体工商户等按照人民银行规定的利率将资金存放在银行，无确定存款期限，可随时办理存取或办理结算的一种存款。单位活期存款按日计息，按季结息，计息期间遇利率调整分段计息，每年的 3 月 20 日、6 月 20 日、9 月 20 日和 12 月 20 日为结息日。相较公司存款的其他形式，单位活期存款的利率最低。

单位定期存款是指机关、团体、企业、事业等单位按有关规定将单位拥有的暂时闲置不用的资金，按与银行约定的期限和利率存入银行的整存整取存款。起存金额为人民币 1 万元。存期有 3 个月、6 个月、1 年、2 年、3 年、5 年 6 种。

单位通知存款是指客户在办理单位存款时，不约定存款期限，自由选择一天或七天通知存款，支取时提前一天或七天通知银行，约定支取存款日期和金额方能支取的大额存款。

单位协定存款是指客户通过与银行签订《协定存款合同》，约定期限，商定结算账户需要保留的基本存款额度，由银行对基本存款额度内的存款按结息日或支取日活期存款利率计息，超过基本存款额度的部分转入单位协定存款账户，按结息口或支取口人民银行规定的协定存款利率计息的一种存款。

（二）个人存款业务

传统的个人存款业务主要包括活期储蓄、定期储蓄、教育储蓄、存单和个人通知存款等。

---

① 数据来自中国人民银行在 2021 年 2 月 8 日发布的《2020 年第四季度中国货币政策执行报告》。

活期储蓄是指无固定存期、可随时存取、存取金额不限的一种比较灵活的储蓄存款方式。具有普适性、灵活性等特点，是商业银行利息成本最低的存款方式。

定期储蓄存款方式有：整存整取、零存整取、存本取息、整存零取、定活两便。整存整取是一种由客户选择存款期限，整笔存入，到期提取本息的一种定期储蓄存款；零存整取是一种事先约定金额，逐月按约定金额存入，到期支取本息的定期存款方式；存本取息是一种一次存入本金，分次支取利息，到期支取本金的定期储蓄；整存零取业务是一种事先约定存期，整数金额一次存入，分期平均支取本金，到期支取利息的定期存款方式；定活两便是一种事先不约定存期，一次性存入，一次性支取的储蓄存款方式。各种存款方式各有优劣，客户可以根据自己的情况灵活选择。

教育储蓄是一种城乡居民为其本人或其子女接受非义务教育（指九年义务教育之外的全日制高中、大中专、大学本科、硕士和博士研究生）储蓄资金的一种存款。此种方式具有免收利息税及利率优惠的特点，但是对客户也作出了严格的限制，存款最高限额为人民币 2 万元。

存单是商业银行向社会大众提供的定期个人理财账户，分为整存整取定期储蓄存单、个人通知存款存单、定活两便储蓄存单。

个人通知存款是一种不约定存期，支取时需提前通知银行，约定支取日期和金额方能支取的存款。个人通知存款不论实际存期多长，按存款人提前通知的期限长短划分为一天通知存款和七天通知存款两个品种。一天通知存款必须提前一天通知约定支取存款，七天通知存款则必须提前七天通知约定支取存款。通知存款的币种为人民币。

（三）国库现金存款业务

国库现金是指财政部在中央银行总金库的活期存款。国库现金管理是指财政部门在进行公共财政管理时，控制、管理和预测国库现金的一系列政府理财活动。国库现金管理的目标是在确保国库现金可以满足支付需要的前提下，实现国库闲置现金规模的最小化和投资收益的最大化。国库现金管理必须遵循安全性、流动性和盈利性相统一的原则。财政部和央行于 2006 年发布了《中央国库现金管理暂行办法》（财库〔2006〕37 号），揭开了财政资金市场化运作的序幕。起初，主要实施的是商业银行定期存款和买回国债两种操作方式。目前，商业银行定期存款是国库现金存款业务的主要来源。国库现金存款业务分为中央国库现金定期存款业务和地方国库现金定期存款业务，采取单一价格招标方式，面向国债承销团和公开市场业务一级交易商中的商业银行总行开展。

1. 中央国库现金定期存款业务

符合特定条件的金融机构（即未来连续两个年度在团的国债承销团团员和当年公开市场业务一级交易商中的商业银行总行）是中央国库现金定期存款业务的操作对象。参团申请由金融机构按照自愿原则向财政部提出。自 2006 年业务开启以来，参团成员保持在 54家，涵盖国有大行、股份制银行、城商行、农村商业银行及外资银行，采用价格招标的方式，中标利率能够较为客观地反映市场对资金的需求。由于中央国库现金定期存款是银行的一般性存款，因此，在一定程度上商业银行对存款的需求对中标价格有较大的影响。

2. 地方国库现金定期存款业务

2014 年 12 月，国务院，财政部与中国人民银行联合印发了《地方国库现金管理试点办法》，确定北京、黑龙江、上海、湖北、广东、深圳 6 个省市为首批地方国库现金管理试点地区。2016 年 4 月，在总结首批试点地区经验基础上，财政部会同中国人民银行印发《关于确定 2016 年地方国库现金管理试点地区的通知》，新增 15 个试点地区。在总结地方国库现金管理试点经验的基础上，2017 年初印发《关于全面开展省级地方国库现金管理的通知》，地方国库现金管理实现省级全覆盖。近年来，地方国库现金管理操作期限已逐步由长周期（12 个月、9 个月、6 个月）向短周期（3 个月、1 个月）转变。相比较中央国库现金管理，地方国库现金管理中标利率更低，市场化程度相对较弱，一些地方国库现金定期存款中标数量和当地地方政府债中标数量及银行规模等指标密切相关。

 **知识窗**

关于保险资金的小介绍

20 世纪末，中国人民银行先后颁布政策条例，允许保险公司、社保基金、养老保险个人账户基金和邮政储蓄在商业银行办理协议存款。该政策的颁布，一方面为了增加保险公司资金运用的渠道，解决保险行业在存款利率下行时收益大幅下降的困境，另一方面还可以使商业银行获得长期稳定的资金来源。其中，利率水平、存款期限、结息和付息方式、违约处罚标准等由双方协商确定。对于商业银行而言，协议存款不属于同业存款，而是纳入一般性存款进行考核，缴纳 20% 的法定存款准备金。

2016—2021 年，受理财分流等多方面因素的影响，商业银行存款竞争激烈。协议存款业务具有较多优点，如单笔金额大、期限长，市场化定价、利率水平相对较高。因此，吸收存款能力较弱的中小商业银行逐渐转向协议存款市场。在实际业务中，协议存款可以突破期限、机构、利率约束等多方面问题。

虽然协议存款可以作为中小银行存款边际增量的主要来源，但是，该业务在一定程度上推高了银行的存款成本，增加了整体的社会融资成本。

资料来源：http://finance.sina.com.cn/woueg/insurance/bxsd/20131025108301711816.shtml.

第二节 同业负债

2014 年 5 月 16 日，人民银行、银监会、证监会、保监会、外汇局五部委联合发布《关于规范金融机构同业业务的通知》，明确定义同业业务是指中华人民共和国境内依法设立的金融机构之间开展的以投融资为核心的各项业务，主要业务类型包括：同业拆借、同业存款、同业借款、同业代付、买入返售（卖出回购）等同业融资业务和同业投资业务。其中，同业负债是指银行从其他银行或金融机构融入资金所形成的债务，但是，不包括同业存单。直到 2017 年，中央银行发布了第二季度《货币政策执行报告》。该报告正式宣布 2018 年第一季度将资产规模在 5000 亿元以上的银行发行的一年以内的同业存单纳入宏观审慎评估（Macro Prudential Assessment，MPA）同业负债占比指标进行考核，至此，同业负债范围进一步扩大。在银行的资产负债表上同业负债体现为"同业及其他金融机构存放款项""拆入资金""卖出回购金融资产款""已发行同业存单"（"应付债券"科目下的明细项）等负债科目。其中，"同业及其他金融机构存放款项"一般由商业银行的公司业务部经营管理，其他同业负债科目由金融市场部经营管理。因此，商业银行的金融市场部在一定程度上承担着流动性管理的职责，部分商业银行会将该项职责单独划分出来，成立资产负债部进行管理。

相较于银行存款，在期限方面，同业负债总体而言期限较短。按照规定，同业借款业务最长期限不得超过三年，其他同业融资业务最长期限不得超过一年，业务到期后不得展期。在定价方面，同业负债的利率市场化程度更高，对市场波动更为敏感，主要原因为同业负债的利率主要参考 Shibor 和回购利率等，这些基准利率能够及时反映市场资金面的宽松程度。在稳定性方面，同业负债的稳定性更弱，过高的同业负债/总负债比例可能会使银行面临流动性风险。

由于商业银行的资源背景不同，资金获取的成本差异较大。例如，大型的国有银行与央行关系紧密，政策优势明显。不但具有公开市场一级交易商的融资渠道，在基础设施方面也具有无法比拟的优势。此外，网点覆盖面广，具有配套的机构、人员、支付系统的银行不仅拥有技术性的规模经济优势，还有国家信用做隐性担保，资金成本相对较低。股份制银行、城商行和村镇银行等规模相对较小的银行，不仅基础设施建设不足，而且大部分由于政策因素被限定在某个区域开展业务，导致客户集中度较高，难以形成规模经济，在吸收一般性存款方面缺乏天然优势。因此，该类银行只能通过发行同业存单、同业拆借、银行间市场回购等同业负债方式来弥补由期限错配造成的流动性缺口，而通过这些方式形成的负债具有期限短、不稳定等特点。

自 2013 年以来，对于股份制银行和城市商业银行，同业存单已经成为同业负债的主要来源，商业银行通过此种模式极大膨胀了同业资产规模。但是，不同类型的银行由于其资本结构、经营行为、风险承担能力的差别，可能会导致其资产负债率、同业负债占比以及不良贷款率有较大差异。所以，即便是评级机构给出了同样的外部评级，银行与银行之间的资产和负债也存在较大的质量差异。特别是中小金融机构对同业负债的高度依赖，可能会引发较大的流动性隐患。因此，监管机构对同业业务的治理整顿逐步趋紧，表 5.2 给出了中国人民银行和"一行三会"对同业拆借、卖出回购及同业存单的相关规定。

表 5.2　同业负债业务的相关规定

业务类型	发文机构	相关文件及事件	相 关 规 定
同业拆借	中国人民银行	2007 年 7 月 3 日《同业拆借管理办法》	对商业银行作出明确规定，中资商业银行、城市信用合作社、农村信用合作社县级联合社的最高拆入限额和最高拆出限额均不超过该机构各项存款余额的 8%
卖出回购	"一行三会"	2017 年 12 月 31 日《关于规范债券市场参与者债券交易业务的通知》（简称 302 号文）	规定债券市场参与者应按照审慎展业原则，严格遵守中国人民银行和各金融监管部门制定的流动性、杠杆率等风险监管指标要求，并合理控制债券交易杠杆比率
同业存单	中国人民银行	2017 年第二季度《货币政策执行报告》	资产规模 5000 亿元以上的银行发行的一年以内同业存单被纳入 MPA 同业负债占比指标进行考核

从不同的银行类型来看，如图 5.7 所示，2010—2021 年，大型商业银行的同业负债在 10%附近波动，平均值为 10.64%，显著低于股份制商业银行和主要城市商业银行。2010—2016 年，股份制商业银行的同业负债占比持续升高，一度高于 30%的水平。从主要城市商业银行的同业负债占比来看，2015—2020 年，其与股份制商业银行几乎持平，2018 年后大幅下行，下降幅度高于股份制商业银行。这可能是受 2017 年政府严格监管的影响，中小商业银行逐步压缩同业业务，回归本源。因此，同业业务占比大幅回落。

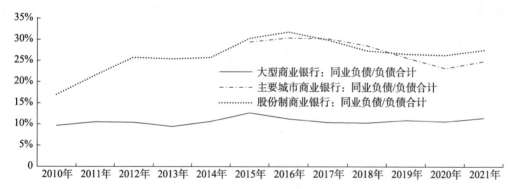

图 5.7　三类商业银行同业负债占总负债的比例

数据来源：中国人民银行，Wind。

一、同业及其他金融机构存放款项

同业存放，也称同业存款，全称是同业及其金融机构存入款项，是指某银行存入其他银行的款项。按照期限、业务关系和用途分为结算性同业存放和非结算性同业存放。结算性同业存放是指金融机构之间为满足日常往来结算需求而存入的清算款项。如基金公司、证券公司等在商业银行开立的账户，用于日常的业务往来。非结算性同业存放是指金融机构以主动负债为目的的吸收的同业存放存款，如保险公司的协议存款。大型商业银行和股份制商业银行具有托管资格，主要以结算性同业存放为主，主要城市商业银行多数不具备托管资格，以非结算性同业存放为主。由图 5.8 可以看出，大型商业银行和股份制商业银行同业及其他金融机构存放款项在同业负债中的占比较高。其中，大型商业银行位于 60%以上，股份制商业银行虽 2014 年后有所下降，但占比仍然高于 50%。相较而言，主要城市商业银行占比下降趋势明显，由 2015 年的 60% 逐步下降到 30% 左右。

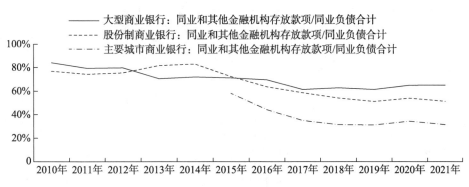

图 5.8　三类商业银行同业和其他金融机构存放款项占同业负债的比例走势

数据来源：中国人民银行，Wind。

二、拆入资金

与拆出资金相同，拆入资金也是一种银行与其他金融机构在全国银行间同业拆借市场开展的无担保资金融通行为。在会计处理上，同业拆借、同业借款、委托方同业代付均计入负债端的"拆入资金"科目。同业借款属于同业资金借入业务，与同业拆借相比通常期限更长，没有全国统一的交易网络。委托方同业代付是指银行（委托方）委托其他金融机构（受托方）向企业客户付款，委托方在约定还款日偿还代付款项本息的资金融通行为。

三、卖出回购金融资产

卖出回购金融资产是指银行按照协议约定先卖出金融资产，再按约定价格于到期日将该项金融资产回购的资金融通行为。该科目计入财务报表的"卖出回购金融资产款"。卖出回购通常分为债券质押式正回购和债券买断式正回购两类。

（一）债券质押式正回购

债券质押式正回购交易，是指正回购方（卖出回购方、资金融入方）将债券出质给逆回购方（买入返售方、资金融出方），同时双方约定在将来某一指定日期，由正回购方按约定回购利率向逆回购方返回资金，逆回购方向正回购方返回原出质债券的融资行为。在该种模式下，债券作为质押品，所有权并未发生转移。

以银行间市场常见的隔夜正回购为例，商业银行 A（正回购方）以持有的债券（通常涵盖利率债、信用债等）按照协商的折扣比例作质押，从商业银行 B（逆回购方）获得 1

个交易日（遇节假日顺延）的资金使用权，期满后则须归还借贷的资金，并按约定的利率支付一定的利息。而商业银行 B 在该笔交易过程中则是暂时放弃相应资金的使用权，从而获得商业银行 A 的债券质押权（注意此时只是质押权，并非所有权），并于回购到期时归还商业银行 A 质押的债券，收回融出资金并获得一定利息。在交易过程中涉及的交易要素包括交易双方、期限、价格、金额、质押券、交割时间、交割效率等。

从图 5.9 中可以看出，中资大型银行是市场主要的资金净融出方（资金融入量小于资金融出量）。其他机构以广义基金为代表的力量为市场的资金净融入方（资金融入量大于资金融出量）。

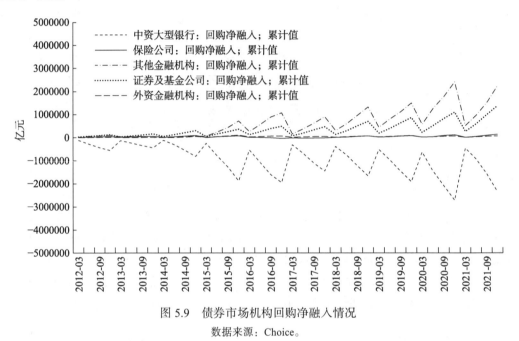

图 5.9   债券市场机构回购净融入情况
数据来源：Choice。

（二）债券买断式正回购

债券买断式正回购交易（"开放式回购"，简称"买断式回购"）是指债券持有人（正回购方）在将一笔债券卖给债券购买方（逆回购方）的同时，交易双方约定在未来某一日期，再由卖方（正回购方）以约定价格从买方（逆回购方）购回相等数量同种债券的交易行为。在该种模式下，债券发生了实质的买卖交易，所有权发生了转移。买断式回购同时具有融资和融券功能。一方面，买断式回购可以满足持券方传统的融资需求；另一方面，对于其对手方而言，买断式回购还满足了融券的需求，特别是在市场下跌时，该类业务可以为市场提供一种做空机制。即在债券收益率处于低位时，债券持有人卖出债券，获得资金的使用权，而空头投资者出让资金的使用权，买入债券，同时在二级市场卖出债券进行变现，当债券收益率抬高时，空头投资者在市场上买入债券，返还债券持有人，交易过程获得利差。此外，买断式回购还具有远期价格发现功能，买断式回购的成交价格实际上就是该债券的远期价格，它反映了市场对于债券未来一定时间内的价格预期，投资者可以根据买断式回购所揭示出来的远期价格制定相应的投资策略，规避市场风险。

四、已发行同业存单

同业存单是存款类金融机构在全国银行间市场上发行的记账式定期存款凭证。作为同业存款的替代品，该项业务的标准化程度更高。按照流通范围的不同，同业存单分为公开发行和定向发行两种。公开发行的同业存单可以在银行间市场交易流通，并作为回购交易的标的物，具有较高的标准化程度和较强的市场有效性。定向发行的同业存单则只能在初始投资人的范围中流通转让。因此，公开发行的同业存单占比较高。银行通常将同业存单计入"应付债券"科目下的"已发行同业存单"明细科目进行核算。

（一）同业存单的特征

同业存单具有诸多优点，如发行速度快、期限固定、无须缴纳存款准备金、可质押融资、有较好流动性等。同业存单逐渐演变为商业银行主动负债的重要工具，极大促进了同业负债的发展规模。每到年末，商业银行需向人民银行报备下一年拟发行同业存单的额度，批复额度内，商业银行可以自行确定每期同业存单的发行金额和期限。单期发行金额一般起点为 5000 万元人民币。同业存单一般在机构之间发行流通，投资和交易主体为全国银行间同业拆借市场成员。

相较而言，同业存单与同业存放既有相似性，又有异质性。两者本质都为吸收同业资金的一种方式，业务上可以相互替代。异质性在于：其一，同业存单是标准化业务，而同业存放是非标准化业务；其二，同业存单的交易市场为银行间市场，而同业存放多在场外进行，目的为结算或借款。

同业存单作为一种货币市场投资工具，不仅完善了同业借贷的市场利率，还是我国市场利率体系构建过程中的重要尝试。同业存单利率能更加精准刻画银行负债端的资金需求和可承担成本，对货币市场利率具有很高的"敏感度"，填补了货币市场中期利率的缺口。同业存单期限一般小于 1 年，以 1 个月、3 个月、6 个月、9 个月和 1 年五个期限为主。相比其他市场利率，例如，银行间回购利率 R 和 DR[①]，期限大多为 1～14 天，期限较短；LPR[②]

① R 代表的是质押式回购利率（repo rate，R）；DR 代表的是存款类金融机构间的债券回购利率（depository institutions repo rate，DR）。两者虽然都在银行间市场，但区别在于参与的主体不同，DR 主要指的是存款类金融机构，R 的参与主体范围更广，更能代表货币市场资金的成本变化。R 除了存款类金融机构，还包括非存款类金融机构，如基金、保险等，这一类非银行类的金融机构处于流动性层级的末端，并不是流动性的供给者。因此，R 和 DR 趋势差异不明显，但 DR 一般领先于 R。

② 贷款市场报价利率（loan prime rate, LPR）是由具有代表性的报价行，根据本行对最优质客户的贷款利率，以公开市场操作利率（主要是指中期借贷便利利率）加点形成的方式报价，由中国人民银行授权全国银行间同业拆借中心计算并公布的基础性的贷款参考利率，各金融机构应主要参考 LPR 进行贷款定价。

反映的是中期利率，一般为 1 年期和 5 年期；国债利率则主要反映的是中长期市场利率，同业存单极大丰富了货币市场利率产品的期限品种。

（二）同业存单发展历程

同业存单始于 2013 年，此后发行量急速上涨，2021 年年末市场存量已突破 13 万亿元。央行给予了多项政策优惠鼓励同业存单市场发展。例如，银行发行同业存单的负债不受监管约束；同业存单不属于一般性存款，无须缴纳准备金，且单独设立会计科目。同业存单作为批发型资金，具有规模大、效率高的优势。因此，同业存单很快迎来了"发行的春天"，规模呈井喷式上升。但与此同时，市场逐步开始衍生出同业套利链条，金融风险日益加剧。2017年，政府出台了一系列严格监管政策，将同业存单作为重点整治对象，具体政策可见表 5.3。

表 5.3　同业存单相关政策梳理

时间	机 构	文 件	相 关 内 容
2013.12	央行	《同业存单暂行管理办法》	银行业存款类金融机构法人可以在全国银行间市场上发行同业存单
2014.05	央行、银监会、证监会、保监会、外汇局	《关于规范金融机构同业业务的通知》（127 号文）	同业业务包括同业拆借、同业存款、同业借款、同业代付、买入返售（卖出回购）等同业融资业务和同业投资业务，不包括同业存单业务；单家商业银行通过同业融入资金余额不得超过其总负债的 1/3；单家商业银行对单一金融机构法人的不含结算性同业存款的同业融出资金，扣除风险权重为零的资产后的净额，不得超过该银行一级资本的 50%
2015.06	央行	《大额存单管理暂行办法》	允许银行面向企业、个人发行同业存单
2015.08	中国基金业协会	《证券投资基金参与同业存单会计核算和估值业务指引（试行）》	证券投资资金可以投资境内依法发行的同业存单
2016.06	中国外汇交易中心	《银行间市场同业存单发行交易规程》	境外金融机构及央行认可的其他机构可以投资同业存单
2016.06	保监会	《关于保险资金投资部分存款产品的监管口径》	保险资金可以投资境内依法发行的同业存单，并纳入银行存款管理
2017.04	银监会	《中国银监会关于银行业风险防控工作的指导意见》	提高关于同业业务由于期限错配带来的流动性管理水平。将同业业务纳入流动性风险监测范围；督促同业存单增速较快、同业存单占同业负债比例较高的银行，合理控制同业存单等同业融资规模；定期开展流动性风险压力测试
2017.04	银监会	《中国银监会关于切实弥补监管短板提升监管效能的通知》	强化对同业业务的非现场和现场监管、信息披露监管和处罚力度。对于同业融资依存度高、同业存单增速快的银行业金融机构，要重点检查其期限错配情况及流动性管理的有效性，要披露其期限匹配和流动性风险信息。对于同业投资业务占比高的机构，要重点检查其是否落实穿透管理、是否充足计提拨备和资本，应披露其投资产品的类型、基础资产性质等信息

时间	机 构	文 件	相 关 内 容
2017.05	银监会	《中国银监会办公厅关于开展银行业"监管套利、空转套利、关联套利"专项治理的通知》（银监办发〔2017〕46号）	明确规定监管套利、资金空转、关联套利行为，不能使用同业理财购买本行同业存单、同业资金空转、同业存单空转等。要求银行自查是否存在同业存单空转现象
2017.08	银监会	《中国银监会办公厅关于开展银行业"不当创新、不当交易、不当激励、不当收费"专项治理工作的通知》（银监办发〔2017〕53号）	要求机构自查和监管检查要注意"若将商业银行发行的同业存单计入同业融入资金余额，是否超过银行负债总额的三分之一"
2017.08	央行	《2017年第二季度中国货币政策执行报告》	拟于2018年第一季度评估时起，将资产规模5000亿元以上的银行发行的一年以内同业存单纳入MPA同业负债占比指标进行考核
2018.01	央行、银监会、证监会、保监会	《中国人民银行、银监会、证监会、保监会关于规范债券市场参与者债券交易业务的通知》（银发〔2017〕302号）	存款类金融机构债券交易杠杆率不得超过80%
2018.04	银保监会	《商业银行大额风险暴露管理办法》	商业银行对同业单一客户或集团客户的风险暴露不得超过一级资本净额的25%
2018.05	央行	《2018年第一季度中国货币政策执行报告》	拟于2019年第一季度评估时将资产规模5000亿元以下金融机构发行的同业存单纳入MPA考核，规定计入同业存单后的同业负债总额不能超过总负债的1/3
2018.05	银保监会	《商业银行流动性风险管理办法》	要求资产规模不小于2000亿元的商业银行应当持续达到流动性覆盖率LCR的最低监管标准。流动性覆盖率的计算公式为：LCR=合格优质流动性资产/未来30天现金净流出量，其最低监管标准不低于100%
2020.12	全国银行间同业拆借中心	《银行间市场同业存单发行违约违规处理细则》	明确严重违约行为包括单期同业存单违约违约金额超过2亿元等
2021.02	市场利率定价自律机制	《关于推出外币同业存单的通知》	为进一步推动同业存单市场平稳有序发展，丰富金融机构境内外币融资渠道，经央行同意，市场利率定价自律机制自即日起在银行间市场推出外币同业存单
2021.05	央行、银保监会	《中国银保监会、中国人民银行关于规范现金管理类理财产品管理有关事项的通知》	现金管理类产品应当投资的金融工具包括期限在1年以内（含1年）的银行存款、债券回购、中央银行票据、同业存单

（三）同业存单的现状

表5.4给出了2013—2021年度同业存单的发行情况。由表可知，2013年仅有10家银行（1家政策性银行、5家国有大行和4家股份制银行）发行同业存单，共计10只。2014年以后，城市商业银行、农商行和外资银行才陆续加入发行同业存单的行列。2015年，同业存单真正实现银行间市场大规模供给，后几年间，同业存单的发行量实现了由千亿元级到十万亿元级的增长转变。至2018年，突破20万亿元。但受监管影响，2019年同业存单的发行规模相较2018年下降14.91%。

表 5.4　2013—2021 年度同业存单发行情况

年度	票面利率/%	浮息债票面利差/%	实际发行总额/亿元	期间发行只数
2013 年	5.2035	—	340.00	10
2014 年	4.6566	—	8968.60	969
2015 年	3.6297	0.262347	52508.70	5855
2016 年	3.0904	0.167249	127754.30	15975
2017 年	4.5942	0.275635	198849.70	26253
2018 年	4.0153	0.196147	209092.70	26562
2019 年	3.0652	0.110047	177906.70	27098
2020 年	2.6779	0.137512	188825.10	28118
2021 年	2.7857	0.118760	217948.80	29927

数据来源：Wind。

　　图 5.10 给出了 2016—2021 年同业存单余额的变化，相较其他期限，1 年期同业存单上升态势明显，这主要是因为随着监管政策趋严，商业银行拉长了同业存单的发行期限。因而出现发行总量减少，存量仍然增加的现象。

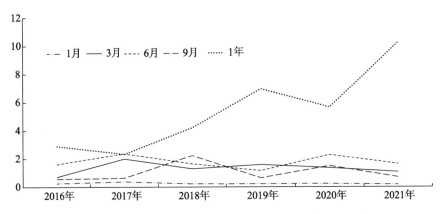

图 5.10　2016—2021 年同业存单余额（分期限）（单位：万亿元）

数据来源：Wind。

　　图 5.11 给出了三类商业银行同业存单占同业负债的比例走势。从发行机构的类型来看，同业存单市场是城市商业银行获得资金来源的重要渠道。大型商业银行的同业存单比例相对较低，股份制商业银行同业存单比例峰值为 30% 左右，远低于主要城市商业银行的发行比例。但近年来，主要城市商业银行同业存单占比呈现下降趋势，主要存在两方面原因。一方面，自 2017 年监管部门明确将同业存单纳入同业负债考核口径后[1]，部分占比较高的

---

　　[1] 2017 年《关于开展银行业"不当创新、不当交易、不当激励、不当收费"专项治理工作的通知》（银监办发〔2017〕53 号）中银保监会将"若将商业银行发行的同业存单计入同业融入资金余额，是否超过银行负债总额的三分之一"作为一项专项治理检查点，央行在《2018 年第一季度中国货币政策执行报告》中表示，自 2018 年第一季度评估时起把资产规模 5000 亿元以上金融机构发行的同业存单纳入 MPA 同业负债占比指标进行考核。

城市商业银行压缩了存单发行量。另一方面，2019年5月包商银行被接管事件，致使银行同业业务受到较大影响，同业存单市场分层加剧。此后，随着监管部门发布的一系列呵护中小银行流动性措施的政策，如为商业银行同业存单提供增信等，同业存单市场才逐渐回暖。

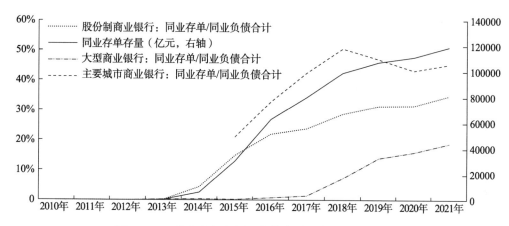

图 5.11　三类商业银行同业存单占同业负债的比例走势

数据来源：中国人民银行，Wind。

同业存单背后的套利模式

同业存单因其标准化程度高、流动性好等诸多特点，作为银行补充流动性的工具被推出之后，受到了市场的广泛认可。但由于大型银行和中小型银行的资金获取成本不同，同业存单存在着较大的套利空间，进而催生出了一系列的同业套利链条。下面，我们将从同业存单的需求端和供给端分析同业链条得以套利的原因。

就需求端而言，同业存单需求量最多的是中小型银行。从发行金额来看，2021年中农工建交和邮储六家大型国有银行发行同业存单总量为 35879.9 亿元，仅占银行间市场同业存单发行总量 217972 亿元的 16.46%。从发行利率来看，2021年中农工建交和邮储六家大型国有银行 3 个月期同业存单（3月期同业存单在当期发行量最高）平均利率为 2.54%，中小型银行为 2.63%。因此，大行用从央行获得的资金购买中小行发行的同业存单即可实现利差收益。

就供给端而言，中小型银行通过发行同业存单获得资金后，假如成本为 C1，将资金投向同业理财或货币基金，假设利润为 R1。

模式一：投资同业理财产品。为实现更高的收益率，同业理财产品通常会采用再加杠杆、期限错配，甚至委外（委外指银行理财资金委托外部投资，基金公司资产管理计划、券商资产管理计划、信托计划、保险计划成为委外投资的四大形式）等方式。此时，同业理财的成本为"C1+R1"，假设合理的利润空间为 R2，在此情况下，套利链条末端的委外机构出于盈利目的，不得不再提升杠杆以获取比之前产品更高的收益率，此时机构的成本为"C1+R1+R2"，在这个过程中，成本被不断抬高。

模式二：投资货币基金。银行如果直接配置同业存单，其利息收入需缴纳税收，但通过定制货币基金购买同业存单，则可减免税收（货币基金具有避税优势）。为了避税获益，中小行一方面投资货币基金，另一方面继续发行并投资持有同业存单。原本的资金链条上又嵌入新的资金链，增强了同业存单和货币基金的业务关联性。因此，当未来出现流动性紧张或信用风险时就可能发生挤兑风险。

综合上述两种模式，我们可以发现，金融系统蕴含着较大的关联性、系统性风险。由于同业链条环环相扣，层层嵌套，任何一个环节发生风险，将会快速传染至该链条上的所有产品。此外，从链条上来看，每个环节的下一机构成本在不断抬高，并且资金只在银行间的市场空转，并未延伸至实体经济。即便在链条的末端通过投资信用债券等方式支持了实体经济，但是成本会变得非常高。因此，成本的大幅提升将进一步加大违约风险。

资料来源：https://www.sohu.com/a/154754314_554353.

第三节 应付债券

银行发行的金融债券主要包括普通金融债、二级资本债、永续债和可转债等。金融债券通常由商业银行董事会办公室负责，执行部门为金融市场部、公司业务部等与金融机构关系密切的部门。二级资本债和银行永续债均包含减记或转股条款，具有明显的次级属性。在偿付顺序上，普通金融债等同于商业银行的一般负债，二级资本债清偿顺序在存款人和一般债权人之后，永续债清偿顺序则比二级资本债更为劣后。普通金融债和可转债起始时间较早，二级资本债发行开始于 2013 年，而永续债直到 2019 年才进入市场，其发行的主要目的是助力大型商业银行及股份制商业银行补充一级资本。

在会计处理方面，银行通常将普通金融债、二级资本债及可转债的负债部分计入负债类科目中的"应付债券"，将永续债及可转债的权益部分计入权益类科目中的"其他权益工具"。以上四类金融债券在发行用途、特殊条款、清偿顺序、期限、赎回权、票息/股息支付和损失吸收条款等方面存在较大差异，具体可参见表 5.5。

表 5.5 商业银行各种金融债券的比较

项　　目	普通金融债	二级资本债	永　续　债	可　转　债
主要用途	用于发放贷款、充实银行资金来源、优化负债期限结构等	补充二级资本	补充其他一级资本	补充核心一级资本
特殊条款	绝大多数不附带特殊条款	包含减记条款	包含转股条款	包含转股条款

项　　目	普通金融债	二级资本债	永　续　债	可　转　债
清偿顺序	排在存款人之后	排在存款人和一般债权人之后	排在存款人、一般债权人和次级债务之后	排在存款人、一般债权人和次级债务之后
期限	3 年/5 年	原始期限不低于 5 年，一般采用 5+5 年期	5 + N	无到期日
票息/股息支付	无	无	在条款设置上要求任何情况下发行银行都有权取消资本工具的分红或派息，且不构成违约事件	在条款设置上要求任何情况下发行银行都有权取消资本工具的分红或派息，且不构成违约事件
赎回权	无	有条件赎回，自发行之日起，至少 5 年后方可由发行银行赎回，但发行银行不得形成赎回权将被行使的预期，且行使赎回权应得到银保监会的事先批准。赎回要求：使用同等或更高质量的资本工具替换被赎回的工具，且只有在收入能力具备可持续性的条件下才能实施资本工具的替换。或者行使赎回权后的资本水平仍明显高于银保监会规定的监管资本要求	有条件赎回，自发行之日起，至少 5 年后可由发行银行赎回，但发行银行不得形成赎回权将被行使的预期，且行使赎回权应得到银保监会的事先批准。赎回要求：使用同等或更高质量的资本工具替换被赎回的工具，并且只有在收入能力具备可持续性的条件下才能实施资本工具的替换。或者行使赎回权后的资本水平仍明显高于银保监会规定的监管资本要求	无
损失吸收条款		须设定无法生存触发事件①	会计分类为权益的其他一级资本工具须设定无法生存触发事件②；会计分类为负债的其他一级资本工具，须同时设定无法生存触发事件和持续经营触发事件。当持续经营触发事件发生时，设定该条款的债券本金应立即按照合同约定进行全额或部分减记/转股，使商业银行的核心一级资本充足率恢复到触发点以上	会计分类为权益的其他一级资本工具须设定无法生存触发事件；会计分类为负债的其他一级资本工具，须同时设定无法生存触发事件和持续经营触发事件。当持续经营触发事件发生时，设定该条款的债券本金应立即按照合同约定进行全额或部分减记/转股，使商业银行的核心一级资本充足率恢复到触发点以上

---

　　① 银保监会规定了"持续经营触发事件"和"无法生存触发事件"两种触发事件，其中"持续经营触发事件"是指商业银行核心一级资本充足率降至 5.125%（或以下），"无法生存触发事件"是指以下两种情形中的较早发生者：①银保监会认定若不进行减记或转股，该银行将无法生存；①相关部门认定若不进行公共部门注资或提供同等效力的支持，该银行将无法生存。

　　② 2019 年 11 月《关于商业银行资本工具创新的指导意见（修订）》开始施行后，以此为根据新发的银行永续债均设置了无法生存触发事件而未设置持续经营触发事件。

续表

项　　目	普通金融债	二级资本债	永　续　债	可　转　债
		当无法生存触发事件发生时，设定该条款的债券的本金应能够立即按合同约定进行全额减记/转股。减记部分均为永久减记，不可恢复	当无法生存触发事件发生时，设定该条款的债券的本金应能够立即按合同约定进行全额减记/转股。减记部分均为永久减记，不可恢复	当无法生存触发事件发生时，设定该条款的债券的本金应能够立即按合同约定进行全额减记/转股。减记部分均为永久减记，不可恢复
首支代表	2005 年 8 月发行的"05 浦发 01"	2013 年 7 月发行的"13 滨农商二级"	2019 年 1 月发行的"19 中国银行永续债 01"	2003 年 3 月发行的"民生银行可转债"

数据来源：根据各大商业银行的官网公开资料整理。

表 5.6 给出了 2021 年年末各类商业银行四种金融债券的存量情况。从总量来看，2021年年末，次级债存量最高，金融债和永续债存量相当，可转债市场存量最少。从发行机构来看：大型商业银行以次级债为主，次级债和永续债存量分别占市场次级债和永续债总量的一半以上，占比最高；股份制商业银行以金融债和次级债为主，可转债存量占市场可转债总量的一半以上，金融债存量占市场金融债总量的 46.13%（8730/18926），是金融债存量占比最高的商业银行；城商行以金融债和次级债为主，农商行以次级债为主，外资银行各类金融债券存量均较低。

表 5.6　2021 年年末各类商业银行四种金融债券存量情况　　　　（单位：亿元）

银行类型	金融债存量	次级债存量	永续债存量	可转债存量
大型商业银行	3800	16870	9215	0
股份制商业银行	8730	7184	5960	1642
城商行	5202	4270	2581	800
农商行	879	1524	279	180
外资银行	315	85	0	0
总计	18926	29932	18035	2622

数据来源：Wind。

第四节　向中央银行借款

向中央银行借款是商业银行的融资渠道之一。央行作为"银行的银行"，可以通过再贷款、再贴现、央行逆回购、SLF、MLF 及定向中期借贷便利（targeted medium-term lending facility，TMLF）等货币政策工具向商业银行投放流动性，承担着商业银行最后贷款人的角色。

图 5.12 给出了三类商业银行向中央银行借款余额的情况。可以看出，在三类银行向中

央银行借款的科目中，大型商业银行占比最高，股份制商业银行次之，主要城市商业银行最低。

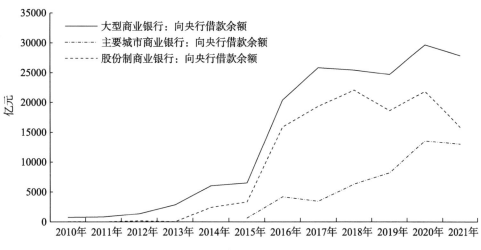

图 5.12　三类商业银行向中央银行借款余额情况

数据来源：中国人民银行，Wind。

一、公开市场业务

公开市场业务是中央银行在货币市场上公开买卖有价证券的行为，是调节货币供应量的货币政策工具之一。为了实现宏观经济目标，中央银行会根据市场上流动性的情况进行流动性的投放或收缩。当放松银根时，中央银行买入证券，投放基础货币，进行公开市场逆回购操作。反之，当收缩银根时，中央银行会卖出证券，收回基础货币，即为公开市场正回购操作。

在我国，公开市场业务一级交易商制度开始于 1998 年，随着规模的逐步扩大，目前已经成为中国人民银行货币政策日常操作的主要工具之一。商业银行根据资质可以申请公开市场交易商资格，表 5.7 为 2004—2021 年中国人民银行官网公布的公开市场一级交易商名单，数量稳定在 48～52 家范围内，以国有大行、股份制商业银行和城商行、农商行为主。

表 5.7　2004—2021 年公开市场一级交易商机构情况　　（单位：家）

年份	国有银行	政策性银行	股份制银行	城商行	农商行	农信社	外资银行	投资银行/公司	证券公司	保险公司	基金公司	其他	合计
2004	5	0	9	30	0	2	0	0	2	4	0	0	52
2005	5	0	9	28	0	2	0	0	4	4	0	0	52
2006	5	0	9	26	0	2	0	0	4	4	2	0	52
2007	5	0	9	25	2	0	1	0	4	4	2	0	52

年份	国有银行	政策性银行	股份制银行	城商行	农商行	农信社	外资银行	投资银行/公司	证券公司	保险公司	基金公司	其他	合计
2008	6	0	10	21	2	0	2	1	4	4	2	0	52
2009	6	0	10	22	2	0	2	1	4	4	1	0	52
2010	6	1	11	20	2	0	2	1	4	2	1	0	50
2011	6	1	10	21	2	0	2	1	4	2	1	0	50
2012	6	1	9	21	2	0	3	1	5	1	0	0	49
2013	6	1	9	21	3	0	3	1	4	0	0	0	48
2014	6	1	9	20	3	0	3	1	3	0	0	0	46
2015	6	1	9	20	3	0	3	1	3	0	0	0	46
2016	6	1	11	20	3	0	3	1	3	0	0	0	48
2017	6	2	11	18	4	0	3	1	3	0	0	0	48
2018	6	2	11	20	4	0	3	1	1	0	0	0	48
2019	6	2	11	18	5	0	4	2	1	0	0	0	49
2020	6	2	12	17	5	0	4	2	1	0	0	0	49
2021	6	2	12	17	5	0	5	0	2	0	0	1	50

数据来源：根据中国人民银行网站资料整理。

其中，工商银行、农业银行、中国银行、建设银行和交通银行一直位于名单之列，12家股份制商业银行随着改制等因素也全部纳入一级交易商名单，而城商行由原来的30家逐步缩减为17家，头部农商行和外资银行家数目相对比较稳定。央行公开市场交易对手还覆盖投资公司、证券公司、保险公司和基金公司，但这些非银行金融机构的比例非常低。因此，央行货币政策的传导渠道主要是商业银行。

公开市场操作，简称OMO（open market operations），是中央银行通过吞吐基础货币、调节市场流动性的短期货币政策工具。为了实现货币政策调控目标，OMO主要通过中央银行与指定交易商进行有价证券和外汇交易。OMO原则上每周进行一次，同时根据商业银行的大额资金要求和实际情况，进行专场交易。随着近些年的不断发展，OMO的交易对象不断扩大，交易期限品种不断丰富，交易资金清算制度和操作规程也在不断完善。

此外，央行还创新了一系列新型货币政策工具，如SLO、SLF、MLF和PSL等。

（1）SLO即短期流动性调节工具，是一种超短期的逆回购，期限为7天以内，通过市场化的利率招标方式进行，属于OMO的补充手段。

（2）SLF即常备借贷便利，央行于2013年年初设立了SLF，主要操作对象为政策性银行和全国性商业银行，以质押方式发放。其后，SLF操作权限下放至分支机构，当地人民银行分支机构可直接和城市商业银行、农村商业银行、农村合作银行和农村信用社四类地方法人金融机构进行交易，意在满足金融机构的短期流动性需求。当前，SLF已成为利率走廊的上限，在提高货币调控效果、防范银行体系流动性风险、增强对货币市场利率的调控效力方面发挥着重要作用。一般商业银行较少主动申请 SLF 业务，当商业银行使用 SLF 向央行借款时，表明其自身流动性紧张，风险敞口较大。

（3）MLF 即中期借贷便利，央行于 2014 年 9 月创设，适用于符合 MPA 要求的政策性银行及商业银行，期限通常为 3 个月、6 个月或一年，投放中长期基础货币。央行对 MLF 的资金用途提出了一定要求，金融机构必须将资金定向投放到小微企业和"三农"领域，用于扶持实体经济的弱势群体。随着利率市场化的进一步改革，提升了市场利率向贷款利率传导的效率，MLF 已经成为 LPR 的锚定利率，各金融机构主要参考 LPR 进行贷款定价。

（4）PSL 即抵押补充贷款，央行于 2014 年 4 月创设，期限通常为 3～5 年，作为长期的抵押贷款投放，操作对象仅限于政策性商业银行。目的在于支持我国经济发展的重点领域和薄弱环节，为其提供长期稳定的大额信贷资金。

二、再贴现/再贷款业务

再贴现是中央银行通过买进在中国人民银行开立账户的银行业金融机构持有的已贴现但尚未到期的商业票据，向银行业金融机构提供融资支持的行为。

再贷款是指中央银行为实现货币政策目标而对金融机构发放的贷款。根据贷款方式的不同，人民银行对金融机构的贷款可划分为信用贷款和再贴现两种。信用贷款是指人民银行根据商业银行资金头寸的情况，以其信用为保证发放的贷款。再贷款是一种带有较强计划性的数量型货币政策工具，具有行政性和被动性。通常包括支农再贷款、支小再贷款和扶贫再贷款及绿色贷款等。

图 5.13 展示了 2014 年第二季度至 2021 年第二季度主要货币政策工具的季度存续余额情况。由于 OMO 一般为短期流动性操作，不纳入季度存续余额考虑范围。因此，从其余的重要货币政策工具存量余额看，市场存量最高的为 MLF 和 PSL。截至 2021 年 6 月末，

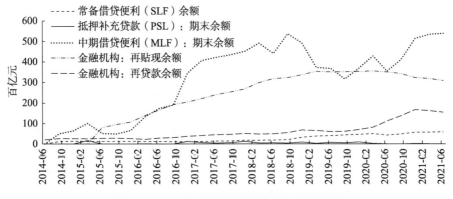

图 5.13　向中央银行借款主要业务存续余额

数据来源：中国人民银行，Wind。

二者分别存续 5.4 万亿元和 3.09 万亿元。SLF 为应急性操作工作，余额持续较低。从图中可以看出，2020 年疫情暴发后，央行明显提高了再贷款余额，该项业务为商业银行提供了充足的贷款支持。

从近些年的整体情况来看，流动性总量上非常充裕，如图 5.14 所示。但是，在部分领域仍存在结构性短缺问题。所以，央行设置了一系列结构性货币政策工具，如普惠小微贷款支持工具、PSL、碳减排支持工具、支持煤炭清洁高效利用专项再贷款、科技创新再贷款、普惠养老专项再贷款、交通物流专项再贷款等。

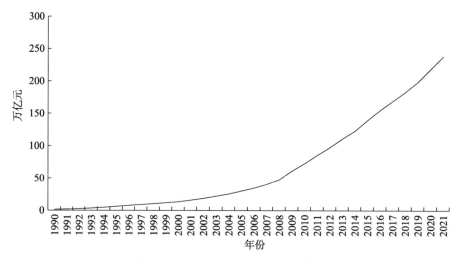

图 5.14   1990—2021 年 M2 变化趋势

数据来源：国家统计局。

本章小结

从本章的分析中，我们可以看到商业银行的不同负债具有不同的特点。2021 年 1 月 22 日，中国银保监会下发了《商业银行负债质量管理办法（征求意见稿）》，明确指出商业银行应当提高负债来源的稳定性和客户结构多样性，应将负债质量纳入绩效考评体系，不得设定以存款时点规模、市场份额、排名或同业比较为要求的考评指标。

一、负债业务分类对比

商业银行的负债来源多样化，其数量、成本和稳定性等因素对商业银行的利润影响非常大。就数量而言，吸收存款是商业银行最重要的负债来源，数量最大，其次为同业负债；就成本而言，吸收存款一般成本最低，应付债券最高；就稳定性而言，吸收存款是稳定性最高的，应付债券的期限一般较长，在 3 年及以上，因此稳定性也相对较好。具体如表 5.8 所示。

表 5.8 负债业务的横向比较

序号	业务类型	数量	成本	稳定性
1	吸收存款	较多	较低	较高
2	同业负债	批量资金，单笔量较大	成本较低	不稳定
3	应付债券	需经监管机构审批，数量不大	较高	较稳定
4	向中央银行借款	公开市场业务需要银行有公开交易商的资质方可进行，整体单家银行分到的数量不多	低于应付债券，根据市场情况可能高于或低于同业负债	不同的公开市场业务期限不同，对较短期限的借款业务，稳定性较差，到期后可能无法续作；对于期限较长的借款业务，稳定性较好

二、负债业务的评价指标

银行的负债业务是商业银行的成本、期限及稳定性的综合表现，负债的情况通常从三个方面进行考虑，如表 5.9 所示。

表 5.9 负债业务的评价指标

序号	指标	指标释义
1	客户存款成本/计息负债成本	出于成本与盈利角度考虑，银行负债端成本越低，维持稳定净息差所需的资产端收益率越低，即资金可投向风险越小、盈利越稳定的资产。
2	存款结构/定期存款	客户存款成本需要与客户存款结构共同考虑。一般来说，活期存款成本率低于定期存款，若银行活期成本率较低，则需进一步拆解存款结构，以判断成本率低是否由于活期存款占比高导致。客户存款结构可以从个人存款与公司存款占比、定期存款与活期存款占比两个方面衡量。由于业务结构与战略发展方向不同，部分银行其他类存款（如保证金存款）占比较高，需辩证看待定存占比对银行负债端的影响。
3	同业存单占负债总额的比重	统计同业存单占负债总额比重是衡量银行负债基础的前瞻性指标。若该比例较高，则银行负债基础可能较为薄弱，但存单占负债端比重低难以直接说明银行信用水平良好，部分银行资质较弱，存单发行量亦较少。

思考题

一、名词解释

1. 结构性存款

2. 边际成本法

3. 国库现金存款

4. 同业负债

5. 同业存放

6. 金融债券

7. 公开市场业务

8. 中期借贷便利

9. 再贴现

10. 再贷款

二、简答题

1. 商业银行的负债业务主要包括哪几方面？

2. 简述负债业务各个类型之间的对比及评价指标。

3. 商业银行发行的金融债券主要包括哪些类型？在发行用途、特殊条款、清偿顺序、期限、赎回权、票息/股息支付和损失吸收条款方面的差异是什么？

4. 简述商业银行同业负债的内涵及业务类型。

5. 简述商业银行向中央银行借款的主要业务类型。

自学 自测

扫描 此码

第六章

表 外 业 务

2001 年 6 月央行颁布了《商业银行中间业务暂行规定》，指出中间业务是指不构成商业银行表内资产、表内负债，形成银行非利息收入的业务。该规定于 2008 年 2 月废止，此后为适应业务发展的新变化和新趋势，银监会于 2016 年 11 月发布《商业银行表外业务风险管理指引（征求意见稿）》，进一步明确表外业务是指商业银行从事的，按照现行的会计准则不计入资产负债表内，不形成现实资产负债，但能够引起当期损益变动的业务。

第一节　表外业务与中间业务

在具体介绍表外业务之前，我们需要明确一个易与表外业务混淆的概念，即中间业务，中间业务是指商业银行代理客户办理收款、付款和其他委托事项而收取手续费的业务。银行从事中间业务不需要动用自身资金，而是依托业务、技术、机构、信誉和人才等优势，以中间人身份代理客户承办收付和其他委托事项，提供各种金融服务并据以收取手续费的业务。

综合来说，表外业务和中间业务并不完全相同，但有着密不可分的关系。共同点在于：二者都不在商业银行资产负债表中反映，部分业务也不都占用银行的资金，银行仅充当代理人身份，收入来源主要是服务费、手续费、管理费等。区别在于：中间业务更多表现为传统业务，且风险较小；表外业务则更多表现为创新业务，风险较大，这些业务与表内业务一般具有密切的联系，在一定条件下可转化为表内业务。严格来讲，表外业务从会计核算的口径出发，强调风险与监管，而中间业务则从银行的身份出发，强调业务类别及与传统业务的区别，二者均有广义和狭义之分。我国的中间业务等同于广义上的表外业务，如图 6.1 所示，它可以分为两大类，金融服务类表外业务和狭义的表外业务。狭义的表外业务是指不列入资产负债表，但同表内的资产业务或负债业务有密切关联的业务。金融服务类表外业务即我们常说的狭义的中间业务，是指商业银行以代理人的身份为客户办理的各种业务，目的在于获取手续费收入。其主要包括支付结算类业务、银行卡业务、代理类中间业务、基金托管类业务和咨询顾问类业务。如图 6.2 所示，狭义的表外业务是指银行承担信用风险的表外业务，而狭义的中间业务则是指银行不承担信用风险的表外业务。在实践中，涉及去杠杆时多强调表外业务，而涉及促进银行发展时多强调中间业务。值得注意的是，在一定情况下，表外业务可转化为表内业务，此时，应由表外核算转换为表内核算。因此，表外业务并非与资产负债表毫无关联，反而对银行资产负债的变动形成了不确定的风险。

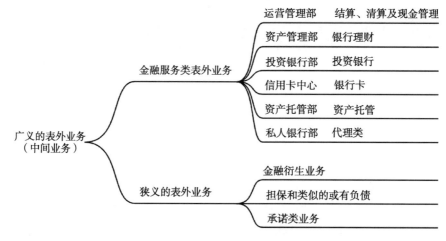

图 6.1　表外业务的架构图

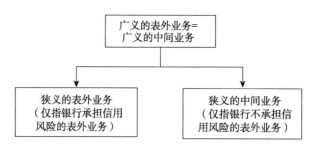

图 6.2　表外业务与中间业务

表外业务主要具备以下特点。

第一，商业银行表外业务最明显的特点就是提供专业的金融服务。通常而言，商业银行开展表外业务并不运用自身的资金，而是利用其自身的声誉、高质量的服务能力、专业化的技术和人员为客户提供服务，从而达到收取大量佣金、实现盈利的目的。

第二，商业银行的表外业务灵活性强，形式多种多样，所受限制较少。与传统的表内业务相比较，广义的表外业务既包括没有风险的金融中介服务，又包括高风险的金融衍生工具类业务；既可以使银行以中间人的身份出现，又可以使银行直接参与金融市场的操作。总之，银行在表外业务操作上十分灵活，选择余地较大。

第三，商业银行的表外业务具有影子银行性质，透明度差，监管难度较大。股东、债权人、金融监管当局等报表使用者难以了解银行表外业务的经营水平和盈利状况，降低了银行整体经营的透明度。

一般认为，表外业务收入占比提高，是商业银行产品创新力、客户服务力和市场竞争力等综合能力提升的表现。如图 6.3 所示，近些年，传统业务净息差下降，商业银行开始大力布局表外业务，非利息收入有所提高。但过于强调表外业务占比，可能促使银行产生隐性收费、乱收费等现象。表外业务在给银行带来收益的同时也伴随着风险与挑战，某些业务本身存在很大的波动风险，尤其是投资银行和衍生工具等创新型业务，发展不合理很可能给银行业甚至整个金融体系带来巨大的危机。同时，商业银行为规避宏观调控和监管，通过银信合作、银证合作、委托贷款、理财等方式在表外从事类信贷业务，部分业务甚至包含抽屉协议，银行需要提供隐性回购或担保，这会大大增加银行的内在风险。

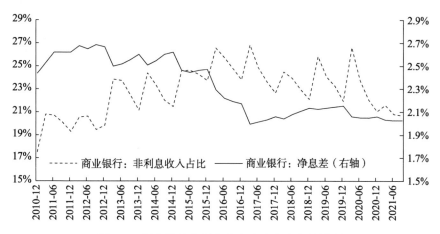

图 6.3　商业银行非利息收入占比和净息差情况

数据来源：中国银行保险监督管理委员会。

近些年，监管逐步趋严，所以商业银行的部分表外业务开始转回表内，不合法不合规的非利息收入占比有所回落，不过表外业务规模仍然较大。央行发布的 2015 年至 2019 年《中国金融稳定报告》显示，五年间银行业金融机构表外业务①快速扩张，由图 6.4 可知，截至 2018 年年末，银行业金融机构表外业务余额 338.42 万亿元，表外资产规模与表内总资产规模的比例由 2014 年的 40.87%增长到 2018 年的 126.16%。2016 年至 2018 年，金融资产服务类表外业务余额占银行业金融机构表外业务余额的比例分别为 64.94%、61.6%和 55.79%；承诺类及担保类表外业务余额合计占比分别为 13.85%、13.35%和 13.33%，相对稳定。

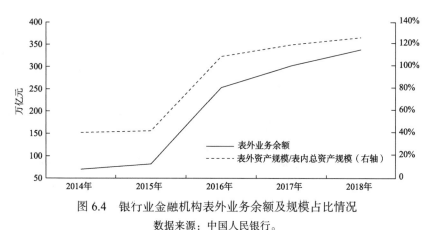

图 6.4　银行业金融机构表外业务余额及规模占比情况

数据来源：中国人民银行。

---

① 注：含委托贷款、委托投资和托管资产表外部分。

第二节　金融服务类表外业务

金融服务类表外业务是不形成或有资产、或有负债的中间业务，主要包括结算、清算及现金管理类业务、银行理财业务、投资银行业务、银行卡业务、资产托管业务和代理类业务等。从业务架构而言，结算、清算及现金管理类业务由商业银行运营管理部经营管理，银行理财业务由资产管理部经营管理，投资银行业务由投资银行部经营管理，银行卡业务由信用卡中心经营管理，资产托管业务由资产托管部经营管理，代理类业务则由私人银行部经营管理。

从不同业务类型手续费收入对"手续费及佣金收入"的贡献比来看，不同类型的商业银行因业务结构和发力点不同，而呈现不同的格局。对比 2021 年 21 家"手续费及佣金收入"在 10 亿元以上的上市银行[①]年报来看，银行卡业务、代理服务业务及理财业务收入占比较大。

一、结算、清算及现金管理

（一）结算和清算业务

结算与清算业务是银行传统的中间业务，结算业务借助的主要结算工具包括银行汇票、商业汇票、银行本票和支票。结算方式主要包括同城结算方式和异地结算方式。其他支付结算业务，包括利用现代支付系统实现的资金划拨、清算，利用银行内外部网络实现的转账等业务。

银行汇票是出票银行签发的，由其在见票时按照实际结算金额无条件支付给收款人或者持票人的票据。银行汇票有适用范围广、票随人走、钱货两清、信用度高、安全可靠、使用灵活、适应性强、结算准确、余款自动退回等特点，适用于先收款后发货或钱货两清的商品交易。

商业汇票是出票人签发的、委托付款人在指定日期无条件支付确定的金额给收款人或持票人的票据。商业汇票分银行承兑汇票和商业承兑汇票。其中，商业承兑汇票是指收款人开出经付款人承兑，或由付款人开出并承兑的汇票。使用汇票的单位必须是在商业银行开立账户的法人，并且要建立在合法的商品交易上。汇票经承兑后，承兑人（即付款人）便负有到期无条件支付票款的责任，此外汇票可以向银行贴现，也可以流通转让。银行承兑汇票是指由在承兑银行开立存款账户的存款人签发，向开户银行申请并经银行审查同意承兑的，保证在指定日期无条件支付确定的金额给收款人或持票人的票据。商业承兑和银

---

① 包括 6 家大型银行（中国银行、农业银行、工商银行、建设银行、交通银行和邮政储蓄银行）、9 家股份制银行（招商银行、浦发银行、中信银行、中国光大银行、华夏银行、中国民生银行、兴业银行、平安银行和浙商银行）、6 家城商行（北京银行、上海银行、江苏银行、宁波银行、南京银行和杭州银行）。

行承兑的主要区别如下。

（1）承兑主体不同：商业承兑汇票一般是由企业承兑的，银行承兑汇票是由银行承兑的。

（2）信用度不同：通常而言银行承兑汇票比商业承兑汇票的信用度更高。

（3）汇票承兑方式不同：如果银行承兑汇票到期时购货企业不能足额支付票款，承兑银行仍需无条件支付票款，并向该企业收取一定的罚息。如果商业承兑汇票到期账户付款方无力偿付，只能由购销双方自行处理，银行是不负责的。

银行本票是银行签发的、承诺自己在见票时无条件支付确定的金额给收款人或者持票人的票据，包括定额和不定额两种类型。

支票是出票人签发的、委托办理支票存款业务的银行在见票时无条件支付确定的金额给收款人或持票人的票据。支票的种类包括普通支票、现金支票和转账支票。

银行本票和支票的区别如下。

（1）期限不同：本票付款期为 2 个月，一般只在同城使用。支票的付款期限只有 10 天。

（2）性质不同：本票的性质是自付证券，支票的性质是委付证券。

（3）风险不同：银行本票的出票人为银行，一般不存在空头票据的风险，支票的出票人是除结算银行以外的单位或个人，存在空头支票的风险。

（二）现金管理业务

现金管理业务，是指商业银行协助企业，科学合理地管理现金账户头寸及活期存款余额，以达到提高资金流动性和使用效益的目的。商业银行为满足企业的现金管理需要，会利用自身优势，协助大企业客户科学地分析现金流量，确定一个合理的现金余额，将多余的现金（包括库存现金、活期存款和银行本票、银行汇票等货币性资产）用于短期投资，增加企业收益。在此过程中银行可以向企业收取一定的管理费。商业银行提供的现金管理服务主要有以下方面：账户管理、收付款管理、流动性管理、投融资管理、风险管理、电子商务、信息服务。其中，流动性管理是商业银行现金管理的核心。

银行业结算、清算及现金管理业务的收入因银行类型的不同而存在差异，对比 21 家上市银行年报发现，大型商业银行的结算清算手续费占比高，股份制商业银行和城商行占比低。大型商业银行占比较高是因为其具有覆盖广泛的网点和客户，为庞大的结算量打下基础。近些年，随着互联网的快速发展，传统的结算渠道正从柜台等实体终端向电子渠道转移，伴随国家减费让利等一系列政策的出台，业务手续费减免，银行结算收入同比减少。

二、银行理财业务

银行理财业务是指银行通过收集整理客户的收入、资产、负债等信息，结合客户的需求，为客户制定投资组合、储蓄计划、保险投资对策、继承及经营策略等财务设计方案，通过合理运作客户资金，帮助客户的资金实现最大限度的增值。商业银行通过理财业务吸纳个人和企业的金融资产后，遵循理财业务相关产品合同的具体条件和约束，将资金运用于货币市场、债券市场、资本市场和固定收益类产品等。虽然理财业务模式和银行金融市场部的运作模式有较多的重合，但因资金来源和风险约束大不相同，银行一般在金融市场部和资产管理部之间设立防火墙，独立运作。

根据投资领域的不同，银行理财产品大致可分为债券型、信托型、挂钩型及 QDII 型产品。债券型理财产品是指银行将资金主要投资于货币市场，一般投资于利率债和信用债等。信托型理财产品是指银行通过与信托公司合作，由银行发行人民币理财产品，募集资金后由信托公司负责投资。信托公司往往会将资金投资于由商业银行或其他信用等级较高的金融机构担保或回购的信托产品。挂钩型理财产品也称为结构性产品，是指本金用于传统债券投资，而产品最终收益与相关市场或产品的表现挂钩。QDII 型产品是指投资人将手中的人民币资金委托给被监管部门认证的商业银行，由银行将人民币资金兑换成美元，直接在境外投资，到期后将美元收益及本金结汇成人民币后分配给投资人的理财产品。

根据收益类型，理财产品可以分为以下三类。

第一大类是固定收益类的理财产品，常见的有银行理财产品、信托理财产品。

第二大类是保本浮动收益理财产品，以银行发行为主。

第三类是非保本浮动收益类理财产品，主要分为银行理财产品和证券投资理财产品。

根据币种不同，理财产品可分为人民币理财产品和外币理财产品两大类；根据运作模式不同，银行理财产品分为封闭式和非封闭式，净值型和非净值型。除此之外，还有其他分类方法，此处不再一一赘述。虽然分类方法众多，但理财产品的安全性和流动性是投资者在选择产品时关注的重点。

2018 年 4 月 27 日，"资管新规"中明确规定主营业务不包括资产管理业务的金融机构应当设立子公司开展资产管理业务；2018 年 9 月 28 日，《商业银行理财业务监督管理办法》（简称"理财新规"）进一步明确，商业银行应当通过具有独立法人地位的子公司开展理财业务。随后银保监会发布施行了《商业银行理财子公司管理办法》，作为"理财新规"的配套制度，与"资管新规"和"理财新规"共同构成理财子公司开展理财业务需要遵循的监管要求。上述文件进一步明确了理财子公司的破产隔离、风险隔离等要求，使得商业银行理财业务的整体框架更加明晰。对标"资管新规"，理财子公司在准入条件和程序、公司治理、风险隔离、关联交易和持续监管等方面与同类机构监管制度对照衔接，遵守统一监管标准，有利于推动银行理财回归资管业务本源，逐步有序打破刚性兑付，实现"卖者有责"基础上的"买者自负"。银行理财子公司可以通过商业银行，或者监管机构认可的其他机构，代理销售理财产品。自 2018 年 12 月 26 日银保监会正式批准中国建设银行、中国银行筹建理财子公司以来，银行理财子公司迎来快速发展，成为资产管理领域重要的新生力量。截至 2021 年末，已有 19 家理财子公司开业（不含中外合资）。

部分商业银行年报中单独披露银行理财业务的手续费收入，但一些银行将该收入纳入托管及其他受托业务佣金合并计算。从 21 家银行的年报对比来看，大型银行和股份制银行理财收入占比较高，占手续费及佣金总收入的 20% 及以上。城商行中，杭州银行理财收入占比在 50% 以上。近些年，商业银行不断完善财富管理金融体系，财富管理数字化进程进一步加快，同时，商业银行顺应市场趋势，围绕直接融资场景，大力发展债券承销业务，助推中间业务收入不断增长。

整体来看，积极开展理财业务对商业银行的发展具有重要意义。一是拓宽了商业银行资产负债表的深度和广度，商业银行的资产负债表从狭义的存贷款资产负债表，转变成经营客户的广义资产负债表，使得商业银行从过去的"重资产、强周期、高资本占用"向"轻资产、弱周期、低资本占用"转变。二是降低对存贷息差的依赖，增加非息收入。随着利率市场化改革进程的不断推进，金融深化导致的"脱媒"现象日益明显，存贷利差收益空间逐步减少，商业银行传统的盈利模式面临严峻的挑战，理财业务可以帮助商业银行逐渐摆脱对存贷款利差收益的过度依赖，优化收入结构。三是增加财富交易结算型存款，降低负债成本，改善资产质量。事实证明，如果银行能够把居民财富管理的账户体系建立起来，通过财富管理带来大量的财富交易结算型存款，这些低成本的负债会减弱对银行资产的盈利要求，也会降低商业银行的不良资产生成率。四是大力发展理财业务也是满足客户资产保值增值的需求，是争揽、维护优质个人客户的有力工具。

 **知识窗**

招商银行"大财富管理"战略

2014 年，基于经济增长放缓、增长动力转换、传统金融升级的事实，招商银行提出了以零售金融为主体，公司金融和同业金融为两翼打造"轻型银行"的发展战略。"轻型银行"的经营战略一直延续至今，其本质和核心是减少资本的消耗，以更集约的经营方式、更灵巧的应变能力实现更高效的发展和更丰厚的价值回报，"轻型银行"围绕"轻资产、轻运营、轻管理、轻文化"的发展方向。

2017 年，"轻型银行"战略布局不变，面对金融科技对零售业务从支付到存贷款、财富管理的全过程的重新定义，招商银行紧跟时代变革，提出了举全行之力打造"金融科技银行"的目标。以金融科技为核动力，把科技作为变革的重中之重，每一项业务、流程、管理都以金融科技的手段再造，率先实现了零售业务从卡片迁移到 App 的过程，并引入大数据和人工智能。

2021 年，招商银行提出打造"大财富管理"价值循环链，持续深化"轻型银行"战略，积极探索 3.0 模式，大财富管理以客户为中心，通过业务协同和开放的经营方式，形成了"财富管理—资产管理—投资银行"的大财富管理价值循环链。

大财富管理包括三个方面，即"大客群""大平台""大生态"。

一是拓展"大客群"。大财富管理不仅涵盖个人客户为主体的零售金融，而且包括企业客户、机构在内的批发金融。

二是搭建"大平台"。从卖方服务向买方服务转型，发展顾问式财富管理。通过市场化筛选引入资管机构入驻，与外部合作伙伴共同服务客户的多元化需求，批发金融打通券商、基金、PE 等机构，同业客户可以通过本行的平台进行交易。

三是构建"大生态"。招行与客户之间、客户与客户之间的资金与信息交互构成了一个以金融场景为主的开放生态。对内打通"财富管理—资产管理—投资银行"价值链，对外以客户视角的资产负债表链接全社会的资金和资产。

资料来源：招商银行 2014—2021 年《年度报告》全文。

三、投资银行业务

自 2001 年监管部门放宽对商业银行开展投行业务的管制以来，各大商业银行逐渐开始将开展投行业务作为自身业务调整和多元化经营的重要手段，纷纷加大资源投入，推动投行业务发展。具体而言，推动商业银行积极开展投行业务的原因可分为以下三个方面。第一是应对金融脱媒的挑战。随着我国金融体制改革逐步深入，实体企业尤其是大型企业更倾向于通过股权和债券等方式直接融资，银行信贷在企业融资规模中的比重降低，而投行业务在金融产品创新、拓展投资渠道、实施多元化经营方面无疑为商业银行补充了更多活力。第二是应对利率市场化的需要。改革开放以来，国内商业银行的经营模式是以存贷款业务为主，客户群体主要是大中型企业，存贷利差是银行的主要利润来源。利率市场化使得商业银行稳定的利差收入被打破，逼迫商业银行业务进行结构调整和转型，而开展投行业务能为其带来更多的中间业务收入，使商业银行能够充分利用自身客户、资金、网络等优势挖掘表外业务发展潜力。第三是分散风险的需要。当前，不同金融机构之间的经营界限逐渐模糊，金融机构可以根据客户的需求创新开发跨界的产品和服务，"一站式"服务的优势逐渐凸显。商业银行由传统的单一的存贷款业务模式发展为投资银行模式，中间业务收入比重上升，亦能有效分散其经营和业务风险。

按照国际惯例，国际投资银行的业务包括：企业融资、收购兼并、财务顾问等，投资银行是国外资本市场上的主要金融中介。在我国，投资银行业务主要包括债券承销业务、财务顾问类业务和杠杆融资类业务。

（一）债券承销业务

承销业务，是指符合债券承销资质的商业银行作为牵头主承销商或联席主承销商，为企业客户在银行间债券市场注册发行债务融资工具所提供的相关金融服务。债务融资工具是指具有法人资格的非金融企业在银行间市场发行的、约定在一定期限内还本付息的有价证券，包括超级短期融资券（SCP）、短期融资券（CP）、中期票据（MTN）、非公开定向债务融资工具（PPN）、长期限含权债务融资工具（永续债，PN）、项目收益票据（PRN）、资产支持票据（ABN）、可转票据及其他衍生或创新类产品。证券承销是投资银行最本源、最基础的业务活动。

银行根据资质可以申请加入政府信用（国债、国开、农发、进出口银行、地方政府债）

和非政府信用即信用债的一级承销商，为非承销商团员提供投标服务，赚取中间业务收入。由于市场同质化竞争，2017 年前承销团员的费用收入以手续费或折合计入债券价格的方式返还投资者。随着监管规定的严格化，此项收入不再进行返还，而是计入承销团员的手续费收入。

（二）财务顾问类业务

财务顾问类业务主要包括企业并购、项目融资顾问、集合财务顾问等。其中，财务顾问业务是利用商业银行的客户网络、资金资源、信息资源、人才资源等方面的优势，为客户提供资金、风险、投资理财、企业战略等多方面综合性的咨询服务。商业银行从事理财顾问业务的动机不仅仅是为了获取咨询服务费，更重要的是在此过程中可以了解客户财力和经营状况，进而为实施高效风险控制提供依据，同时也可以强化与客户的联系、培养客户群体的忠诚度、推广其他相关金融服务产品。

（三）杠杆融资类业务

杠杆融资类业务是商业银行通过为企业提供信贷资金，以满足企业上市、配股、并购、股份制改造等活动对资金的需求。由于此类信贷资金的规模较大且贷款期限较短，加之近年来我国企业股份制改革发展迅速、企业间的并购交易频繁发生，商业银行开展此类业务可以实现与企业之间的双赢。此外，杠杆融资类业务也可以促进商业银行业务创新，如开发股权资金收款结算、并购咨询与方案设计、配股项目推荐等新业务，开拓新利润增长点，这同时也是商业银行强化银企关系、发展核心客户、增强核心竞争力的重要选择。

从 21 家上市年报可以看出，近些年商业银行大力发展投资银行业务，大型商业银行和城商行投资银行业务占比在 10% 左右，成为主要发展力量。从个体来看，大型商业银行中的工商银行和农业银行投行业务手续费收入较高，在 10% 及以上；股份制商业银行中的浙商银行和兴业银行占比较高，在 30% 及以上；城商行中的南京银行、上海银行和杭州银行占比较高，在 20% 及以上。

四、银行卡业务

银行卡是由经授权的金融机构（主要指商业银行）向社会发行的具有消费信用、转账结算、存取现金等全部或部分功能的信用支付工具。依据清偿方式，银行卡业务可分为贷记卡业务和准贷记卡业务（简称信用卡业务）、借记卡业务。借记卡可进一步分为转账卡、专用卡和储值卡。

商业银行从事银行卡业务主要有四个收入来源：商户结算手续费、年费、利息收入及其他收入，其中借记卡业务的手续费收入占比较大。不过，近些年传统的借记卡业务手续费收入却呈现下降的趋势，而随着一些上市银行对信用卡市场的持续挖掘，信用卡业务收入的占比逐渐提高。这是因为：一方面，传统的借记卡收入受渠道竞争和政策影响较大，随着第三方支付的普及，支付渠道一定程度上向第三方转移；另一方面，积极发展信用卡业务，可以扩大商业银行利润空间，同时，信用卡业务还有一些潜在的其他好处。当用户使用信用卡时，就会避免动用自己的储蓄，从而减少了银行的存款流出，加强了银行的资金归集能力。同时，小宗信贷交易的风险小于大宗交易，信用卡业务的拓展也可以有效降低银行风险。随着信用卡业务的蓬勃发展，每年为银行带来非常可观的利润，而这一点，从各大银行的年报中也能看出来。以招商银行为例：2022年上半年，招商银行信用卡业务收入454.47亿元，同比增长9.09%。其中：信用卡利息收入314.22亿元，同比增长10.54%；非利息收入140.25亿元，同比增长5.95%。而同期间，该行实现营业收入1790.91亿元，净利润694.20亿元。

为了进一步优化信用卡业务，商业银行成立了信用卡中心等业务部门，负责全行信用卡业务的产品开发、市场拓展和风险控制。这些举措积极推动了信用卡业务的快速发展，信用卡中心成为商业银行的重要利润贡献部门。

五、资产托管业务

资产托管业务是商业银行作为独立的第三方当事人，根据法律法规规定，与委托人、管理人或受托人签订托管合同（包括但不限于明确托管权利义务关系的相关协议），依约保管委托资产，履行托管合同约定的权利义务，提供托管服务并收取托管、保管费用的商业银行中间业务。按照产品类别划分，托管业务包括公募证券投资基金，证券公司及其子公司、基金管理公司及其子公司、期货公司及其子公司、保险资产管理公司、金融资产投资公司等金融机构资产管理产品。目前，国内商业银行开展的托管业务包括基金托管、券商及期货资管托管、养老金托管、保险资金托管、信托资金保管、银行理财托管、客户资金托管、跨境托管、私募投资基金托管和基金外包业务等。

资产托管部需要银行具备托管资格，因此主要设置于一些大中型银行。目前具有基金托管人资格的有6家大型商业银行（中国工商银行、中国建设银行、交通银行、中国农业银行、中国银行、中国邮政储蓄银行）和8家股份制商业银行（广东发展银行、华夏银行、上海浦东发展银行、兴业银行、招商银行、中国光大银行、中国民生银行和中信银行）。14家商业银行中，中国邮政储蓄银行、兴业银行和中国光大银行托管业务收费占比较低。

客户是银行托管服务的核心，因此，商业银行通常在销售和营销管理方面下大力气，同时全面推进其他业务的交叉营销，实现综合效益最大化。

六、代理类业务

代理类业务指商业银行接受客户委托、代为办理客户指定的经济事务、提供金融服务并收取一定费用的业务，包括代理政策性银行业务、代收代付款业务、代理证券业务、代理保险业务、代理银行卡收单业务等。

从 21 家上市银行年报对比发现，城商行代理类业务手续费收入占比 55.34%，远远高出大型商业银行和股份制商业银行。这是因为近年来，城商行顺应"资管新规"积极开展净值化转型，将财富管理业务作为转型发展的重要战略方向，纵深推进专业经营，经营效益持续提升，手续费收入稳步增长。同时城商行及时把握资本市场发展机遇，代客理财、代理基金、代理保险业务实现较快增长，代销手续费收入快速提高。

第三节　狭义表外业务

狭义的表外业务是指那些未列入资产负债表，但与表内资产业务和负债业务有密切联系，并在一定条件下可以转变为表内资产业务和负债业务的经营活动。这些经营活动被称为或有资产和或有负债，它们具有一定的风险，需要在会计报表的附注中予以揭示。狭义的表外业务主要包括金融衍生业务、担保和类似的或有负债和承诺类业务三大类，金融衍生业务一般在金融市场部经营管理，其他业务则由公司业务部经营管理。狭义表外业务的收入在商业银行中间业务收入中占比较低，在此做简要介绍。

一、金融衍生业务

国际上金融衍生品种类繁多，但我国现阶段金融衍生品交易主要是指以期货为中心的金融业务。期货又可分为商品期货和金融期货，后者主要包括货币期货、利率期货和指数期货。衍生品交易有三个目的，分别为套期保值、投机获利及丰富资产配置。2011 年 1 月份银监会发布《银行业金融机构衍生产品交易业务管理暂行办法》，规定金融衍生品业务资格分为基础类和普通类。具备基础类资格的银行，只能从事套期保值类衍生产品交易，对于普通类资格的银行，还可以从事非套期保值类衍生产品交易。

2004 年第一批获得衍生产品交易资格的商业银行，除中国银行、中国工商银行、中国农业银行、中国建设银行、交通银行之外，在全国性股份制商业银行中，招商银行、浦发银行、兴业银行、中信银行和光大银行也具备交易资格。据不完全统计，目前，共有 140 家银行具有金融衍生品交易业务资质，包括基础类、普通类及未区分基础类和普通类衍生品资格的银行。其中，具备普通类衍生品资格的银行数量为 46 家，具备基础类衍生品资格的银行有 16 家，未区分基础类和普通类衍生品资格的银行有 78 家。

二、担保和类似的或有负债

担保和类似的或有负债是指商业银行为客户债务清偿能力提供担保，承担客户违约风险的业务。包括备用信用证（standby letter of credit，SBLC）、各类担保保函、跟单信用证、承兑等。

备用信用证，是开证行应借款人要求，以放款人作为信用证的收益人而开具的一种特殊信用证，以保证在借款人破产或不能及时履行义务的情况下，由开证行向收益人及时支付本利。

各类保函业务包括投标保函、承包保函、还款担保履、借款保函等。

三、承诺类业务

承诺类中间业务，是指商业银行在未来某一日期按照事前约定的条件向客户提供约定信用的业务，包括贷款承诺、透支额度等可撤销承诺和备用信用额度、回购协议、票据发行便利等不可撤销承诺两种。

可撤销承诺附有客户在取得贷款前必须履行的特定条款，在银行承诺期内，客户如没有履行条款，则银行可撤销该项承诺。可撤销承诺包括透支额度等。不可撤销承诺是银行不经客户允许不得随意取消的贷款承诺，具有法律约束力，包括备用信用额度、回购协议、票据发行便利等。不可撤销贷款承诺多用于投标等需要银行正式承诺将叙做该笔贷款，并对具体贷款条件做出承诺的情况；可撤销贷款承诺多用于客户营销，如向政府报批项目核准时使用。

 **本章小结**

表内业务与表外业务互为补充，表外业务虽然受到监管政策的约束，但相较表内业务而言，更能体现创新性、轻资本性与轻周期性，性价比通常较高。此外表外业务大多为中间业务，且多衍生于表内业务，如信贷承诺主要是指表内信贷的未提额部分和针对表内信贷的担保部分。表外业务与表内业务可以形成很好的互补关系，表内业务的增长往往需要表外业务的带动，表外业务的增长又需要以表内业务为基础。

 **思考题**

一、名词解释

1. 狭义表外业务

2. 广义表外业务

3. 银行理财

4. 结构性理财产品

5. 商业汇票

6. 支票

7. 承销业务

8. 债券型理财产品

9. 银行本票

10. 备用信用证

二、简答题

1. 商业银行的表外业务主要包括哪几个方面？

2. 简述狭义表外业务的内容。

3. 商业银行的投资银行业务主要包括哪些内容？

4. 商业银行表外业务和表内业务之间的关系是什么？

5. 谈一谈你对商业银行理财业务的认识。

即测即练

自学自测　　扫描此码

第七章

国 际 业 务

商业银行国际业务是指银行在国际上进行贸易和非贸易往来发生的债权和债务关系。随着经济全球化的发展，商业银行国际业务的发展空间和经营范围不断扩大，境外分支机构、代理行、代表处的数量明显增加。相较于商业银行的本地业务，其国际业务具有更高的复杂性和风险性，需要商业银行的国际分支机构具备更加专业的技术水平和管理经验。一般情况下，商业银行的国际业务主要包括三大方面：国际结算业务、国际借贷业务和外汇交易业务。

第一节　国际结算业务

商业银行的国际结算业务是指发生在不同国家的政府、企业和个人之间，因为商品买卖、服务供应、资金调拨、国际借贷等各种经济交易关系而办理的两国间外汇收付业务。由于涉及多种货币，结算中需遵循多种国际法及国际惯例，并要求跨国界的多家银行协调合作。国际结算业务的主要方式有汇款结算、托收结算、信用证结算和担保。

一、汇款结算

汇款结算是指付款人把应付款项交给与自身往来的银行，请求银行代替自己把款项支付给收款人的一种结算方式。具体过程如下：银行接到付款人的请求后，收下款项，然后以某种方式通知收款人所在地的代理行，请它向收款人支付相同金额的款项。最后，两个银行通过事先约定的办法，结清两者之间的债权债务。汇款结算方式一般涉及四个当事人，即汇款人、收款人、汇出行和汇入行。国际汇款结算业务基本上分为三大类，即电汇、信汇和票汇。

二、托收结算

托收结算是指债权人为向国外债务人收取款项而向其开发汇票，委托银行代收的一种结算方式。一笔托收结算业务通常有四个当事人，即委托人、托收银行、代收银行和付款人。托收属于商业信用，银行办理托收业务时，既没有检查货运单据正确或完整与否的义务，也没有承担付款人必须付款的责任。托收虽然是通过银行办理，但银行只是作为出口方的受托人行事，并没有承担付款的责任，进口方付款与否与银行无关。出口方向进口方收取货款靠的仍是进口方的商业信用。西方商业银行办理的国际托收结算业务为两大类，一类为光票托收，另一类为跟单托收。其中，托收时如果汇票不附任何货运单据，而只附有"非货运单据"（发票、垫付清单等），称为光票托收。这种结算方式多用于贸易的从属费用、货款尾数、佣金、样品费等结算及非贸易结算。跟单托收可以分为两种情形：附有商业单据的金融单据托收和不附有金融单据的商业单据托收。在国际贸易领域中，托收多指前一种。根据交单条件的不同，跟单托收又可分为付款交单和承兑交单两种。

三、信用证结算

信用证结算是指进出口双方签订买卖合同后，进口商主动请示进口地银行向出口商开立信用证，对自己的付款责任作出保证。当出口商按照信用证的条款履行了自身责任后，进口商将货款通过银行交付给出口商。一笔信用证结算业务所涉及的基本当事人有三个，即开证申请人、受益人和开证银行。信用证结算方式有以下特点。

（1）信用证不依附于买卖合同，银行在审单时强调的是信用证与基础贸易相分离的书面形式上的认证。

（2）信用证是凭单付款，不以货物为准，只要单据相符，开证行就应无条件付款。

（3）信用证是一种银行信用，它是银行的一种担保文件。

国际信用证作为一种信用保证，把进口商履行的付款责任，转由银行来履行付款。通过银行介入，进出口双方都可获得资金融通的便利。特别是对于使用国际信用证的进口商，国际信用证可以减少开证后到交货前自有资金被占用的情况。

四、担保

担保业务是指在国际结算过程中，银行经常以本身的信誉为进出口商提供担保，以促进结算过程的顺利进行。为进出口结算提供的担保主要有两种形式，即银行保证书和备用信用证。银行保证书又称保函，是银行应委托人的请求，向受益人开立的保证文件。银行向委托人承诺，当被保证人未向受益人尽到某项义务时，则由银行承担保函中所规定的付款责任。备用信用证简称SBLC，又称担保信用证，是指不以清偿商品交易的价款为目的，而以贷款融资，或担保债务偿还为目的所开立的信用证。开证行保证在开证申请人未能履行其应履行的义务时，受益人只要凭备用信用证的规定向开证行开具汇票，并随附开证申请人未履行义务的声明或证明文件，即可得到开证行的偿付。

银行保证书与备用信用证的区别如下。

（1）法律属性不同。在银行保证书中开证银行为保证人地位，根据保证书的设定条件，开证行可以为不可撤销连带责任担保，这时与备用信用证条件下的开证行责任相似，此外，开证行也可以为一般意义上的担保。备用信用证中开证银行为主债务人地位，只要受益人提出开证申请人未履约并出具相应的声明书或者证件，开证银行就要按照信用证设定条件予以支付。

（2）责任不同。备用信用证承担第一性的付款责任，在有效期内当开证申请人未履行约定的义务，受益人有权开具汇票并附上开证申请人不履约的书面声明或证件，以此要求向开证行或议付行付款。而银行保函则具备第一性或第二性两种付款责任，在不可撤销连带责任担保条件下，开证行承担的是第一性的付款责任，受益人可以依据自身给出的或第三者签发的用以证明委托人未履行约定义务的声明书或证明书要求开证行付款，或是直接凭汇票向开证行索偿；在一般担保条件下，开证行承担的是第二性付款责任，开证行有权就委托人是否履约情况展开调查，在证实委托人确未履约后才予以偿付。

（3）独立性不同。银行保函与设立的贸易合同之间为主合同与从合同的关系，当贸易合同确认无效，则保函也自然丧失法律约束力。而备用信用证与设立信用证的贸易合同之间没有关系，具有完全的独立性。

第二节　国际借贷业务

国际信贷与投资是商业银行国际业务中的资产业务。相较于商业银行的国内资产业务，国际信贷与投资业务的对象绝大部分是国外借款者。为国际贸易提供资金融通是商业银行国际信贷活动的一个重要方面。这种资金融通的对象，包括本国和外国的进出口客户。

商业银行为进出口贸易提供资金融通的形式很多，主要有以下几种。

进口押汇是指进出口双方签订买卖合同后，进口方请求进口地的某个银行（一般为自己的往来银行），向出口方开立保证付款文件，大多为信用证。然后，开证行将此文件寄送给出口商，出口商见证后，将货物发运给进口商。

出口押汇是指企业在向银行提交信用证项下单据议付时，银行（议付行）根据企业的申请，凭企业提交的全套单证相符的单据作为质押进行审核，审核无误后，参照票面金额将款项垫付给企业，然后向开证行寄单索汇，并向企业收取押汇利息和银行费用并保留追索权的一种短期出口融资业务。

打包贷款是出口地银行向出口商提供的短期资金融通。具体做法是：出口商先与国外进口商签订买卖合同，之后组织货物出口。在此过程中，出口商可能出现资金周转困难的情况。例如，出口商用自有资金购买货物，因货物积压导致资金占用。在这种情况下，出口商可以用进口地银行向其开发的信用证，或者其他保证文件，连同出口商品或半成品一起交付出口地银行抵押，借入款项。出口地银行在此情况下向出口商提供的贷款就称为打包贷款。

国际放款由于涉及国际贸易，在放款的对象、放款的风险、放款的方式等方面，都与国内放款具有不同之处。国际放款可以从以下角度进行划分。

（1）根据放款对象的不同，可以划分为个人放款、企业放款、银行间放款及对外国政府和中央银行的放款。

（2）根据放款期限的不同，可以划分为短期放款、中期放款和长期放款，这种期限的划分与国内放款形式大致相同。

（3）根据放款银行的不同，可以划分为单一银行放款和多银行放款。单一银行放款是指放款资金仅由一个银行提供。一般来说，单一银行放款数额较小，期限较短。多银行放款是指一笔放款由几家银行共同提供，这种放款主要有两种类型，参与制放款和辛迪加放款[①]。

第三节　外汇交易业务

外汇交易包括外汇即期交易（FX Spot）、外汇远期交易（FX Forward）、外汇掉期交易（FX Swap）、外汇衍生交易和外汇货币市场交易。

一、外汇即期交易

外汇即期交易可以称为现汇交易，是指交易双方以约定的外汇币种、金额、汇率，在成交日后两个营业日内（一般是指两个清算国银行都营业的日期，遇节假日顺延）交割的外汇交易，T＋0 和 T＋1 人民币外汇交易都属于外汇即期交易。外汇即期交易是国际外汇市场上最普遍的一种交易形式，通常可分为人民币外汇即期交易和外币对外币即期交易。外汇即期标价可分为直接标价和间接标价两种，直接标价是以外国货币为标准价折算为本国货币，外国货币数额固定。因此，本国货币数额的变动可以表示汇率的涨跌，国际上大多（包括我国）都采用直接标价法。间接标价法则是以本国货币为标准折算为外国货币，其基本功能是完成货币调换，满足临时性的付款需要，实现货币购买力国际转移。通过外汇即期交易有助于调整多种外汇的头寸比例，保持外汇头寸平衡，避免经济波动的风险。此外，还可以利用即期外汇交易与远期交易进行外汇套利。通常而言，一笔完整的即期外汇交易一般包括询价、报价、成交和确认四个步骤。

【例 7-1】　2022 年 8 月 5 日，A 银行通过外汇交易中心与 B 银行达成了一笔美元兑人民币即期询价交易。A 银行为发起方，约定 A 银行以 USD/CNY＝6.7630 的价格向 B 银行卖出美元 1000 万。

涉及的交易要素如表 7.1 所示。

表 7.1　即期询价交易参数信息

发起方	A 银行	报价方	B 银行
成交日	2022-8-5	交易模式	询价交易
货币对	USD/CNY	价格	6.7630
交易货币	USD	对应货币	CNY
交易货币金额	USD10000000	对应货币金额	CNY67630000
交易方向	机构 A 卖出 USD 买入 CNY；机构 B 买入 USD 卖出 CNY		
期限	SPOT	起息日	2022-8-8
清算模式和方式	双边全额清算		

---

① 辛迪加贷款又称"银团贷款"，由一家或几家银行牵头，若干家商业银行联合向借款人提供资金的贷款形式。20 世纪 60 年代发展成为国际上中、长期筹资的主要途径。

二、外汇远期交易

外汇远期交易指交易双方以约定的币种、金额、汇率，在约定的未来某一日期（非即期起息日）交割的外汇交易。远期汇率本质上是机构对于未来外汇市场即期价格的预测。远期汇率和即期汇率之差的基点数差称为远期点（forward point），一般由即期汇率、不同种货币的利差和远期期限等因素决定。远期点可以为正也可以为负。直接标价法下，远期点为负值称为贴水，远期点为正值称为升水。实践中一般分为外汇远期询价交易和标准化人民币外汇远期交易（c-forward）。后者的交易货币对只限于 USD/CNY，且期限固定为 1 天（T＋3）、1 周和 1 个月。

远期外汇交易的主要意义在于避险保值，实践中多用于套期保值业务（hedging），即为了避免汇率波动带来的影响，持有外币头寸的企业通过卖出或买入一笔与外币资产或负债等值的外汇，从而锁定这笔外币资产或负债的价值。除了套期保值外，也可用来投机（speculation），在一般情况下，外汇投机是指投机者根据其对汇率变动的预期以赚取投机利润为目标的外汇交易。外汇投机主要在期汇市场上进行，因为在签订远期交易合同时，投机者手中无须足额现金，只需要一定比例的保证金即可，这就使期汇投机规模远远超出投机者手中拥有的资金数量。远期外汇投机有买空和卖空两种基本形式。

【例 7-2】 2022-08-05，A 银行通过外汇交易系统与 B 银行成交一笔 1Y 美元兑人民币远期交易。约定 A 银行卖出 USD1000 万，买入 CNY。A 银行为发起方，B 银行报出即期汇率 USD/CNY＝6.7630，远期点－594.00 bp，即 A 银行以 USD/CNY＝6.7036 的价格在 2023- 08-05 向 B 银行卖出 USD 10000000。涉及的交易要素如表 7.2 所示。

表 7.2　远期交易参数信息

发起方	A 银行	报价方	B 银行
成交日	2022-8-5	远期全价	6.7036
货币对	USD/CNY	折美元金额	USD10000000
交易货币	USD	对应货币	CNY
交易货币金额	USD10000000	对应货币金额	CNY67036000
即期汇率	6.7630	远期点	－594.00
交易方向	机构 A 卖出 USD10000000，买入 CNY67036000 机构 B 买入 USD10000000，卖出 CNY67036000		
期限	1Y	起息日	2022-8-8
清算模式和方式	双边全额清算		

三、外汇掉期交易

外汇掉期交易是指交易双方约定在一前一后两个不同的起息日进行方向相反的两次货币交换。在第一次货币交换中，一方按照约定的汇率用货币 A 交换货币 B；在第二次货币交换中，该方再按照另一约定的汇率用货币 B 交换货币 A。外汇掉期交易的主要目的是轧平外汇头寸，降低汇率波动带来损失的风险。每笔掉期交易包含一个近端期限和一个远端期限，分别用于确定近端起息日和远端起息日。这两个期限可以是标准期限（如 1M、1Y），也可以是非标准期限。按照起息日的不同，掉期交易分为即期对远期掉期交易（spot-forward）、远期对远期掉期交易（forward-forward）和隔夜掉期交易。

【例 7-3】 一笔 1M/2M 的美元兑人民币掉期交易成交时，报价方报出的即期汇率为 6.1330/6.1333，近端掉期点为 45.01/50.23bp，远端掉期点为 60.15/65.00bp。则：

发起方近端买入，远端卖出，则近端掉期全价为 6.1333 + 50.23bp = 6.138323，远端掉期全价为 6.1333 + 60.15bp = 6.139315，掉期点为 60.15bp − 50.23bp = 9.92bp。

发起方近端卖出，远端买入，则近端掉期全价为 6.1330 + 45.01bp = 6.137501，远端掉期全价为 6.1330 + 65.00bp = 6.139500，掉期点 65.00bp − 45.01bp = 19.99bp。

四、外汇衍生交易

外汇衍生交易是随着一种或多种外汇市场基础变量（如利率与汇率）变动而发生价值变动的金融工具，最主要的外汇衍生工具包括外汇期权交易、外汇期货交易，以及外汇利率互换与货币互换等。

（一）外汇期权交易

外汇期权是指交易双方以约定汇率，在未来的某一日期（非即期起息日）进行外汇交易的权利。期权买方以支付期权费的方式拥有权利，期权卖方收取期权费，并在买方选择行权时履行义务。

依据期权所赋予的权利可分为看涨期权（call option/call）与看跌期权（put option/put）。前者是指期权买方有权在到期日以约定执行价格从期权卖方买入约定金额的货币，后者是指期权买方有权在到期日以约定执行价格向期权卖方卖出约定金额的货币。例如，成交一笔美元兑人民币看涨期权（call），表示为 USD call/CNY put，即期权买方有权在到期日从期权卖方买入美元，卖出人民币。

依据期权行权时间可分为欧式期权（European option）与美式期权（American option）。前者是指期权买方只能在期权到期日当天行权的期权，后者指期权买方可以在到期日或到期日之前任何一天或到期日前约定的时段行权的期权，后者灵活性较高因此费用也较高。

依据期权复杂程度可分为普通期权（plain vanilla option/vanilla option）与奇异期权（exotic option）。前者又称标准期权，是指无特殊结构或功能的简单标准期权，后者是指由普通期权结构改变或衍生，具备特别功能或产品结构的复杂期权。由两个或两个以上期权构成的资产组合称为期权组合。

（二）外汇期货交易

外汇期货交易是指在期货交易所内，交易双方通过公开竞价的方式，买卖标准化的合同金额和清算日期的外汇交易。交易中的交易币种、交易数量、合同金额、交割期限和交割日期都是标准化的、固定化的。外汇期货交易实行保证金制度，以清算所为交易中介，实行每日差额清算制度。

（三）外汇利率互换与货币互换

外汇利率互换是指交易双方在约定期限内，根据约定币种（外币）的名义本金和利率，定期互相交换利息的合约。外汇货币互换是指交易双方约定在一定的时期内相互交换不同币种。两类合约的主要功能是避险保值与降低融资成本。

五、外汇货币市场交易

同人民币本币的货币市场业务相似，外汇的货币市场业务也可以分为外币拆借、回购和同业存款交易。交易价格分别为拆借、回购和同业存款利率，按年利率计算，以百分比表示。拆借、回购、同业存款利率可为负利率。其中，回购交易可分为买断式回购和质押式回购两种。

 **本章小结**

国际业务作为商业银行重要业务品种之一，在银行的经营和发展中发挥着日趋重要的作用。虽然国际业务在开展的过程中，可能面临国家风险、法律风险和外汇风险等，但作为商业银行合理规避管制、分散风险与追求高利润的重要手段，国际业务仍是各商业银行纷纷瞄准的业务点。商业银行只有积极寻找对策，取长补短，才能在竞争日益白热化的市场中取得一席之位。

 **思考题**

一、名词解释

1. 托收结算
2. 信用证结算
3. 进口押汇
4. 出口押汇
5. 外汇即期交易
6. 外汇远期交易
7. 外汇掉期交易
8. 外汇衍生交易
9. 外汇期权
10. 外汇利率互换

二、简答题

1. 商业银行的国际业务主要包括哪几个方面？

2. 欧式期权与美式期权的主要差别是什么？

3. 简述银行保证书与备用信用证的区别。

4. 外汇交易业务都包括哪些品种？选取两种进行分析。

5. 商业银行国际放款业务主要包括哪些类型？

即测即练

自学自测　　扫描此码

第八章

金融风险及其识别方法

2008 年金融危机中，美国著名的投行贝尔斯登被收购，雷曼兄弟破产，美国 AIG 集团（American International Group，AIG）也在濒临破产的边缘，大量银行和金融投资机构倒闭，最终蔓延成全球金融危机。每一次金融危机的发生，都会让人们对风险有更深刻的认知。金融机构风险的集聚会引发全社会经济秩序的混乱，造成的损害通常会由整个经济体系"买单"。加深对金融风险相关知识的了解，有助于我们认清金融风险的本质。

第一节　金融风险的概念

一、金融风险的定义

风险是指未来的一种不确定性，这种不确定性客观存在于人类一切活动之中。金融风险可以分为广义和狭义两个层次：广义的金融风险是指经济主体在金融活动中遭受损失的不确定性或可能性，或者说是金融主体在经营过程中，由于决策失误，客观情况变化或其他原因使资金、财产、信誉有遭受损失的可能性[①]。狭义的金融风险是指任何可能导致个人、企业或金融机构财务损失的风险，如金融市场风险、金融产品风险、金融机构风险等。

商业银行所面临的风险是指在商业银行的经营活动中，由于不可预测的因素，如宏观经济政策、行业竞争或者经营管理等，造成商业银行的实际收益与预期收益出现背离，这种背离可能给商业银行带来额外的收益，也可能导致巨大损失。

二、金融风险的特点

随着金融全球化的迅速发展，金融风险产生的源头、冲击的范围、表现形式均不断变化。但是，金融风险的本质特征并未发生变化，具体如下。

（一）金融风险的不确定性

不确定性是金融风险的本质特征。金融风险的不确定性是指金融风险的不可预知性，人们无法预知金融风险未来发生的时间、大小、地点等，也无法准确预知金融风险造成的后果。

---

① 参考中国人民银行官方网站 http://www.pbc.gov.cn.

（二）金融风险的客观性和主观性

金融风险既有客观性，也有主观性。客观性是指金融风险的产生不以人的主观意志为转移，所有的金融活动中必然存在着风险。主观性则是指人们由于阅历、知识水平、判断能力的不同，对风险的认知具有局限性。这种局限性导致的金融风险可以通过认知能力的提高而相对降低。

（三）金融风险的叠加性和累积性

金融风险的叠加性是指同一时点上的风险因素会交织在一起，相互作用，相互影响，从而产生共振放大效应。金融风险的累积性则是指随着时间的推移，风险会不断积累，当积累到一定程度后，风险就会发生质的变化，最终导致重大系统性金融风险。

（四）金融风险的传染性和普遍性

金融风险的传染性是指一家金融机构发生风险后，往往会辐射到整个金融行业，进而蔓延至其他实体企业。大部分银行的自有资本比例较低，高负债率会成倍放大风险。通常而言，金融机构与社会其他领域的关系非常密切，承担着重要的金融中介职能。因此，金融领域的风险将会快速蔓延至其他行业，最终可能引发更大范围的金融危机。金融风险的普遍性是指金融风险无处不在、无时不有，存在于每一个金融机构和每一次的交易行为中。

第二节　金融风险的分类

金融风险有很多种分类方法，按金融风险能否分散，可分为系统性风险和非系统性风险；按照市场主体对风险的认知，可分为主观风险和客观风险；按照风险成因，金融风险可分为信用风险、流动性风险、市场风险、操作风险和其他金融风险。

一、信用风险

信用风险又称违约风险，是指借款人因种种原因，不愿或无力履行合同条件而构成违约，致使投资者遭受损失的可能性。信用风险可以说是在银行诞生之初就存在的金融风险，只要有信贷活动发生，借款人就有可能因为主动或被动的原因发生违约。从欧洲早期的高利贷者到现代银行，信用风险一直存在于金融活动中。信用风险是商业银行最主要的风险类型，从狭义的角度看，信用风险主要是指信贷风险，即在信贷过程中由于各种不确定性使借款人不能按时偿还贷款而造成另一方损失的可能性。从广义的角度看，参与经济活动的各方签订合约以后，由于一方当事人不履约而给对方带来的风险皆为信用风险。因此，信用风险不仅仅包括传统的信贷风险，还包括如证券投资、理财产品、金融衍生工具等各种表内业务和表外业务中存在的风险。

信用风险的来源可以从两大方面来看。第一，信用风险产生于经济周期的波动。当经济处于扩张期时，流动性充足，信用风险减小，整体违约率降低；而当经济处于紧缩期时，流动性收紧，盈利情况恶化，导致借款人不能及时或者足额还款，信用风险增加。第二，信用风险产生于公司的经营过程。例如，公司的资金链断裂或是公司面临严重的法务问题等。

依据不同的角度，信用风险可以进行如下分类。

（1）从性质来看，信用风险可以分为违约风险、信用等级降级风险和信用价差增大风险。违约风险是指金融机构因借款人在合同到期时无法还本付息而遭受损失的风险。信用等级降级风险是指由于借款人信用等级的变动造成债务市场价值变化的风险。信用价差增大风险是指由于资产收益率、市场利率等因素变化导致信用价差增大所带来的风险。

（2）从业务种类来看，信用风险可以分为表内风险与表外风险。表内业务所造成的信用风险称为表内风险，如传统的信贷风险；表外业务所造成的信用风险称为表外风险，如商业借款担保可能带来的风险。

（3）从信用风险的产生部位来看，信用风险分为本金风险和重置风险。本金风险是指如果交易对手未能按照约定交付资产（金），金融机构就需要承担因收不到或不能全部收到应得的资产（金）而面临损失的风险。重置风险是指由于交易对手违约，重新进行金融资产交易时，因市场价格的不利变化而带来损失的风险。

（4）从信用风险的传染分散机制来看，信用风险可以分为系统性信用风险和非系统性信用风险。系统性信用风险源于经济危机等系统性风险因素；非系统性信用风险是指借款人由于行业或自身因素不愿或无法履行合同致使金融机构发生的信用风险。

 **知识窗**

包商银行事件

包商银行股份有限公司（Baoshang Bank Limited，后文简称为包商银行）的前身为包头市商业银行，于1998年12月28日经中国人民银行批准设立，总部设在包头市。2017年之后，包商银行不再公开披露年报，业界就对包商银行的经营状况提出了质疑；2019年5月24日，中国人民银行、中国银行保险监督管理委员会会同有关方面对包商银行实施接管；2020年5月23日，中国人民银行宣布对包商银行的接管期限延长六个月；2020年8月6日，中国人民银行宣布包商银行将被提起破产申请；2020年11月11日，中国人民银行、中国银行保险监督管理委员会认定包商银行已经发生"无法生存触发事件"；2020年11月12日，中国银行保险监督管理委员会原则上同意包商银行进入破产程序；2021年2月7日，包商银行破产。

包商银行被接管的核心原因在于其资产质量出现严重问题并触发了信用风险。根据中国人民银行有关负责人透露，明天集团作为包商银行的幕后大股东，分散并隐蔽了其持有的89%包商银行的股权。明天集团以其大股东身份违法占用了包商银行的大量资金，致使包商银行出现存款逾期的现象，进而出现严重的信用危机。最终包商银行的资本充足率跌至监管红线以下，触发了法定的接管条件并被依法接管。

从包商银行案例来看，持续增加的信用风险和资产质量压力首先侵蚀了利润，银行失去了内源性资本补充；而包商银行作为非上市城商行，其股份又被主要股东大量持有，一旦主要股东出现问题，外源性资本补充就变得十分困难。最终，包商银行因信用风险导致经营恶化，最后被内蒙古商业银行接管。

资料来源：任泽平，方思元，杨薛融. 泽平宏观——包商银行事件：成因、影响及展望. 恒大研究院，2019.

二、流动性风险

国内目前公认的流动性风险的概念源于 2009 年银监会印发的《商业银行流动性风险管理指引》中的相关定义：流动性风险是指商业银行虽然有清偿能力，但无法及时获得充足资金或无法以合理成本及时获得充足资金以应对资产增长或支付到期债务的风险。

流动性风险可以依据流动性的不同形式分类。流动性的形式主要分为两类[①]：一是负债流动性，主要是指金融机构是否具有满足所需要的资金流动的能力。通常来说，金融机构筹资能力越强，筹资成本越低，其流动性越强。负债流动性风险则是指由于银行内外部因素的变化导致银行负债（如存款）的减少，从而对商业银行产生冲击并造成损失的风险。商业银行筹资能力的变化可能会影响原本的融资计划，迫使商业银行被动地进行资产负债调整，造成流动性风险损失。二是资产流动性，主要是指金融资产在市场上的变现能力。资产流动性风险则是指资产到期不能如期足额收回，进而无法满足到期负债的偿还或新增合理贷款及其他融资的需求，从而给商业银行带来损失的风险。

除了上述分类方法，流动性风险也可依据风险来源分为外生流动性风险和内生流动性风险。外生流动性风险是指由于外部金融因素的冲击而造成的流动性风险，该风险可能导致银行资产整体流动性降低，直接增加银行的变现成本。内生流动性风险是指由于金融机构的内在原因导致的流动性风险。内生流动性风险的来源主要有商业银行即期资产配置不合理、资金需求出现临时变化、短期债务期限安排不当等内部因素。因此，内生流动性风险可以通过金融行业或金融机构的政策和业务进行调整。[②]

流动性风险主要是由于负债下降或资产增加，导致银行无法应对流动性困难而造成的。当一家银行缺乏流动性时，就很难依靠负债增长或以合理的成本迅速变现资产来获得充裕的资金，进而影响其盈利能力。极端情况下，流动性不足会导致银行倒闭。流动性风险的成因主要有以下几点。

（1）资产和负债的不对称。资产和负债的不对称体现在两个方面：一是资产负债的期

---

① 流动性分为负债流动性和资产流动性。除此之外，也可将负债流动性称为筹资流动性，将资产流动性称为市场流动性。

② 吴念鲁. 商业银行经营管理（第 2 版）[M]. 北京：高等教育出版社，2009.

限不匹配。银行希望尽可能出现"借短贷长"的情况以获取更多的经营利润，但是资产与负债期限错配会带来一些问题。例如，当出现债权人挤兑或大量提取资金等状况时，银行无法满足对债权人兑现的需求，这就意味着商业银行的流动性出现了严重问题，商业银行出现了流动性风险。二是资产负债的规模不匹配。如果银行在无法确保获得稳定资金来源的情况下，盲目扩大持有的资产规模，则会导致风险资产权重过大，增加流动性风险爆发的可能性。

（2）各种风险的交互影响。流动性风险与信用风险相比，形成的原因更加复杂和广泛，流动性风险通常被视为一种综合性风险。流动性风险产生的原因包括商业银行预制的流动性计划不完善，也包括信用风险、市场风险等风险领域的管理缺陷造成的商业银行流动性不足，这类流动性风险的诱因有可能引发风险扩散，造成整个金融系统出现流动性困难。因此，流动性风险管理除了应当做好流动性安排之外，还应当有效管理其他各类风险。从这个角度说，流动性风险水平体现了商业银行的整体经营状况。

（3）其他影响因素。流动性风险也受到其他因素的影响。首先是央行的货币政策。当央行采取扩张的货币政策时，银根放松，发生流动性风险的可能性降低；相反，当央行采取紧缩的货币政策时，银根紧缩，银行的信贷资金较为紧张，发生流动性风险的可能性增加。其次是金融市场发展程度。金融市场发展程度直接关系着商业银行资产变现和主动负债的能力，从而影响商业银行的流动性。最后是金融技术的相关因素。一些技术性的金融因素也可能导致金融机构失去偿付能力，包括时间引起的偿付危机。例如，支付系统中有盈余资金，但由于系统间的资金禁流，无法解决其他系统资金短缺的状况。

 **知识窗**

美国大陆伊利诺银行的流动性危机

1984年，美国大陆伊利诺银行（Continental Illinois Bank）拥有420亿美元资产，是当时美国中西部最大、全美第八大银行，与花旗银行、大通曼哈顿银行同为货币中心银行。1984年春夏之际，美国大陆伊利诺银行经历了一次严重的流动性危机。在联邦有关金融监管当局的多方帮助下，才得以渡过危机，避免了倒闭的命运。

20世纪70年代末，美国商业银行发展迅速，美国大陆伊利诺银行的最高管理层制定了一系列信贷扩张计划。该计划允许本行信贷员以低于其他竞争对手的贷款利率吸收顾客资源，这一决策导致该银行的贷款总额迅速膨胀，1977年至1981年，大陆伊利诺银行的贷款额增幅为年均19.82%，而同期美国其他16家最大银行的平均贷款增长率仅为14.67%。在利润率方面，大陆伊利诺银行也高于其他竞争银行的平均数。迅猛发展的背后隐藏着危机：由于核心存款的不足，伊利诺银行大量借款，借入资金的年增长率高达22%，是其他银行平均指标的两倍。当时，该行贷款与存款的比率高达79%，同等规模银行为67%，全美银行平均为 56%。要知道即使是在距离当时已经发展了四十多年的现代金融行业，我国银监会规定的商业银行的存贷比也不高于 75%。表 8.1 是 1983 年大陆伊利诺银行的经营指标。

表 8.1 1983 年大陆伊利诺银行的经营指标　　　　　　　　　　　　　%

指标	大陆伊利诺银行	同等规模银行
权益资本增长率	5.95	11.53
资本/总贷款	6.03	7.62
非正常资产/总资产	4.60	2.3
贷款损失/总贷款	1.24	1.21
贷款/存款	79	67

1984 年年初，大陆伊利诺银行因坏账过多且借贷失衡出现了严重的流动性危机。更致命的是，市场上流传出了大陆伊利诺银行将要倒闭的消息，其他银行拒绝购买该银行发行的定期存单，原有的存款人也拒绝延展到期的定期存单。面对资金无保险的存款人和一般债权人的挤兑，同年 5 月 11 日，大陆伊利诺银行不得不从美国联邦储备银行借入 36 亿美元来填补流失的存款，以维持必要的流动性。6 天后，联邦存款保险公司介入并向公众保证该银行的所有存款人和债权人的利益将能得到完全的保护，希望通过此举稳定存款人和债权人的情绪，达到缓解流动性危机的举措。但是，上述措施并没有取得成效，大陆伊利诺银行的存款还在继续流失，两个月内，该银行总共损失了 150 亿美元的存款。直到 1984 年 7 月，联邦存款保险公司接管该银行（拥有该银行股份的 80%），最终帮助大陆伊利诺银行渡过了此次危机。

回顾案例可以发现，大陆伊利诺银行的流动性危机源于急剧的信贷扩张与资金来源的不稳定性之间的矛盾激化。一方面，大陆伊利诺银行的核心存款来源不稳定，资金来源中出售短期可转让定期存单、吸收国外机构存款和回购协议借款的占比过大，如表 8.2 所示；另一方面，该行的信贷规模迅速扩张，呆、坏账问题严重，最终导致银行的流动性状况日趋恶化。当公众逐渐意识到问题的严重性时，就出现疯狂挤兑行为，加剧了后续的流动性危机。不过，大陆伊利诺银行是幸运的，得益于联邦存款保险公司的帮助，大陆伊利诺银行最终摆脱了危机。有相似问题的还有英国北岩银行，当美国次贷危机波及欧洲短期资金市场时，北岩银行出现了流动性管理的问题，融资出现困难，引发了英国近 140 年来首次"挤兑现象"。在深陷流动性危机泥潭 6 个月后，英国议会于 2008 年 2 月 21 日通过了将其国有化的议案，这也成为 20 世纪 70 年代以来英国的首起企业国有化案例。

表 8.2 大陆伊利诺银行的资金来源结构　　　　　　　　　　　　　%

资金来源	比例
非生息账户	9.8
不可转让定期存款	15.5
可转让定期存款	8.8

续表

资金来源	比例
回购协议借款	15.5
商业票据	1.3
国外机构存款	38.1
其他生息债务	11.0
总计	100

资料来源：马丁·迈耶. 美联储：格林斯潘的舞台[M]. 北京：中信出版社，2002.

三、市场风险

市场风险也被称为资产价格风险，主要是指利率、汇率、股票、债券等基础资产市场价格的不利变动或者急剧波动导致未来市场组合价格或者价值变动的风险。

市场风险有以下几个特点。一是市场风险种类较多，影响范围广，风险发生概率高，是商业银行面临的基础性风险。二是市场风险常常是其他金融风险的诱因。例如，汇率风险会加重公司在跨国交易时持有外币的成本，可能增加偿债者的违约概率，最终引发信用风险；债券持有者（如银行）有可能因为债券价格的剧烈波动而产生流动性风险。三是相对于其他类型的金融风险而言，市场风险的数据可得性强，度量方法较为成熟。

（一）利率风险

巴塞尔委员会于 1997 年发布的《利率风险管理原则》中将利率风险（interest rate risk）定义为：利率变化使商业银行的实际收益与预期收益或实际成本与预期成本发生背离，使其实际收益低于预期收益，或实际成本高于预期成本，从而使商业银行遭受损失的可能性。简而言之，利率风险是指市场利率变动的不确定性对商业银行造成损失的可能性。巴塞尔银行监督委员会将利率风险分为重新定价风险、基差风险、收益率曲线风险和期权风险四类。

1. 重新定价风险

重新定价风险（repricing risk）是最主要的利率风险，也称期限错配风险，它产生的原因主要是银行资产、负债和表外项目头寸的重新定价期限（对浮动利率而言）或到期期限（对固定利率而言）的不匹配。通常把某一时间段内对利率敏感的资产与对利率敏感的负债的差额称为"重新定价缺口"。只要该缺口不为零，利率变动时，银行就将面临利率风险，这种风险广泛存在于金融行业。

2. 基差风险

基差风险（basis risk），国内也称为基准风险和利率定价基础风险，它也是一种主要的利率风险。当一般利率水平发生变化时，可能会引起不同种类的金融工具的利率水平发生程度不等的变动，这时银行就会面临基差风险。即使银行资产和负债的重新定价时间相同，但是只要存款利率与贷款利率的调整幅度不完全一致，基差风险就无法避免。

3. 收益率曲线风险

收益率曲线是将各种期限债券的收益率连接起来而得到的一条曲线。收益率曲线风险（yield curve risk）是指当银行的存贷款利率都以国库券收益率为基准来制定时，如果收益率曲线发生意外位移或斜率变化，银行净利差收入和资产内在价值出现亏损的风险。正收益率曲线一般表示长期债券的收益率高于短期债券的收益率，这时没有收益率曲线风险；而负收益率曲线则表示长期债券的收益率低于短期债券的收益率，这时商业银行将面临收益率曲线风险。

4. 期权风险

期权风险（option risk）也称为选择权风险，是指利率变化时，客户行使隐含在银行资产负债表内业务中的期权，给银行造成损失的可能性。例如，客户提前归还贷款本息和提前支取存款的潜在选择风险。

（二）汇率风险

汇率风险（exchange rate risk）是指由于汇率的变动而导致商业银行等经济主体未来收益变化的不确定性，可分为交易风险和折算风险。

1. 交易风险

交易风险（transaction risk）是指运用外币进行计价收付的交易中，经济主体因外汇汇率的变动而蒙受损失的可能性。交易风险主要的源头为商品劳务进口和出口交易中的风险、资本输入和输出的风险及外汇银行所持有的外汇头寸的风险。

2. 折算风险

折算风险（conversion risk）又称会计风险，是指经济主体在对资产负债表的会计处理中，将功能货币转换成记账货币时，因汇率变动而导致账面损失的可能性。其中，功能货币是指经济主体在经营活动中流转使用的各种货币；记账货币指在编制综合财务报表时使用的报告货币，通常是本国货币。

（三）证券价格风险

证券价格风险（securities price risk）是由于证券价格的不确定变化，导致经济主体未来收益发生变化的风险。导致证券价格风险的因素有很多，包括政治因素、经济因素、社会因素、市场因素，还包括一些突发性因素。

（四）购买力风险

购买力风险（purchasing power risk）又称为通货膨胀风险，是指商业银行所持有的各类商品的价格发生不利变动时，造成商业银行亏损的风险。这里的商品包括可以在二级市场上交易的某些实物产品，如农产品、矿产品（包括石油）和贵金属等。购买力风险会造成经济主体对单位货币的购买力下降，并对经济主体的经营行为产生影响。

除了汇率、利率及其他证券价格变动因素之外，市场风险产生的原因还可能包括技术改革、新产品的出现、新竞争对手的加入、国内外政治格局的变化及自然灾害的突发性事件等因素。

四、操作风险

巴塞尔银行监管委员会于《巴塞尔新资本协议》中给出了操作风险的正式定义：操作风险是指由不完善或有问题的内部操作过程、人员、系统或外部事件而导致的直接或间接损失的风险。

根据《巴塞尔新资本协议》对金融机构的业务分类，可能造成操作风险的业务包括以下八种：一是公司金融业务，包括合并与收购、股份承销、资产证券化、首次公开募股（initial public offering，IPO）、政府债券和高收益债券等；二是交易与销售业务，包括交易固定收益债券、股权、商品期货、信用产品、自有证券等；三是零售银行业务，包括零售的存贷款业务、私人的存贷款业务、委托理财、咨询业务等；四是商业银行业务，包括项目融资、房地产、出口融资、交易融资、租赁、担保、贷款等业务；五是支付与清算业务，包括支付、转账、清算等；六是代理服务，包括契约、存款收据、证券借贷、发行和支付代理；七是资产管理业务，包括个人资产管理与公司资产管理；八是零售经纪业务。

《巴塞尔新资本协议》将操作风险事件按照导致损失的原因归纳为以下七种：一是内部欺诈，是指金融机构内部人员参与的诈骗等违规与违法行为；二是外部欺诈，是指由机构外部人员所导致的诈骗行为；三是雇佣合同及工作现场安全；四是客户、产品及商业行为引发的风险事件；五是有形资产的损失；六是经营中断和系统出错；七是涉及执行、交割及交易过程管理的风险事件。

由于这七种操作风险均有可能在上述八项金融机构的业务中发生，金融领域的操作风险就可以被划分成 56 个操作风险单元。通过对每个风险单元的分析和管理，就可以将整个金融领域面临的操作风险拆分成众多独立的风险个体。对每个操作风险单元进行甄别和监控，以实况对操作风险的系统化防范。

 **知识窗**

巴林银行事件

1763 年，弗朗西斯·巴林爵士在伦敦创建了巴林银行。截至 1993 年年底，巴林银行的全部资产总额为 59 亿英镑；1994 年，巴林银行税前利润高达 15 亿美元，其核心资本在全球 1000 家大银行中排名第 489 位。

1995 年 2 月 26 日，英国中央银行——英格兰银行突然宣布：巴林银行不再从事交易活动并申请资产清理。10天后，这家拥有233年历史的银行被荷兰国际集团以1英镑的象征性价格收购，巴林银行彻底倒闭。令人震惊的是，这家百年银行破产的"导火索"只是一个叫作尼克·里森的首席交易员的个人失误。

里森于1989年7月10日正式到巴林银行工作，并凭借着个人的耐心和能力争取到了前往印尼分部工作的机会。工作期间他受到了伦敦总部的重视，1992年，巴林总部决定将里森派遣至新加坡分行，出任期货与期权交易部门的总经理。巴林银行设有一个序列号为"99905"的"错误处理账户"，供银行专门处理无法挽回的期货交易事件并记录损失情况。由于每天产生的错误交易较多，1992年夏天，伦敦总部要求里森另外设立一个"错误处理账户"，用以记录较小的错误，并自行在新加坡处理，以免干扰伦敦的工作。为此，尼克·里森开设了账号为"88888"的"错误处理账户"。但几周之后，伦敦总部要求新加坡分行把所有的错误记录重新通过"99905"账户直接向伦敦报告。"88888"错误账户自此搁置但未被注销，正是这个被忽略的账户，直接导致了巴林银行的破产。

出于亏损金额较大或其他不为人知的原因，里森将许多交易失误记录到了"88888"账户之中，到1992年底，他已将30次差错计入了"88888"账户中。这些差错使巴林银行遭受了逾600万英镑的亏损，鉴于此时的日经225指数较为稳定，里森开始通过潜藏巨大风险的价差交易弥补损失。一段时间后，里森成功将账户扭亏为盈，因此，巴林银行总部对此次事故并不知晓。但是侥幸逃过一劫的里森并没有选择收手，而是加大了使用"88888"账户的频率。1995年1月18日，受日本神户大地震影响，日经225股指期货指数两个月内下跌15%，此时里森的名义头寸已经高达70亿美元，交易市场的混乱导致账户亏损越来越多，里森寄希望于市场稳定，持续增加投资头寸，直至无法支付交易所要求的保证金。在里森出逃后，巴林银行高管才意识到了问题的严重性，但此时巴林银行的股价已经为零，价值10亿元的股票市值蒸发殆尽。1995年2月26日，英国中央银行——英格兰银行宣布巴林银行不得继续从事交易活动并将申请资产清理。同日，有着230多年历史的巴林银行破产倒闭。

巴林银行的破产虽然是由于金融衍生品的价格风险所致，但是当日本股市开始下滑时，里森完全可以采取应对措施，终止交易，但他没有这样做。"赌徒心理"的作祟使他采取漠视风险的错误操作，导致公司蒙受巨大损失，造就了有史以来最严重的因操作风险造成损失的案例。巴林银行授权里森既担任交易员也担任决策者的行为，忽视了策略和执行应该分离的基本原则；更令人不解的是，一名交易员反复的错误操作竟然没有受到任何部门和人员的约束。事实证明，大部分操作风险的发生都是源于金融机构内部治理和监督方面的漏洞所导致。

资料来源：百度百科 https://baike.baidu.com/item/%E5%B7%B4%E6%9E%97%E9%93%B6%E8%A1%8C/10857490?fr=ge_ala.

五、其他金融风险

除了信用风险、流动性风险、市场风险和操作风险之外，还有一些风险会显著影响金融系统。如决策风险、财务风险、道德风险、国家风险、突发性事件风险及关联风险。

（一）决策风险

决策风险（decision-making risk）通常是指金融机构决策者在决策活动中，由于主、客体等多种不确定因素的存在，决策者对经营方式选择、机构业务设置及机构未来规划等活动误判，从而导致决策活动不能达到预期目的的风险。

（二）财务风险

财务风险（financing risk）是指由于金融机构的财务制度不合理、融资规划出现问题致使金融机构无法正常偿付的风险。

（三）道德风险

道德风险（moral risk）是指在合约条件下，拥有私人信息优势的一方可能会隐瞒自己掌握的信息，通过信息不对称提高自身获利机会，而给交易对手带来较大损失。道德风险有以下特点：首先，道德风险存在于合约约束的前提下，并发生在合约生效的时段内；其次，道德风险产生于拥有信息优势的一方，在信息不透明、行为不公开的条件下，拥有信息优势的一方在主观上可选择是否遵从"道德"，从而规避道德风险，当优势方的行为有造成劣势方亏损的可能性时，就会引发道德风险。

（四）国家风险

国家风险（country risk）是指在跨国金融活动中，由于他国行为的不确定性而导致本国经济主体未来收益变化的不确定性。与其他金融风险相比，国家风险的一个突出特点是：国家风险仅对进行中的跨国金融活动产生风险冲击。另外，根据性质的差异，可以将国家风险进一步分为国家政治风险和国家经济风险。

国家政治风险是指由于他国内部政治环境或国际关系等因素的不确定性变化而导致本国经济主体发生损失的可能性。产生政治风险的因素较多，如政局动荡、罢工事件、社会暴乱、政府政策及国家外交关系的突然恶化等。

国家经济风险是指他国经济因素的不确定性变化而导致本国经济主体遭受损失的可能性。导致经济风险的因素包括他国恶性通货膨胀、股市崩盘、货币的过度贬值等。

（五）突发性事件风险

突发性事件风险（risk of unexpected events）是指由于恐怖袭击、黑客攻击等人为活动或者海啸、地震、疫情等不可抗拒的自然原因导致金融主体遭受巨大损失的可能性。

（六）关联风险

关联风险（co-related risks）是指因相关产业或相关市场的变化而导致经济主体未来收益变化的不确定性。关联风险源于金融机构与相关产业或相关市场之间的相互依赖性。关联风险的传导机制将许多行业串联到一起，牵一发而动全身。

约翰斯·曼维尔公司的破产

约翰斯·曼维尔公司（Johns Manville，简称 J. M. 公司）是一家生产房屋保温材料的公司，该公司成立于 1858 年，总部设在美国科罗拉多州丹佛市。在 20 世纪中期，J. M. 公司是制造石棉产品的全球领导者，其产品包括管道保温、石棉瓦、石棉屋顶材料和石棉水泥管等。20 世纪 70 年代末，人们认识到石棉对健康有长期危害，所有针对石棉原料开采、材料加工及石棉填充或配套产品的商品都遭到诉讼。如日中天的生意一落千丈，曾经处于石棉行业中"领头羊"位置的 J. M. 公司遭到了大量客户索赔。因 J. M. 公司无法偿还自身债务，根据美国破产法第 11 章，J. M. 公司于 1982 年自愿申请破产。

资料来源：未来智库. 约翰期·曼维尔公司破产重整信托回顾.

第三节　金融风险的识别方法

在了解了金融风险的概念、成因及分类后，本节将介绍一些金融风险的识别方法。包括调查法、图示法、模糊集合分析法、故障树分析法及其他方法。

一、调查法

调查法是指通过实地探查或是依据实地收集的资料，对金融风险进行整理分析的方法。根据获取信息方式的不同，调查法分为现场调查法和问卷调查法。

（一）现场调查法

现场调查法（method of scene investigation）是指金融风险辨识主体[①]通过对有可能存在或遭遇金融风险的各个机构、部门和所有经营活动进行详尽的现场调查来识别金融风险的方法。现场调查法是金融风险识别的常用方法，在金融风险管理实务中应用广泛。现场调查法一般围绕准备工作、调查工作和报告工作开展。

现场调查法的优势在于：一是方法简单且实用；二是可以直接获得金融风险识别的第一手资料，一定程度上确定了调查的可信性；三是通过现场调查法容易发现潜在风险，有助于将风险控制在萌芽阶段。现场调查法的劣势在于：一是进行现场调查需要花费大量的人力和物力；二是现场调查前的资料收集可能会有难度；三是在现场的调查工作中需要调查人员时刻保持敏锐和专注，及时调整调查内容。

（二）问卷调查法

问卷调查法（questionnaire investigation approach）也称为审核表调查法，可以看作现

---

① 金融风险辨识主体包括商业银行内部的风险管理部门及外部的第三方研究和咨询机构等。

场调查法的一种简约替代方法，是指调查人员向受访人员发放需要填写的审核表或其他形式调查表的方法取代现场调查，进而通过问卷识别风险。问卷调查法的核心和关键在于问卷调查表的编制要做到科学、合理、有效和适用，在能充分掌握相关信息的同时，还要注意问卷调查表的编制水平，匹配被调查者所应有的知识、素养、态度、责任心等。

问卷调查法的优势在于节省人力、物力和时间，有助于降低风险管理成本。问卷调查法的劣势在于：一是问卷调查表的制定同现场调查法表的制定一样，要求调查者具有很强的识别、发现风险的能力，能准确把握调查重点；二是问卷调查表可能会由于双方理解误差导致信息的错配；三是问卷调查的真实性受到被调查者个人因素的影响，难以保证调查结果的权威性。由于问卷调查法存在较多缺陷，因此，金融机构基本将问卷调查法作为其他风险识别方法的辅助工具。

二、图示法

图示法是指利用画图的方式分析金融机构内部是否存在风险的方法，从组织结构和业务范畴两个角度可以将图示法分为组织结构图示法和流程图示法。

（一）组织结构图示法

组织结构图示法（organization diagramming method）是指用图形来描绘经济主体的组织结构并据此辨识金融风险的方法，主要包括以下几个步骤：一是对经济主体的整体组织结构及其各个组织分支进行识别与分析；二是绘制出经济主体的组织结构；三是对组织结构图进行解释与剖析；四是通过组织结构图识别金融风险。图 8.1 是中国某商业银行的内部组织结构图。

（二）流程图示法

金融风险的评估除了可以通过组织结构层级分析，也可以通过业务活动的内在逻辑关系进行绘图分析，也就是采用流程图示法（flow charts method）进行分析。流程图示法可以根据业务活动的内容、特征及其复杂程度将商业银行等主体的业务活动绘制成不同类型的流程图。例如，按照业务内容可以绘成生产流程图、销售流程图、会计流程图、放贷流程图等。

三、模糊集合分析法

模糊集合分析法（method of fuzzy set analysis）以模糊数学为理论基础，主要包括模糊模式识别法、模糊聚类分析法、模糊综合评判法。下面我们以模糊综合评判法为例，给出具体的分析步骤。

模糊综合评判法有以下六个步骤。

第一，确立影响被评判事物的主要因素。以影响被评判事物的各种主要因素为元素的

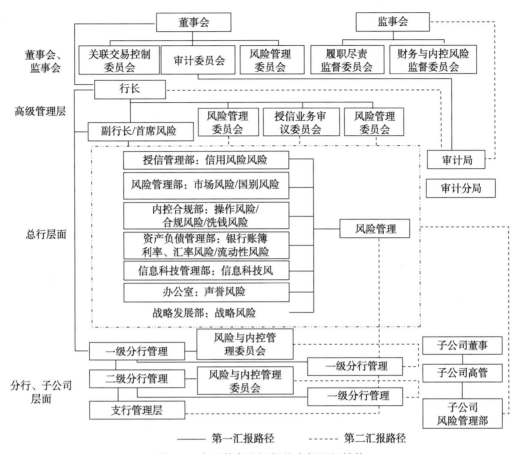

图 8.1 中国某商业银行的内部组织结构

集合称为因素集，记为 $U = \{x_1, x_2, \cdots, x_n\}$。

第二，建立被评判事物的等级集合 $V = \{v_1, v_2, \cdots, v_m\}$，称作评价集合，其中元素 v_m 代表第 m 种评价结果。评价集是被评价对象各种可能结果的集合，可以根据实际情况的需要，用不同的等级、评语或数字来表示。例如，$V = \{$优秀 v_1，良好 v_2，中等 v_3，较差 v_4，很差 $v_5\}$。

第三，根据因素集 U 中不同因素 x_i 影响被评判事物的相对重要程度对各因素赋予相应权重 a_i，$a_i > 0$，$\sum_{i=1}^{n} a_i = 1$，$i = 1, 2, \cdots, n$。则 $\tilde{A} = (a_1, a_2, \cdots, a_n)$ 是 U 上的一个模糊集合。

第四，确定因素评价矩阵。开展单因素评判，利用集合 V 独立评判每一个因素对事物的影响程度，用 r_{ij} 表示将因素 x_i 对被评判事物的影响被评判为第 y_j 等级时的影响程度，$i = 1, 2, \cdots, n$，$j = 1, 2, \cdots, m$。建立相应的模糊矩阵为

$$\bar{R} = \begin{pmatrix} r_{11} & \cdots & r_{1m} \\ \vdots & \vdots & \vdots \\ r_{n1} & \cdots & r_{nm} \end{pmatrix} \tag{8.1}$$

单因素判断一般采用的方式是：成立一个由 l 位专家组成的评判组，每位专家根据因

素 x_i 影响被评判事物的水平对被评判事物进行单因素评价。若用 l_{ij} 表示 l 个专家中将因素

x_i 对被评判事物的影响评判为 y_j 等级的人数，则 $\sum\limits_{j=1}^{m} l_{ij} = l$ ，于是可以取 $r_{ij} = l_{ij}/l$ ，

$i = 1, 2, \cdots, n$ ， $j = 1, 2, \cdots, m$ 。

第五，进行模糊综合研判，计算。

$$\tilde{B} = \tilde{A}\tilde{R} = (a_1, a_2, \cdots, a_n) \begin{bmatrix} r_{11} & \cdots & r_{1m} \\ \vdots & \vdots & \vdots \\ r_{n1} & \cdots & r_{nm} \end{bmatrix} = (b_1, b_2, \cdots, b_m) \tag{8.2}$$

其中， $b_j = V_{i=1}^{n}(a_i * r_{ij})$ ，"V"表示取最大值； b_j 表示在综合考虑 U 中所有因素的影响时属于评判集 V 中 y_j 等级的程度。

第六，最后评级。若 $b_k = V_{i=1}^{m} b_i$ ，则可综合评判 U 中所有因素对被评判事物的影响为 y_k 等级。需要注意的是，若在 $\tilde{B}$ 中有两个或两个以上的分量相等，则该法将失效。

四、故障树分析法

故障树分析法（fault tree analysis，FTA）是自上而下的演绎式失效分析法，是指利用图解的形式将可能出现的、较为庞杂的故障分解成不同层次的小故障。最高阶的核心故障可以放在故障树顶端，其他次级故障于下方依次排列，故障原因位于最末端。故障树分析法的逻辑分析方式有很多种。例如：对于同一级别的故障和故障原因，如果其中一个发生就会引起上级故障发生，我们用"∪"把他们连接起来；如果所有故障发生才会引起上级故障发生，我们用"∩"把他们连接起来。

五、其他方法

除了以上方法，还有一些其他方法，如头脑风暴法、沃尔评分法或者凭借专家自身经验的一些主观识别方法等。这些方法都有自身的优点和弊端，在实际使用中可以综合多类方法进行风险识别。

本章小结

本章介绍了金融风险的相关知识。首先，给出了从狭义和广义两个角度的金融风险概念界定，并就金融风险所具有的不确定性、客观性与主观性、叠加性与累积性、传染性与普遍性等特点进行阐述。其次，对金融风险进行较为细致的分类，针对不同类别的金融风险给出了相关定义及具体的风险成因，结合案例分析了各个类别金融风险的表现形式和其可能造成的影响。除此之外，本章还介绍了金融风险的几类识别方法。

 **思考题**

一、名词解释

1. 金融风险
2. 信用风险
3. 流动性风险
4. 利率风险
5. 汇率风险
6. 操作风险
7. 道德风险
8. 经营风险
9. 国家风险
10. 关联风险

二、简答题

1. 简述金融风险的含义和特点。
2. 简析金融风险对宏观经济的影响。
3. 简述商业银行的信用风险。
4. 简述商业银行流动性风险的成因。
5. 举例说明利率风险在实际问题中的应用。

 **即测即练**

自学自测 扫描此码

第九章

金融风险的度量与管理

本章我们将介绍金融风险的几类度量方法。早期金融风险的度量大部分以定性的分析方法为主，随着人们对风险认识的提升，逐渐从定性分析转为定量分析。特别是在 1952 年马科维茨提出均值方差理论后，开启了定量金融的新时代。在本章，我们将针对几类常用的风险度量方法进行详细介绍。

第一节　组合风险度量——波动性方法

波动性方法也称方差法，最早出现在马科维茨的均值方差理论中，投资者可以通过资产的方差或者标准差衡量风险的大小，后期许多学者依据均值方差理论对波动性方法做了进一步延伸。

一、单一资产风险度量

假设商业银行持有的某种金融资产的收益率为 r，预期收益率为 μ，方差为 σ^2。σ^2 反映了收益率 r 偏离预期收益率 μ 的程度，当 σ^2 越大时，资产收益率或者价格波动越大，商业银行面临的市场风险就越大；反之，风险越小。

我们通常能够通过金融资产收益率的历史观测数据，计算样本数据收益率 r 的期望和方差。假设有 n 个随机变量 r 的观测数据，分别为 $r_1, r_2, \cdots, r_m$，则 r 的期望 μ 的估计值为

$$\hat{\mu} = \frac{1}{m}\sum_{i=1}^{m} r_i \tag{9.1}$$

方差 σ^2 的估计值为

$$\hat{\sigma}^2 = \frac{1}{m-1}\sum_{i=1}^{m}\left(r_i - \hat{\mu}\right)^2 \tag{9.2}$$

二、资产组合风险度量

假设商业银行持有 n 种金融资产，分别在资产组合中的占比为 $\omega_1, \omega_2, \cdots, \omega_n$，将这个资产组合记为 $\omega = (\omega_1, \omega_2, \cdots, \omega_n)^T$，且满足 $\sum_{i=1}^{n}\omega_i = 1$。资产组合中第 i 个资产的收益率记为

r_i，其中，$i = 1, 2, \cdots, n$。那么资产组合的收益率是所有资产收益率的加权平均，即 $r_p = \sum_{i=1}^{n} \omega_i r_i$。资产组合的预期收益率 μ_p 和方差 σ_p^2 分别为

$$\mu_p = E(r_p) = \sum_{i=1}^{n} \omega_i \mu_i \tag{9.3}$$

$$\sigma_p^{\,2} = \sum_{i=1}^{n} \sum_{j=1}^{n} \omega_i \omega_j \text{Cov}\left(r_i, r_j\right) = \sum_{i=1}^{n} \sum_{j=1}^{n} \omega_i \omega_j \rho_{ij} \sigma_i \sigma_j \tag{9.4}$$

其中，μ_i 和 σ_i 分别是资产 i 的预期收益率和标准差；$\text{Cov}\left(r_i, r_j\right)$ 和 ρ_{ij} 分别为 r_i 和 r_j 的协方差和相关系数。

同样地，我们可以通过 r_i 的历史观测数据来估计 μ_i、σ_i 和 ρ_{ij}。而资产组合中任意两种资产收益率的相关系数 ρ_{ij} 的无偏估计为

$$\rho_{ij} = \frac{\dfrac{1}{m-1} \sum_{i=1}^{m} (r_{i,k} - \hat{\mu}_i)(r_{j,k} - \hat{\mu}_j)}{\widehat{\sigma_i} \widehat{\sigma_j}} \tag{9.5}$$

其中，$\hat{\mu}_i$ 和 $\hat{\sigma}_i$ 见式（9.1）和式（9.2）；$r_{i,k}$ 为资产 i 的第 k 个样本观测数据，$k = 1, 2, \cdots, m$。

三、非系统性风险与系统性风险

马科维茨的均值方差理论认为：投资者可以通过分散化投资的策略在保持一定预期收益率水平的情况下降低风险。但是，不是所有风险都可以通过分散化投资消除，我们将这部分不能通过分散化投资消除掉的风险称为系统性风险，而将能通过分散化投资消除掉的风险称为非系统性风险。

假设资产组合中各类资产占比相同，即 $\omega_i = 1/n$；所有单一资产的风险相同，假设为 σ，由式（9.4）可得资产组合收益率的方差为

$$\sigma_p^2 = \sum_{i=1}^{n} \sum_{j=1}^{n} \omega_i \omega_j \rho_{ij} \sigma_i \sigma_j = \sum_{i=1}^{n} \sum_{j=1}^{n} \frac{1}{n^2} \rho_{ij} \sigma^2 = \frac{\sigma^2}{n^2} \sum_{i=1}^{n} \sum_{j=1}^{n} \rho_{ij} \tag{9.6}$$

如果资产组合中任意两种资产的收益率相关系数均为 ρ，那么资产组合收益率的方差 σ_p^2 为

$$\sigma_p^2 = \frac{\sigma^2}{n} + \frac{\sigma^2}{n^2} \sum_{i \neq j} \rho_{ij} = \frac{\sigma^2}{n} + \frac{n(n-1)}{n^2} \rho \sigma^2 \tag{9.7}$$

当 $n \to \infty$ 时，表明资产组合的投资分散化程度足够大。此时，资产组合的风险 $\sigma_p^2 \to \rho \sigma^2$，该部分风险即为系统性风险。$\dfrac{\sigma^2}{n}$ 为非系统性风险。

第二节 市场风险度量——VaR 方法

一、VaR 方法的基本要素

（一）VaR 的定义

VaR 方法（value at risk）是指在一定的置信度下，投资组合在未来特定的一段时间内所遭受的最大可能损失，即

$$\text{Prob}\left(\Delta P < -\text{VaR}\right) = 1 - c \tag{9.8}$$

式中，Prob 表示概率；$\Delta P = P\left(t + \Delta t\right) - P\left(t\right)$ 表示组合在未来持有期 Δt 内的损失；$P\left(t\right)$ 表示组合在当前时刻 t 的价值；c 为置信度；VaR 为置信度 c 下组合的在险价值。

（二）VaR 的特点

（1）VaR 的计算在市场正常波动下是有效的，但是，无法准确衡量极端情形下的风险。

（2）VaR 考虑的是投资组合价值可能的损失，综合了各方面可能导致损失发生的因素，VaR 越大代表风险越大；反之，则风险越小。

（3）VaR 具有可比性，不同的投资组合都可以计算出其对应的在险价值，通过 VaR 的大小可以进行风险比较。

（4）在市场处于正常波动的情况下，时间跨度越短，收益率越接近于正态分布，VaR 的计算结果越合理。

（5）置信度和持有期是影响 VaR 的两个重要参数。

（三）持有期与置信度 c 的选择

1. 持有期的选择

首先，持有期的选择需要考虑收益率的概率分布。概率分布的确定方式一般有两种：一是为了方便计算可将其设定为正态分布，投资组合持有期限越短，越接近正态分布。二是根据历史数据模拟收益的概率分布。但是，当持有期越长时，就会出现许多问题。例如，数据的可得性和有效性难以满足。

其次，持有期的设定还需要考虑投资组合头寸的流动性。投资组合调整频率较高时，应该选择持有期限短的；反之，我们可以选择持有期限长的。然而，投资组合中不止一种资产，所以应该根据各资产占整个组合的权重来决定持有期的选择，一般可以依据占比最大的资产的流动性设定持有期。

2. 置信度 c 的选择

首先，置信度 c 的选择需要考虑 VaR 的存在性和可得性。因为置信度越大时，VaR 越大，但是计算 VaR 对应的样本数据量也越少。例如，设定置信度 c 为 99%，如果拥有 1000

个观测样本，将这些样本数据从大到小排列，则可以利用最后的 10 个样本计算 VaR。如果设定置信度 c 为 99.9%，那么将只有一个数据进入样本区间，这是投资组合的最大损失。但是，高于 99.9%的数据对应的 VaR 却无法计算。所以，置信度要根据观测数据的样本量进行相应的调整。

其次，置信度 c 的设定需要根据计算 VaR 的目的决定。如果只是为了对比不同部门、不同资产组合之间的风险大小，为了降低计算难度，提高计算准确性，不必选择较高的置信度，只需保证比较的标准相同即可。但如果是为了相对准确地量化风险大小，那么置信度的选择至关重要，这时需要依据商业银行对风险损失的偏好及内外部监管要求而定，例如，巴塞尔委员会要求置信度 c 为 99%。

二、VaR 的计算

（一）正态分布条件下的 VaR 计算

从式（9.8）可以看出计算 VaR 的重点是确定投资组合未来损失 ΔP 的概率分布。考察一个初始价值为 P_0 在持有期 Δt 内投资收益率为 R 的组合，假设已知 R 的概率分布，其期望收益率 $E(R)$ 和波动率分别为 μ 和 σ 。投资组合在持有期间的价值变化为 ΔP ，则

$$\Delta P = P - P_0 = P_0 R \tag{9.9}$$

式中，P 为持有期末的组合价值；P_0 为持有期初的组合价值。

假设资产收益率 R 服从正态分布 $N(\mu, \sigma^2)$ ，持有期 $\Delta t = 1$ ，持有期初组合价值为 P_0 ，根据式（9.8）和式（9.9）可知

$$\text{Prob}(\Delta P < -\text{VaR}) = \text{Prob}(P_0 R < -\text{VaR}) = \text{Prob}\left(\frac{R - \mu}{\sigma} < -\frac{\frac{\text{VaR}}{P_0} + \mu}{\sigma}\right) =$$

$$\int_{-\infty}^{-\frac{\frac{\text{VaR}}{P_0} + \mu}{\sigma}} \frac{1}{\sqrt{2\pi}} \exp\left(-\frac{x^2}{2}\right) dx = \Phi\left(-\frac{\frac{\text{VaR}}{P_0} + \mu}{\sigma}\right) = 1 - c \tag{9.10}$$

那么

$$\text{VaR} = P_0\left(\Phi^{-1}(c)\sigma - \mu\right) \tag{9.11}$$

其中，$\Phi^{-1}(c)$ 表示标准正态分布下对应置信度 c 的分位数。

综上，如果投资组合服从正态分布，可以直接利用上述公式进行 VaR 的计算。

（二）非正态分布条件下的 VaR 计算

事实上，正态分布的假设过于严格，一般的收益率序列都具有"尖峰厚尾"的特征。所以在非正态分布的条件下，上述估值就会变得非常困难。对于非正态分布的 VaR 可以通

过风险因子映射法进行估计。[①]

首先，可以建立投资组合与相关风险因子的映射函数。

其次，通过历史数据模拟预测风险因子的未来变化。

再次，将风险因子的未来变化代入映射函数之后，计算投资组合未来的损益变化。

最后，计算给定置信度条件下的 VaR。

第三节 信用风险度量——KMV 方法

KMV 模型（credit monitor model）由美国旧金山市的 KMV 公司于 1997 年提出，该方法以期权定价理论为基础，是基于上市企业资产价值的随机过程之上来计算企业违约概率的现代风险度量方法。KMV 方法的核心思想为：在债务到期日，如果公司的资产价值高于公司的负债（违约点），则公司股权价值为资产价值与负债之间的差额；如果公司资产价值低于公司债务（资不抵债），则公司会变卖所有资产进行债务偿还，此时，公司股权价值变为零。资产价值与债务的时点关系，如图 9.1 所示。

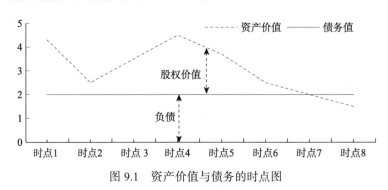

图 9.1 资产价值与债务的时点图

相较于传统的风险度量模型，KMV 模型的设计具有较大创新，特别是在计算违约概率方面，KMV 模型通过未定权益的定价方法动态考虑了上市企业未来价值的变化。但是，该方法也有一定缺陷。例如：资产价值服从几何布朗运动，这与实际的"尖峰厚尾"现象不太相符；另外，该方法对非上市企业应用较为困难。

KMV 模型的计算有三个步骤：一是估计公司资产价值和资产收益率波动系数；二是计算违约距离；三是求预期违约率。

一、估计公司资产价值和资产收益率的波动系数

假设公司资产价值 A_t 服从如下几何 Brown 运动，

$$\frac{\mathrm{d}A_t}{A_t} = \mu_A \mathrm{d}t + \sigma_A \mathrm{d}W_t \tag{9.12}$$

式中，μ_A 为资产的预期收益率；σ_A 为公司资产收益率的波动系数。

在债务到期时（$t = T$），如果公司资产价值 A_T 大于债务 D，$A_T - D$ 即为清偿债务后股权所有者持有的剩余价值，即 T 时刻的股权价值。公司资产价值越大，偿付债务后股权价值就越大；而如果到期时资产小于债务，公司失去偿付能力，就会违约。因此，可以把公司的股权价值 S 看作一份执行价格为 D 的欧式看涨期权，即公司股权所有者持有一份以公司债务面值为执行价格，以公司资产市场价值为标的的欧式看涨期权。所以，只要确定了资产价值过程，就可以计算出股权价值 S，即

$$S_t = h(A_t, \sigma_A, D, r, \tau) \tag{9.13}$$

式中，r 为无风险利率；τ 为到期剩余期限（$\tau = T - t$，T 为到期日，t 为现在时刻）。此外，KMV 公司还建立了一个可观测到的公司股票收益率的波动系数 σ_S 与不可观测到的公司资产收益率的波动系数 σ_A 之间的关系式，即

$$\sigma_S = g(\sigma_A) \tag{9.14}$$

通过股权价格关于资产价值的弹性 η，

$$\eta = \frac{\Delta S}{S} \bigg/ \frac{\Delta A}{A} \tag{9.15}$$

有

$$\frac{\Delta S}{S} = \eta \frac{\Delta A}{A} \tag{9.16}$$

因此，σ_S 和 σ_A 有如下关系：

$$\sigma_S = \eta \sigma_A \tag{9.17}$$

同时，引入 Black-Scholes-Merton 的期权定价公式，KMV 模型中的两个未知变量 A 和 σ_A 就可以从下面的联立方程组中求解

$$\begin{cases} S = AN(d_1) - De^{-r\tau}N(d_2) \\ \sigma_S = \eta \sigma_A \end{cases} \tag{9.18}$$

其中，$\eta = \dfrac{\partial S}{\partial A} \cdot \dfrac{A}{S} = \dfrac{AN(d_1)}{S}$，$N(d)$ 为累积的标准正态函数，d_1，d_2 的表达式如下。

$$d_1 = \frac{\ln \dfrac{A}{D} + \left(r + \dfrac{1}{2}\sigma_A^2\right)\tau}{\sigma A \sqrt{\tau}} \tag{9.19}$$

$$d_2 = d_1 - \sigma_A \sqrt{\tau} \tag{9.20}$$

二、计算违约距离

在债务到期时，公司资产价值低于总债务的概率并不是准确的违约率，还需要求出 T 时违约的临界值，可记为 A_{DEF} 或者违约点值（default point，DP）。KMV 公司假设：违约

临界值 A_{DEF}（或者 DP）为短期负债（short-term liability，SD）与长期负债（long-term liability，LD）的一半。依据墨顿（Merton）的公司债务定价模型，假设 $A_t = S_t + B_t$，其中，B_t 为公司发行的零息债券，到期时，$t = T$，此时债务的本息合计为 D。由于假设 A_t 服从几何布朗运动，可知

$$A_t = A_0 \exp\left\{\left(\mu_A - \frac{\sigma_A^2}{2}\right)t + \sigma_A\sqrt{t}\epsilon\right\} \tag{9.21}$$

准确计算违约概率应考虑如下问题

$$P = P(A_T < A_{\text{DEF}}) = P\left(A_0 \exp\left\{\left(\mu_A - \frac{\sigma_A^2}{2}\right)T + \sigma_A\sqrt{T}\epsilon\right\} < A_{\text{DEF}}\right) =$$

$$P(\epsilon < -\frac{\ln\left(\dfrac{A_0}{A_{\text{DEF}}}\right) + \left(\mu_A - \dfrac{\sigma_A^2}{2}\right)T}{\sigma_A\sqrt{T}}) = N(-d_2) \tag{9.22}$$

其中，违约距离（distance to default）d_2 为

$$d_2 = \frac{\ln\left(\dfrac{A_0}{A_{\text{DEF}}}\right) + \left(\mu_A - \dfrac{\sigma_A^2}{2}\right)T}{\sigma_A\sqrt{T}} \tag{9.23}$$

因此，可将违约距离 DD 定义如下。

$$DD = \frac{ln\left(A_t / A_{\text{DEF}}\right) + \left(\mu_A - \dfrac{\sigma_A^2}{2}\right)\tau}{\sigma_A\sqrt{\tau}} \tag{9.24}$$

式中，A_t 为企业当前的资产价值；μ_A 为资产的预期收益率；σ_A 为资产收益率的波动系数；$\tau = T - t$。

但是，公司资产价值并不一定服从几何布朗运动，公司资本结构的简化可能会导致估测出现误差。因此，KMV 公司还给出了一个直接计算违约距离的方法，即

$$DD = \frac{A_T - A_{\text{DEF}}}{\sigma} \tag{9.25}$$

式中，σ 表示资产价值的波动系数，不同于 σ_A。

三、求预期违约率

假设公司资产价值服从几何布朗运动，将利用式（9.25）得到的违约距离 DD 代入累积标准正态分布函数 N 中，即可得到理论的预期违约率 $EDF = N(-DD)$。

此外，还可以根据历史的违约数据进行计算，称为经验 EDF，即

$$经验EDF = \frac{期初违约距离为DD、期末发生违约的公司数量}{期初违约距离为DD的公司总数} \tag{9.26}$$

第四节　GARCH 族模型

一、ARCH 模型

在传统计量经济学模型中，随机扰动项的方差通常被假设为常数。但是，在实际应用中，大部分的金融时间序列呈现出一定的波动集聚性。因此，为解决随机扰动项的异方差问题，恩格尔（Engle）在 1982 年提出了 ARCH 模型（autoregressive conditional heteroskedasticity model），全称为自回归条件异方差模型，并因此与格兰杰（Granger）一起获得了 2003 年的诺贝尔经济学奖。

对于多元线性回归模型，有

$$y_t = \gamma_0 + \gamma_1 x_{1t} + \gamma_2 x_{2t} + \cdots + \gamma_k x_{kt} + u_t, t = 1, 2, \cdots, n \tag{9.27}$$

式中，y_t 为因变量，x_{it} 为第 i 个自变量，$\gamma_i, i = 0, 1, 2, \cdots, k$ 为系数，u_t 为随机扰动项。u_t 的均值为 0，条件方差随时间变化，$\mathrm{Var}(u_t \mid \mathcal{F}_{t-1}) = \sigma_t^2$，其中，$\mathcal{F}_{t-1}$ 表示 $t-1$ 时刻以前的信息集。依据波动率聚集现象，一般情况下，可假设 σ_t^2 依赖于滞后 p 阶随机扰动项的平方，即

$$u_t = \sigma_t \varepsilon_t \tag{9.28}$$

$$\sigma_t^2 = \alpha_0 + \alpha_1 u_{t-1}^2 + \alpha_2 u_{t-2}^2 + \cdots + \alpha_p u_{t-p}^2 \tag{9.29}$$

式中，ε_t 为独立同分布的白噪声，满足 $\varepsilon_t \sim N(0,1)$。$\alpha_0 > 0, 0 < \alpha_{t-i} < 1, i = 1, 2, \cdots, p$，$\sum_{i=1}^{p} \alpha_i < 1$。这些条件可以保证方差的非负性和无条件方差的存在性。综上，式（9.27）～式（9.29）构成了自回归的条件异方差模型，简称为 ARCH 模型，记作 ARCH(p)。其中，式（9.27）为均值方程，式（9.29）为方差方程。

二、GARCH 模型

ARCH 模型对研究波动率问题的意义十分重大，但在实践应用中逐渐发现 ARCH 模型仍然存在一定的缺陷。①ARCH 模型假定正的扰动和负的扰动对波动率有相同性质的影响，因为方差方程中引入的都是扰动项 u_t 的平方。而在实际问题中，金融资产价格对正负信息的反应存在严重的不对称性。②ARCH 模型对参数有非常严格的限制，即 $\alpha_0 \geqslant 0, 0 \leqslant \alpha_{t-i} < 1, i = 1, 2, \cdots, p, \sum_{i=1}^{p} \alpha_i < 1$。但是，一旦滞后阶数 p 过大，α_i 将难以保持非负的限定条件。③对于金融领域的数据，σ_t^2 往往具有较强的长期相关性，如 ARCH(10)，这就意味着在 ARCH 模型中需要估计更多的参数，不但增加了参数估计的难度，也会影响整体模型的拟合精度。

为了解决 ARCH 模型遇到的参数估计问题，1986 年，恩格尔的学生波勒斯列夫（Bollerslev）进一步提出了 GARCH 模型（generalized autoregressive conditional heteroskedasticity model）——广义自回归条件异方差模型。在满足 ARCH 模型必要的限定条件下，GARCH 模型在方差方程中引入了方差的历史信息，一般记作 GARCH(p,q)模型，即

$$y_t = \gamma_0 + \gamma_1 x_{1t} + \gamma_2 x_{2t} + \cdots + \gamma_k x_{kt} + u_t, t = 1, 2, \cdots, n \tag{9.30}$$

$$u_t = \sigma_t \varepsilon_t \tag{9.31}$$

$$\sigma_t^2 = \alpha_0 + \sum_{i=1}^{q} \alpha_i u_{t-i}^2 + \sum_{j=1}^{p} \beta_j \sigma_{t-j}^2 \tag{9.32}$$

其中，前两个方程设定与 ARCH 相同，α_0 为常数，$\alpha_i, i = 1, 2, \cdots, q$ 为 ARCH 项的系数，$\beta_j, j = 1, 2, \cdots, p$ 为 GARCH 项的系数。且

$$0 \leqslant \alpha_{t-i} < 1, i = 1, 2, \cdots, q \tag{9.33}$$

$$0 \leqslant \beta_{t-j} < 1, j = 1, 2, \cdots, p \tag{9.34}$$

$$0 \leqslant \sum_{i=1}^{q} \alpha_i + \sum_{i=1}^{p} \beta_i < 1 \tag{9.35}$$

后期许多学者在 ARCH 模型的基础上做了大量的扩展，逐步形成了 ARCH 和 GARCH 族。

三、ARCH-M 模型和 GARCH-M 模型

对投资者而言，都希望收益与自身承担的风险成正比。因此，Engle，Lilien 和 Robins（1987）提出了 ARCH-M 模型（ARCH in Mean）。该模型在均值方程部分引入了条件方差，刻画了超额收益，即"风险溢价"与条件方差之间的关系。一般形式如下。

$$y_t = \boldsymbol{x}_t' \boldsymbol{\gamma} + \rho \sigma_t^2 + u_t \tag{9.36}$$

$$\sigma_t^2 = \alpha_0 + \alpha_1 u_{t-1}^2 + \alpha_2 u_{t-2}^2 + \cdots + \alpha_p u_{t-p}^2 \tag{9.37}$$

式中，$\boldsymbol{x}_t' = (1, x_{1t}, \cdots, x_{kt}), \boldsymbol{\gamma} = (\gamma_0, \gamma_1, \cdots, \gamma_k)'$，$\rho > 0$ 为方差的系数。

类似地，均值方程也可写为

$$y_t = \boldsymbol{x}_t' \boldsymbol{\gamma} + \rho \sigma + u_t \tag{9.38}$$

或者

$$y_t = \boldsymbol{x}_t' \boldsymbol{\gamma} + \rho \log\left(\sigma_t^2\right) + u_t \tag{9.39}$$

这些都属于 ARCH-M 模型。

进一步，可以将 GARCH 模型的均值方程进行同样的刻画，就可以得到对应的 GARCH-M 模型。

$$y_t = \boldsymbol{x}_t' \boldsymbol{\gamma} + \rho \sigma_t^2 + u_t \tag{9.40}$$

$$u_t = \sigma_t \varepsilon_t \tag{9.41}$$

$$\sigma_t^2 = \alpha_0 + \sum_{i=1}^{q} \alpha_i u_{t-i}^2 + \sum_{j=1}^{p} \beta_j \sigma_{t-j}^2 \qquad (9.42)$$

四、非对称的 ARCH 模型

GARCH 模型在一定程度上弥补了 ARCH 模型的不足，但是，ARCH 模型不能反映市场下跌和上升对资产收益波动率的异质性影响，对正负信息扰动的非对称效应无法刻画。因此，有许多学者在 ARCH 模型的基础之上加入了非对称效应。

（一）TGARCH 模型

为了刻画好消息和坏消息的差异性影响，Zakoian（1990）；Glosten，Jaganathan 和 Runkle（1993）提出了 TGARCH（Threshold GARCH）模型。TGARCH 模型也称为门限 GARCH 模型，其条件方差方程为

$$\sigma_t^2 = \alpha_0 + \sum_{j=1}^{p} \beta_j \sigma_{t-j}^2 + \sum_{i=1}^{q} \alpha_i u_{t-i}^2 + \gamma u_{t-1}^2 I_{t-1} \qquad (9.43)$$

式中，$\gamma u_{t-1}^2 I_{t-1}$ 称为非对称效应项，即 TGARCH 项。I_{t-1} 是一个虚拟变量，则

$$I_{t-1} = \begin{cases} 0, u_{t-1} > 0 \\ 1, u_{t-1} < 0 \end{cases} \qquad (9.44)$$

当市场上升时，$u_{t-1} > 0$，$I_{t-1} = 0$，会带来 $\sum_{i=1}^{q} \alpha_i u_{t-i}^2$ 的冲击；当市场下跌时，$u_{t-1} < 0, I_{t-1} = 1$，会带来 $\sum_{i=1}^{q} \alpha_i u_{t-i}^2 + \gamma u_{t-1}^2 I_{t-1}$ 的冲击。$\gamma \neq 0$ 说明该金融资产的收益波动率具有杠杆效应，$\gamma > 0$ 说明坏消息比好消息对条件方差产生的影响更大。

（二）EGARCH 模型

除了非对称效应，ARCH 模型参数非负的条件假设也非常苛刻。为了修正这些问题，Nelson（1991）提出了 EGARCH（Exponential GARCH）模型

$$y_t = \boldsymbol{x}_t' \boldsymbol{\gamma} + u_t \qquad (9.45)$$

$$u_t = \sigma_t \varepsilon_t \qquad (9.46)$$

$$\ln\left(\sigma_t^2\right) = \alpha_0 + \sum_{j=1}^{p} \beta_j \ln\left(\sigma_{t-j}^2\right) + \sum_{i=1}^{q} \alpha_i h\left(\varepsilon_{t-i}\right) \qquad (9.47)$$

$$h\left(\varepsilon_t\right) = \theta \varepsilon_t + \gamma \left[\left|\varepsilon_t\right| - E\left|\varepsilon_t\right|\right], \varepsilon_t \sim N\left(0,1\right), i.i.d \qquad (9.48)$$

其中，$\ln\left(\sigma_t^2\right)$ 是条件方差的对数，取值可以是正也可以为负，这就克服了 ARCH 模型中参数为正的假设条件。其次，有

$$h(\varepsilon_t) = \begin{cases} (\theta + \gamma)\varepsilon_t - \gamma E(\varepsilon_t), \varepsilon_t > 0 \\ (\theta - \gamma)\varepsilon_t - \gamma E|\varepsilon_t|, \varepsilon_t < 0 \end{cases} \quad (9.49)$$

$h(\varepsilon_t)$ 的设定可以反映正负扰动的非对称效应。值得注意的是，条件方差模型的表达形式除式（9.47）外，还可以写成

$$\ln(\sigma_t^2) = \alpha_0 + \sum_{j=1}^{p} \beta_j \ln(\sigma_{t-j}^2) + \sum_{i=1}^{q} \left\{ \alpha_i \left| \frac{u_{t-i}}{\sigma_{t-i}} - \mu \right| + \gamma_i \frac{u_{t-i}}{\sigma_{t-i}} \right\} \quad (9.50)$$

其中，$\mu = E\left(\left| \frac{u_i}{\sigma_i} \right| \right)$，当 u_i 服从标准正态分布的假定时，$\mu = \sqrt{\frac{2}{\pi}}$，$\frac{u_{t-i}}{\sigma_{t-i}}$ 可以代表好消息和坏消息的差异；$\gamma_i = 0$，表示不存在非对称效应，$\gamma_i \neq 0$，则表示存在杠杆效应。

（三）PARCH 模型

Taylor（1986）和 Schwert（1989）介绍了一种标准离差的 GARCH 模型，即将残差的绝对值引入模型而非残差。后来这一系列模型被 Ding（1993）等总结为 PARCH 模型（Power ARCH）。与传统 GARCH 模型模拟方差不同，PARCH 模型是模拟标准差的 GARCH 模型，也正因为如此，大幅度的冲击对 PARCH 模型条件方差的影响要比传统 GARCH 模型低。在模型中，多了两个参数，一个是用来捕捉不对称信息的参数 γ，另一个是标准离差参数 δ。其条件方差方程如下所示。

$$\sigma_t^\delta = \omega + \sum_{j=1}^{p} \beta_j \sigma_{t-j}^\delta + \sum_{i=1}^{q} \alpha_i \left(|u_{t-i}| - \gamma_i u_{t-i} \right)^\delta \quad (9.51)$$

在 PARCH 模型的条件方差方程中，$\delta > 0$，

$$\begin{cases} i = 1, 2, \cdots, r, |\gamma_i| \leq 1 \\ i > r, \ \gamma_i = 0, r \leq q \end{cases} \quad (9.52)$$

幂函数 δ 通过估计而来，用以衡量冲击对条件方差的影响，γ 是衡量非对称效应的参数，r 表示捕捉只到 r 阶的非对称效应参数。

五、基于 GARCH 模型的时间序列预测

本节选取 2010 年 1 月 4 日—2023 年 4 月 14 日国际大宗商品日收盘价的数据〔标普高盛商品指数（S&PGSCI），数据来源：Wind〕，通过 GARCH 模型对标普高盛商品指数时间序列进行预测。操作过程如下。

（一）将下载好的数据导入至 EViews10 软件

具体操作为单击 File / Import / Import from file 选项卡。选择需要导入的数据，如图 9.2 所示。数据导入后的界面如图 9.3 所示。其中 c 代表常数项，dateied 为日期，gsci 为高盛大宗商品指数，resid 为残差项，usdx 为美元指数。

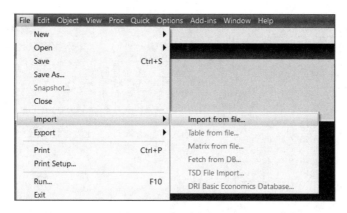

图 9.2　导入数据

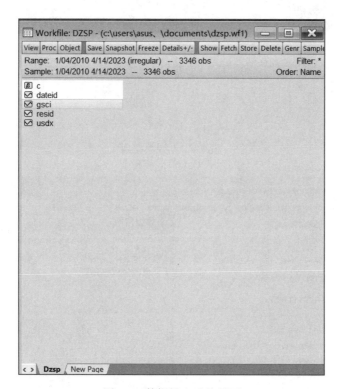

图 9.3　数据导入后的界面

（二）建立对数收益率序列

（1）观察原始数据的时间序列图。首先，打开对应数据列，如图 9.4 所示。然后单击 View / Graph Options 选项卡，如图 9.5 所示。然后选择 Line & Symbol 选项，如图 9.6 所示，单击 ok 按钮，便可得到原数据的时间序列图，如图 9.7 所示。可以看到该时间序列波动较大，并不平稳。为了减少模型估计误差，通常会将原序列进行对数化处理。单击图 9.8 中 Quick / Generate Series by Equation 选项卡，手动输入大宗商品对数收益率公式，如图 9.9 所示。

图 9.4　点开数据列

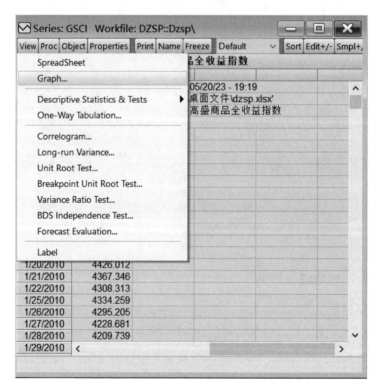

图 9.5　打开画图界面

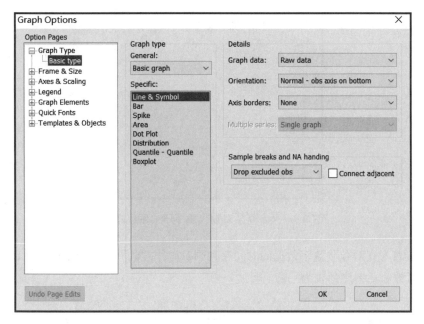

图 9.6 生成原始数据时间序列图的操作

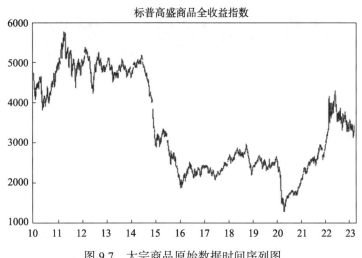

图 9.7 大宗商品原始数据时间序列图

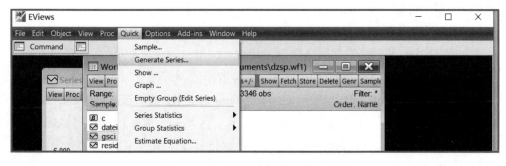

图 9.8 生成对数收益率的操作方法

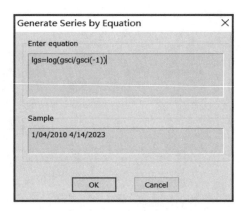

图 9.9 大宗商品对数收益率序列创建图示

（2）接着考察对数收益率数据的时间序列图，操作方法同上，结果如图 9.10 所示。可以发现，对数收益率序列较为平稳。

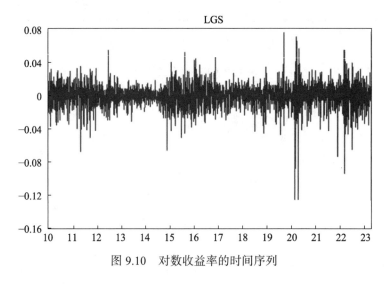

图 9.10 对数收益率的时间序列

（3）对 LGS 进行描述性统计。单击 View / Descriptive Statistics & Tests 选项卡，操作如图 9.11 所示，结果如图 9.12 所示，可知：LGS 的偏度为 -0.782531，峰度为 10.43256，说明该时间序列"左偏"和"尖峰"特征明显，为非正态分布。

（4）进一步，通过 Quantile-Quantile 图判断对数收益率序列的分布情况。单击 View / Graph Options 选项卡，然后选择 Quantile-Quantile 选项，单击 OK 按钮得出正态分布下的 Q-Q 图，操作过程及结果如图 9.13 和图 9.14 所示。

（5）然后重复上一步，单击 View / Graph Options 选项卡，然后选择 Quantile-Quantile 选项，接着单击 Details 一栏中的 Options 按钮，如图 9.15 所示。选择 t 分布（Student't），单击 ok 按钮得出 t 分布下的 Q-Q 图，操作过程及结果如图 9.16 和图 9.17 所示。对比图 9.14 和图 9.17，说明对数收益率序列 LGS 更加倾向于 t 分布。

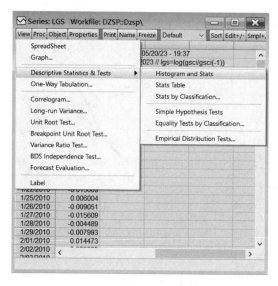

图 9.11　描述性统计操作

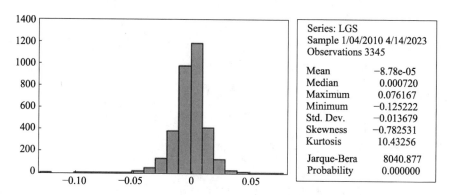

图 9.12　对数收益率序列的描述性统计

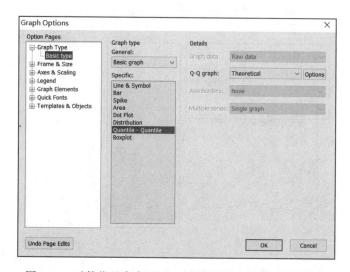

图 9.13　对数收益率序列 Q-Q 图的操作过程（正态分布）

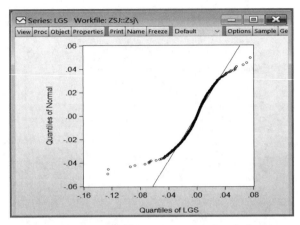

图 9.14　对数收益率序列的 Q-Q 图（正态分布）

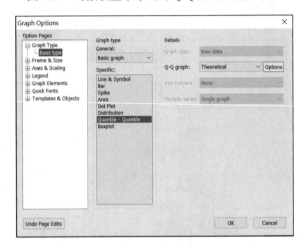

图 9.15　对数收益率序列 Q-Q 图的操作过程（t 分布）

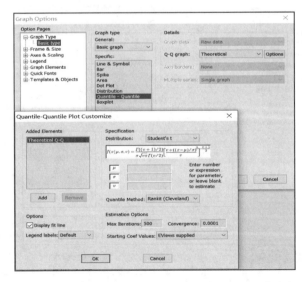

图 9.16　对数收益率序列 Q-Q 图的分布选择（t 分布）

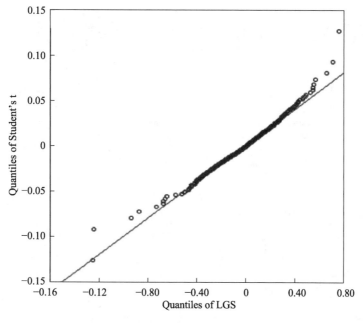

图 9.17　对数收益率序列的 Q-Q 图（t 分布）

（三）ADF 检验（时间序列的平稳性检验）

具体操作为单击 View / Unit Root Test 选项卡，如图 9.18 所示，选择无趋势无截距的 ADF 检验，单击"OK"按钮后发现 ADF 检验结果显著（Prob 值小于 0.05），操作如图 9.19 所示，结果如图 9.20 所示，说明该时间序列是平稳的。

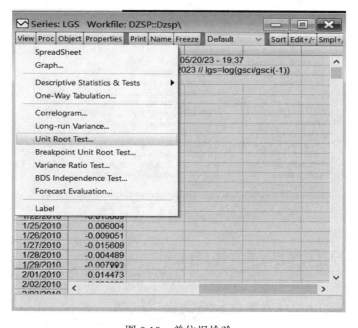

图 9.18　单位根检验

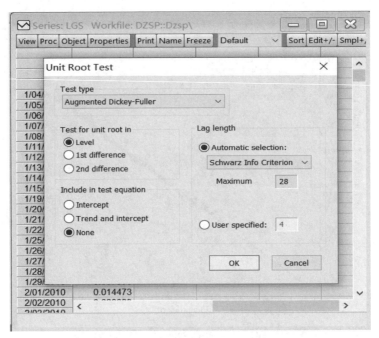

图 9.19 单位根检验的操作

	t-Statistic	Prob.*
Augmented Dickey-Fuller test statistic	-57.66969	0.0001
Test critical values: 1% level	-2.565654	
5% level	-1.940919	
10% level	-1.616636	

*MacKinnon (1996) one-sided p-values.

Augmented Dickey-Fuller Test Equation
Dependent Variable: D(LGS)
Method: Least Squares
Date: 04/23/23 Time: 11:03
Sample (adjusted): 1/06/2010 4/14/2023
Included observations: 3344 after adjustments

Variable	Coefficient	Std. Error	t-Statistic	Prob.
LGS(-1)	-0.997426	0.017296	-57.66969	0.0000

R-squared	0.498710	Mean dependent var	6.09E-07
Adjusted R-squared	0.498710	S.D. dependent var	0.019323
S.E. of regression	0.013681	Akaike info criterion	-5.745307
Sum squared resid	0.625716	Schwarz criterion	-5.743478
Log likelihood	9607.153	Hannan-Quinn criter.	-5.744652
Durbin-Watson stat	1.999656		

图 9.20 时间序列的单位根（ADF）检验结果

（四）建立均值方程和方差方程

（1）由于大宗商品价格受美元指数影响较大，因此，我们在均值方程中考虑了美元价格指数。首先，基于 ARMA 模型建立均值方程。操作过程为：单击 Eviews 上方工具栏的 Quick / Equation Estimation 选项卡，如图 9.21 和图 9.22 所示。在命令窗口输入公式，并修改 Sample 栏的时间区间[①]，如图 9.23 所示。单击"确定"按钮，即可得到均值方程的估计结果，如图 9.24 所示。主要变量系数均显著（P 值小于 0.05），图中 LUS 表示美元指数的对数。

图 9.21　构建均值方程的操作图（一）

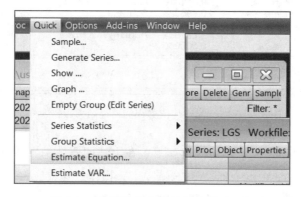

图 9.22　构建均值方程的操作图（二）

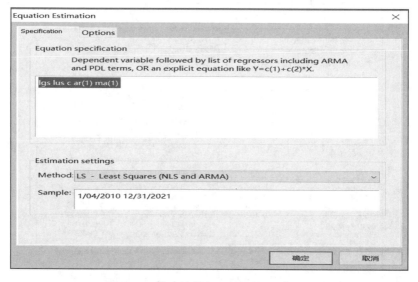

图 9.23　构建均值方程的操作图（三）

---

① 为了后期预测方便，将数据分为 2010 年 1 月 4 日至 2021 年 12 月 31 日与 2022 年 1 月 1 日至 2023 年 4 月 14 日两个时间区间。

```
Dependent Variable: LGS
Method: ARMA Maximum Likelihood (OPG - BHHH)
Date: 06/05/23   Time: 01:02
Sample: 1/05/2010 12/31/2021
Included observations: 3023
Convergence achieved after 36 iterations
Coefficient covariance computed using outer product of gradients
```

Variable	Coefficient	Std. Error	t-Statistic	Prob.
LUS	-0.621178	0.039605	-15.68422	0.0000
C	-0.000127	0.000239	-0.530766	0.5956
AR(1)	-0.646734	0.173396	-3.729817	0.0002
MA(1)	0.612667	0.177579	3.450111	0.0006
SIGMASQ	0.000164	1.87E-06	87.59602	0.0000

R-squared	0.045202	Mean dependent var	-0.000171
Adjusted R-squared	0.043937	S.D. dependent var	0.013109
S.E. of regression	0.012818	Akaike info criterion	-5.874346
Sum squared resid	0.495828	Schwarz criterion	-5.864399
Log likelihood	8884.074	Hannan-Quinn criter.	-5.870769
F-statistic	35.71961	Durbin-Watson stat	1.990628
Prob(F-statistic)	0.000000		

Inverted AR Roots	-.65
Inverted MA Roots	-.61

图 9.24　均值方程的估计结果

（2）ARCH 效应检验[1]。具体操作如下，在上述回归结果界面单击 View / Residual Diagnostics / Heteroskedasticity tests / ARCH 选项卡，操作过程及检验结果分别如图 9.25、图 9.26 和图 9.27 所示，表明均值方程存在 ARCH 效应（F 值和观测到 R^2 的 P 值均小于 0.05。因此，拒绝 ARCH 系数同时为零的原假设）。接下来，继续尝试建立 GARCH 模型。

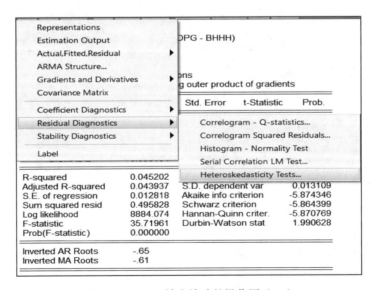

图 9.25　ARCH 效应检验的操作图（一）

---

[1] 检验随机扰动项是否存在异方差。

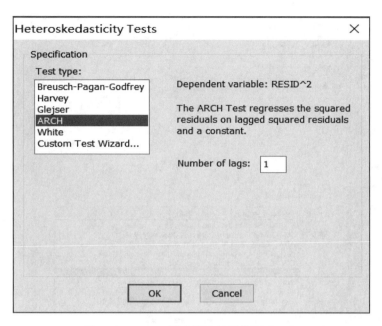

图 9.26　ARCH 效应检验的操作图（二）

Heteroskedasticity Test: ARCH			
F-statistic	169.4828	Prob. F(1,3020)	0.0000
Obs*R-squared	160.5831	Prob. Chi-Square(1)	0.0000

Test Equation:
Dependent Variable: RESID^2
Method: Least Squares
Date: 06/05/23　Time: 01:08
Sample (adjusted): 1/06/2010 12/31/2021
Included observations: 3022 after adjustments

Variable	Coefficient	Std. Error	t-Statistic	Prob.
C	0.000126	1.06E-05	11.93686	0.0000
RESID^2(-1)	0.230514	0.017707	13.01856	0.0000

R-squared	0.053138	Mean dependent var	0.000164
Adjusted R-squared	0.052824	S.D. dependent var	0.000575
S.E. of regression	0.000559	Akaike info criterion	-12.13975
Sum squared resid	0.000944	Schwarz criterion	-12.13577
Log likelihood	18345.16	Hannan-Quinn criter.	-12.13832
F-statistic	169.4828	Durbin-Watson stat	2.028841
Prob(F-statistic)	0.000000		

图 9.27　ARCH 检验图

（3）建立 GARCH 模型。单击 Eviews 上方工具栏的 Quick / Equation Estimation 选项卡，单击 Method 栏选择 ARCH 方法选项，如图 9.28 所示，可以建立 GARCH 模型。手动输入均值方程的相关变量，在 order 处对 ARCH 及 GARCH 项的滞后阶数进行取值。可以根据对数似然值及信息准则，筛选出最优的滞后阶数，这里选择 ARMA(1,1)-GARCH(1,1)。并将对数收益率序列的误差分布设定为 t 分布，具体过程如图 9.29 所示。

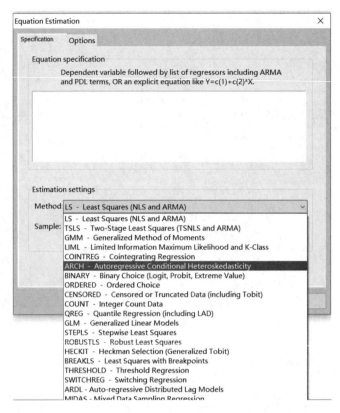

图 9.28　选择 GARCH 模型的操作图

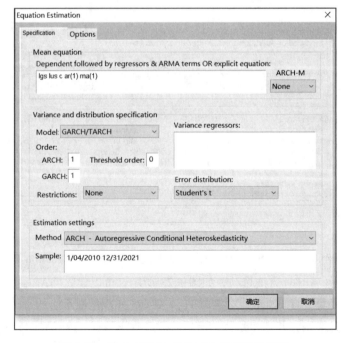

图 9.29　建立 ARMA-GARCH 模型的操作图

（4）消除异方差。在结果界面单击 View/Residual Diagnostics/ARCH LM tests，如图 9.30 所示。通过 ARCH-LM 检验发现 F 值及观测的 R^2 值对应的 P 值分别为 0.2555 和 0.2554，均大于 0.1，说明已经消除了异方差，检验结果如图 9.31 所示。

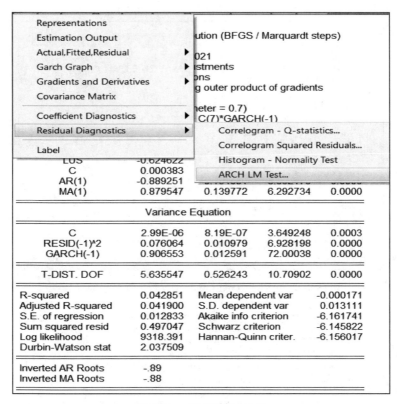

图 9.30　ARCH-LM 检验

Heteroskedasticity Test: ARCH			
F-statistic	1.293435	Prob. F(1,3019)	0.2555
Obs*R-squared	1.293737	Prob. Chi-Square(1)	0.2554

Test Equation:
Dependent Variable: WGT_RESID^2
Method: Least Squares
Date: 06/05/23　Time: 01:11
Sample (adjusted): 1/07/2010 12/31/2021
Included observations: 3021 after adjustments

Variable	Coefficient	Std. Error	t-Statistic	Prob.
C	0.987242	0.047167	20.93070	0.0000
WGT_RESID^2(-1)	0.020694	0.018196	1.137293	0.2555

R-squared	0.000428	Mean dependent var	1.008108
Adjusted R-squared	0.000097	S.D. dependent var	2.388424
S.E. of regression	2.388308	Akaike info criterion	4.579709

图 9.31　ARCH-LM 检验结果

（五）预测

（1）根据前述操作，得到 GARCH 模型的参数估计结果，具体操作如图 9.32 所示，结果如图 9.33 所示。

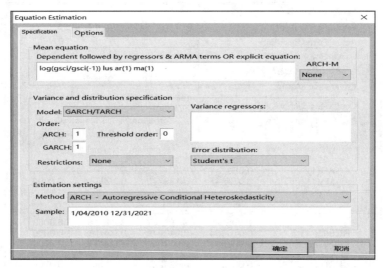

图 9.32　ARMA-GARCH 模型参数估计过程操作

```
Dependent Variable: LOG(GSCI/GSCI(-1))
Method: ML ARCH - Student's t distribution (BFGS / Marquardt steps)
Date: 06/05/23   Time: 01:13
Sample (adjusted): 1/06/2010 12/31/2021
Included observations: 3022 after adjustments
Convergence achieved after 66 iterations
Coefficient covariance computed using outer product of gradients
MA Backcast: 1/05/2010
Presample variance: backcast (parameter = 0.7)
GARCH = C(5) + C(6)*RESID(-1)^2 + C(7)*GARCH(-1)
```

Variable	Coefficient	Std. Error	z-Statistic	Prob.
LUS	-0.624622	0.041922	-14.89976	0.0000
C	0.000383	0.000178	2.156289	0.0311
AR(1)	-0.889251	0.134081	-6.632171	0.0000
MA(1)	0.879547	0.139772	6.292730	0.0000
Variance Equation				
C	2.99E-06	8.19E-07	3.649248	0.0003
RESID(-1)^2	0.076064	0.010979	6.928198	0.0000
GARCH(-1)	0.906553	0.012591	72.00038	0.0000
T-DIST. DOF	5.635547	0.526243	10.70902	0.0000

R-squared	0.042851	Mean dependent var	-0.000171
Adjusted R-squared	0.041900	S.D. dependent var	0.013111
S.E. of regression	0.012833	Akaike info criterion	-6.161741
Sum squared resid	0.497047	Schwarz criterion	-6.145822
Log likelihood	9318.391	Hannan-Quinn criter.	-6.156017
Durbin-Watson stat	2.037508		

Inverted AR Roots	-.89
Inverted MA Roots	-.88

图 9.33　ARMA-GARCH 模型的参数估计结果

根据 $y_t = c + a_1 lus + a_2 y_{t-1} + a_3 u_{t-1} + u_t$，$\sigma_t^2 = \alpha_0 + \alpha u_{t-1}^2 + \beta \sigma_{t-1}^2$。将图 9.33 得到的各项系数代入，得到均值方程如下。

$$y_t = 0.000383 - 0.624622 lus - 0.889251 y_{t-1} + 0.879547 u_{t-1} + u_t$$

方差方程如下。

$$\sigma_t^2 = 2.99 \times 10^{-6} + 0.076064 u_{t-1}^2 + 0.906553 \sigma_{t-1}^2$$

其中，σ_t^2 为波动率。如果已知上一期的波动率 σ_{t-1}^2 及 u_{t-1}^2，就可以计算下一期的波动率 σ_t^2。同样，也可以预测 y_t。

（2）预测过程的具体操作为，单击 Forecast 选项卡打开预测界面，选择静态预测方法，将时间调整为所需的预测时间（2022 年 1 月 1 日—2023 年 4 月 14 日），即可对高盛大宗商品指数 gsci 进行预测，操作如图 9.34 所示，结果如图 9.35 所示。

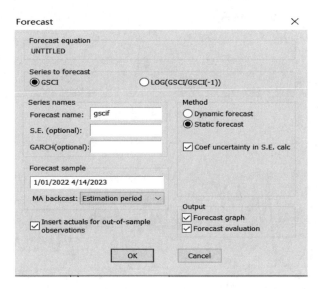

图 9.34　预测高盛大宗商品指数 gsci 的操作过程

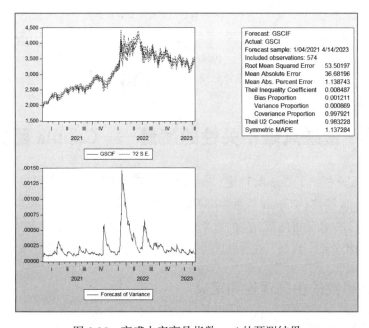

图 9.35　高盛大宗商品指数 gsci 的预测结果

根据图 9.35 可知，协方差比率为 0.997921，接近于 1，说明预测的结果较为精准。可以进一步通过单击 Open / as Group 选项卡将原数据的真实值（gsci）和预测值（gscif）以组数据的形式打开，如图 9.36 所示。打开该组数据的时间序列图，如图 9.37 所示。由图 9.37 可知，预测值和真实值曲线重合度较高，说明预测的结果非常好。

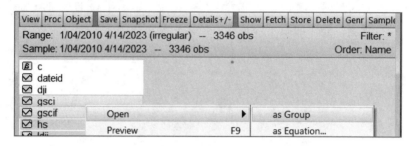

图 9.36　合并组数据操作图

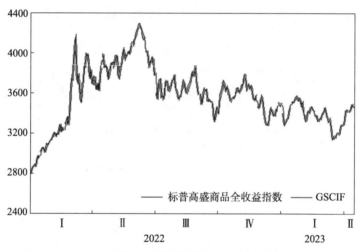

图 9.37　大宗商品指数的预测结果与真实结果的拟合曲线图

第五节　金融风险相关性的度量——Copula 函数模型

1959 年，Sklar 提出了 Copula 理论，他指出一个多元联合分布函数可以分解为多个边缘分布和一个 Copula 函数。Copula 原意为拉丁语中的"连接"，事实上，它是一类将随机向量的联合分布函数与这些随机向量对应的边缘分布函数连接起来的函数。由于 Copula 函数可以度量变量之间的相依性，目前，在金融风险管理及资产定价等领域有着非常广泛的应用。

一、Copula 函数的相关理论和定义

定理 1：（Sklar 定理）设 $X_1, X_2, \cdots, X_n$ 为 n 个随机变量，$F_1, F_2, \cdots, F_n$ 为 $X_1, X_2, \cdots, X_n$ 对

应的边缘分布函数，H 为联合分布函数。则存在一个 N 维的 Copula 函数 C，满足

$$H(X_1, X_2, \cdots, X_n) = C\big(F_1(X_1), F_2(X_2), \cdots, F_n(X_n)\big) \qquad (9.53)$$

如果 $F_1, F_2, \cdots, F_n$ 是连续函数，则 Copula 函数 C 是唯一的。否则，Copula 函数 C 可由各边缘累积分布的函数值域生成的空间唯一确定。相反，如果 C 是 N 维的 Copula 函数，$F_1, F_2, \cdots, F_n$ 是一元分布函数，那么式（9.53）对应的 H 是一个由边缘分布 $F_1, F_2, \cdots, F_n$ 组成的联合分布函数。

定理 2： 设 $X_1, X_2, \cdots, X_n$ 为 n 个随机变量，$F_1, F_2, \cdots, F_n$ 为 $X_1, X_2, \cdots, X_n$ 对应的边缘分布函数，H 为联合分布函数，C 为 N 维的 Copula 函数。令 $F_1^{-1}, F_2^{-1}, \cdots, F_n^{-1}$ 分别为 $F_1, F_2, \cdots, F_n$ 的反函数，那么对于定义在 $[0,1]^n$ 上任意的 $\boldsymbol{u}$，

$$C(\boldsymbol{u}) = C(u_1, u_2, \cdots, u_n) = H\big(F_1^{-1}(u_1), F_2^{-1}(u_2), \cdots, F_n^{-1}(u_n)\big) \qquad (9.54)$$

由上述两个定理可知，在变量的联合分布未知时，可以通过边缘分布函数和一个连接它们的 Copula 函数来构造联合分布函数；同理，在变量联合分布已知时，可以利用边缘分布函数的反函数和联合分布函数，求出相应的 Copula 函数。

引理 1：（二元 Sklar 定理）令 $H(X,Y)$ 是具有边缘分布 $F(X), G(Y)$ 的二元联合分布函数，则存在一个 Copula 函数 C，满足

$$H(X,Y) = C\big(F(X), G(Y)\big) \qquad (9.55)$$

如果 $F(X), G(Y)$ 是连续函数，则 C 是唯一的。如果 $F(X), G(Y)$ 是任意的一元分布函数，C 是 Copula 函数，则 $H(X,Y)$ 为二元联合分布函数。其中，$F(X), G(Y)$ 为对应的边缘分布。

定义 1：（Nelsen：N 维 Copula 函数）N 维 Copula 函数 $C: [0,1]^n \to [0,1]$，是指具有以下性质的函数 C。

（1）$\forall \boldsymbol{u} \in [0,1]^n$，若其中至少一个分量为 0，即 $\boldsymbol{u} = (u_1, \cdots, u_{k-1}, 0, u_{k+1}, \cdots, u_n)$，那么 $C(\boldsymbol{u}) = 0$；如果 $\boldsymbol{u}$ 中除了 u_k 之外的分量均为 1，即 $\boldsymbol{u} = (1, 1, \cdots, 1, u_k, 1, \cdots, 1)$，那么 $C(\boldsymbol{u}) = u_k$。

（2）$\forall \boldsymbol{a}, \boldsymbol{b} \in [0,1]^n$，$\boldsymbol{a} = (a_1, \cdots, a_n), \boldsymbol{b} = (b_1, \cdots, b_n)$，如果 $a_k \leqslant b_k$，$k = 1, 2, \cdots, n$，记作 $\boldsymbol{a} \leqslant \boldsymbol{b}$，那么

$$V_C\big([\boldsymbol{a}, \boldsymbol{b}]\big) \geqslant 0 \qquad (9.56)$$

其中，$[\boldsymbol{a}, \boldsymbol{b}] = [a_1, b_1] \times [a_2, b_2] \times \cdots \times [a_n, b_n]$，且

$$V_C\big([\boldsymbol{a}, \boldsymbol{b}]\big) = \Delta_{\boldsymbol{a}}^{\boldsymbol{b}} C(\boldsymbol{t}) = \Delta_{a_n}^{b_n} \Delta_{a_{n-1}}^{b_{n-1}} \cdots \Delta_{a_2}^{b_2} \Delta_{a_1}^{b_1} C(\boldsymbol{t}) \qquad (9.57)$$

$$\Delta_{a_k}^{b_k} C(\boldsymbol{t}) = C(t_1, \cdots, t_{k-1}, b_k, t_{k+1}, \cdots, t_n) - C(t_1, \cdots, t_{k-1}, a_k, t_{k+1}, \cdots, t_n) \qquad (9.58)$$

定义 2：（二元 Copula 函数）一个二元 Copula 函数 $C: [0,1]^2 \to [0,1]$ 可以被定义如下。

（1）$\forall u, v \in [0,1]^2$，存在

$$C(u,0) = C(0,v) = 0 \tag{9.59}$$

$$C(u,1) = u, C(1,v) = v \tag{9.60}$$

（2）$\forall u_1, u_2 \in [0,1]^2$，$v_1, v_2 \in [0,1]^2$，$u_1 \leqslant u_2, v_1 \leqslant v_2$，则

$$V_C([u_1,v_1] \times [u_2,v_2]) = C(u_2,v_2) - C(u_2,v_1) - C(u_1,v_2) + C(u_1,v_1)$$

定义 3： N 维函数 $C:[0,1]^n \to [0,1]$ 是 Copula 函数，如果对 N 个服从均匀分布的随机变量 $U_1, U_2, \cdots, U_n$，则满足

$$C(u_1, u_2, \cdots, u_n) = P(U_1 \leqslant u_1, U_2 \leqslant u_2, \cdots, U_n \leqslant u_n) \tag{9.61}$$

即：Copula 函数是一组均匀分布随机变量的联合分布函数。

定义 4：（Copula 函数的密度函数）N 维 Copula 函数 $C:[0,1]^n \to [0,1]$ 的密度函数为

$$c(u_1, u_2, \cdots, u_n) = \frac{\partial^n C(u_1, u_2, \cdots, u_n)}{\partial u_1 \partial u_2 \cdots \partial u_n} \tag{9.62}$$

进一步，可知 $X_1, X_2, \cdots, X_n$ 对应的联合密度函数 f 可表示如下。

$$f(X_1, X_2, \cdots, X_n) = \frac{\partial^n H(X_1, X_2, \cdots, X_n)}{\partial X_1 \partial X_2 \cdots \partial X_n} = \frac{\partial^n C(F_1, F_2, \cdots, F_n)}{\partial F_1 \partial F_2 \cdots \partial F_n} \cdot \prod_{i=1}^{n} \frac{dF_i}{dX_i} =$$

$$\frac{\partial^n C(u_1, u_2, \cdots, u_n)}{\partial u_1 \partial u_2 \cdots \partial u_n} \prod_{i=1}^{n} f_i(X_i) \tag{9.63}$$

二、Copula 函数的性质

（1）对任意的变量 $u = (u_1, \cdots, u_n) \in [0,1]^n$，$C(u_1, u_2, \cdots, u_n)$ 都是非减的。

（2）对于任意 $u = (u_1, \cdots, u_n) \in [0,1]^n$，若除 u_k 外的其他元素都为 1，那么 $C(1, \cdots, u_k, \cdots, 1) = u_k$；若至少存在一个元素 $u_k = 0$，则 $C(u_1, \cdots, u_n) = 0$。

（3）如果 C_1 与 C_2 是 Copula 函数，则 $C = \alpha C_1 + (1-\alpha)C_2, 0 < \alpha < 1$ 也是一个 Copula 函数，即 Copula 函数的线性组合仍是 Copula 函数。

（4）对任意 $\boldsymbol{u} \in [0,1]^n$，有 $W^n(\boldsymbol{u}) \leqslant C(\boldsymbol{u}) \leqslant M^n(\boldsymbol{u})$，称为 Frenchet-Hoeffding 约束。其中，$M^n(\boldsymbol{u}) = min\{u_1, \cdots, u_2\}$，$W^n(\boldsymbol{u}) = max\{u_1 + \cdots + u_n - n + 1, 0\}$。当 $n = 2$ 时，W^2 与 M^2 都为 Copula 函数。当 $n > 2$ 时，$M^n(\boldsymbol{u})$ 是 n 维的 Copula 函数，然而 $W^n(\boldsymbol{u})$ 不是 n 维的 Copula 函数。

（5）（递增变化不变性）假设连续随机变量 $(X_1, \cdots, X_n)^T$ 有 Copula 函数 C，$g_1, g_2, \cdots, g_n$ 为 $R \to R$ 上的严格递增函数，则 $(g_1(X_1), \cdots, g_n(X_n))^T$ 有相同的 Copula 函数 C。

（6）对任意的 u_i，$v_i \in [0,1], i = 1, 2, \cdots, n$，有

$$\left| C\left(u_1, u_2, \cdots, u_n\right) - C\left(v_1, v_2, \cdots, v_n\right) \right| \leqslant \sum_{i=1}^{n} \left| u_i - v_i \right|$$

（7）对任意 $u_i \in [0,1]$，$i = 1, 2, \cdots, n$，若 u_i 相互独立，则

$$C\left(u_1, u_2, \cdots, u_n\right) = \prod_{i=1}^{n} u_i$$

三、Copula 函数的相关性

对于两个变量之间的相关性，我们通常用皮尔逊相关系数(Karl Pearson)进行度量，则有

$$r\left(X, Y\right) = \frac{\mathrm{Cov}\left(X, Y\right)}{\sqrt{\mathrm{Var}\left(X\right)\mathrm{Var}\left(Y\right)}} \tag{9.64}$$

其中，$\mathrm{Cov}\left(X, Y\right)$ 为协方差。如果 $X \sim N\left(0,1\right), Y = X^2$，那么

$$\mathrm{Cov}\left(X, Y\right) = E\left(XY\right) - E\left(X\right)E\left(Y\right) = E\left(X^3\right) - E\left(X\right)E\left(X^2\right) = 0 \tag{9.65}$$

从上面的例子可以看出，$r\left(X, Y\right) = 0$，但实际上 X 和 Y 之间的相关性非常强。这说明常用的 Pearson 相关系数只能刻画线性相关性，对于非线性的相关性无法度量。而 Copula 函数可以有效度量变量之间的非线性相关性，适用范围更广泛。接下来将主要介绍 Kendall 相关系数 τ 和 Spearman 指标 ρ。

（一）Kendall 相关系数 τ

定义 5：（一致性）令 $\left(x_i, y_i\right)$ 和 $\left(x_j, y_j\right)$ 是随机向量 $\left(X, Y\right)$ 的两组观测值。如果

$$\left(x_i - x_j\right)\left(y_i - y_j\right) > 0 \tag{9.66}$$

则称 $\left(x_i, y_i\right)$ 和 $\left(x_j, y_j\right)$ 是一致的。如果

$$\left(x_i - x_j\right)\left(y_i - y_j\right) < 0 \tag{9.67}$$

则称 $\left(x_i, y_i\right)$ 和 $\left(x_j, y_j\right)$ 是不一致的。

定义 6：（Kendall 相关系数）令 $\left\{\left(x_1, y_1\right), \left(x_2, y_2\right), \cdots, \left(x_n, y_n\right)\right\}$ 是随机向量 $\left(X, Y\right)$ 的 n 对观测值，每一对观测值要么具有一致性，要么具有非一致性。令 a 表示具有一致性的观测值个数，b 表示具有非一致性的观测值个数。那么 Kendall 相关系数 τ 的定义如下。

$$\tau = \left(a - b\right) / \left(a + b\right) \tag{9.68}$$

事实上，Kendall 相关系数 τ 等价于从样本中随机选择一对观测值 $\left(x_i, y_i\right)$ 和 $\left(x_j, y_j\right)$，一致的概率减去非一致的概率。因此，Kendall 相关系数 τ 还有一种定义。

定义 7：（Kendall 相关系数）假设 $\left(x_1, y_1\right)$ 和 $\left(x_2, y_2\right)$ 是二维随机向量 $\left(X, Y\right)$ 的两个观测值，$\left(x_1, y_1\right)$ 和 $\left(x_2, y_2\right)$ 独立同分布，联合分布函数为 H，则 Kendall 相关系数的定义如下。

$$\tau = P\left[\left(x_1 - x_2\right)\left(y_1 - y_2\right) > 0\right] - P\left[\left(x_1 - x_2\right)\left(y_1 - y_2\right) < 0\right] \tag{9.69}$$

进一步，有

$$P\big[(x_1-x_2)(y_1-y_2)<0\big]=1-P\big[(x_1-x_2)(y_1-y_2)>0\big] \tag{9.70}$$

$$\tau=2P\big[(x_1-x_2)(y_1-y_2)>0\big]-1 \tag{9.71}$$

定理 3：令 (X_1,Y_1) 和 (X_2,Y_2) 是相互独立的连续随机向量，联合分布函数分别为 H_1，H_2；X_1，X_2 的边际分布为 F，Y_1，Y_2 的边际分布为 G；令 C_1，C_2 分别表示 (X_1,Y_1) 和 (X_2,Y_2) 的 Copula 函数，且

$$H_1(x,y)=C_1\big(F(x),F(y)\big),H_2(x,y)=C_2\big(F(x),F(y)\big) \tag{9.72}$$

令 Q 为 (X_1,Y_1) 和 (X_2,Y_2) 为一致和非一致的概率之差，即

$$Q=P\big[(X_1-X_2)(Y_1-Y_2)>0\big]-P\big[(X_1-X_2)(Y_1-Y_2)<0\big] \tag{9.73}$$

那么

$$Q=Q(C_1,C_2)=4\iint_{[0,1]^2}C_2(u,v)dC_1(u,v)-1 \tag{9.74}$$

证明：因为

$$Q=2P\big[(X_1-X_2)(Y_1-Y_2)>0\big]-1 \tag{9.75}$$

并且

$$P\big[(X_1-X_2)(Y_1-Y_2)>0\big]=P\big[X_1>X_2,Y_1>Y_2\big]+P\big[X_1<X_2,Y_1<Y_2\big] \tag{9.76}$$

其中

$$P\big[X_1>X_2,Y_1>Y_2\big]=P\big[X_2<X_1,Y_2<Y_1\big]=\iint_{R^2}P\big[X_2\leqslant x,Y_2\leqslant y\big]dC_1\big(F(x),G(y)\big)=$$
$$\iint_{R^2}C_2\big(F(x),G(y)\big)dC_1\big(F(x),G(y)\big) \tag{9.77}$$

因此，通过概率变换，令 $u=F(x),v=G(y)$，则有

$$P\big[(X_1-X_2)(Y_1-Y_2)>0\big]=\iint_{[0,1]^2}C_2(u,v)dC_1(u,v) \tag{9.78}$$

同理，

$$P\big[X_1<X_2,Y_1<Y_2\big]=\iint_{[0,1]^2}C_2(u,v)dC_1(u,v) \tag{9.79}$$

可得

$$P\big[(X_1-X_2)(Y_1-Y_2)>0\big]=2\iint_{[0,1]^2}C_2(u,v)dC_1(u,v) \tag{9.80}$$

因此，

$$Q=4\iint_{[0,1]^2}C_2(u,v)dC_1(u,v)-1 \tag{9.81}$$

证毕。

定理 4：（Copula 函数计算 Kendall 相关系数）令 X 和 Y 是连续随机变量，对应的 Copula 函数为 C，则 Kendall 相关系数：

$$\tau_{X,Y} = Q(C,C) = 4\iint_{[0,1]^2} C(u,v)dC(u,v) - 1 \qquad (9.82)$$

根据 τ 的定义，$\tau \in [-1,1]$，通过 τ 可以判别变量之间的相关性，结果如表 9.1 所示。

表 9.1 τ 和随机变量 X，Y 的相关性

τ 取值	X 和 Y 的变化状态	X 和 Y 的相关性
$\tau = 1$	变化方向一致	X 和 Y 是正相关关系
$\tau = -1$	变化方向相反	X 和 Y 是负相关关系
$\tau = 0$	变化方向不确定	不能确定 X 和 Y 的相关关系

（二）Spearman 相关系数 ρ

令 (X_1,Y_1)，(X_2,Y_2) 和 (X_3,Y_3) 是三个相互独立的随机向量，联合分布函数为 H，边际分布为 F 和 G，Copula 函数为 C，Spearman 相关系数 ρ 可以同样定义为 (X_1,Y_1)，(X_2,Y_3) 的一致和非一致的概率之差，即

$$\rho_{X,Y} = 3\left\{P\left[(X_1-X_2)(Y_1-Y_3)>0\right] - P\left[(X_1-X_2)(Y_1-Y_3)<0\right]\right\} \qquad (9.83)$$

注意到 (X_1,Y_1) 的联合分布函数为 $H(x,y)$，但对于 (X_2,Y_3) 而言，由于 X_2 和 Y_3 之间相互独立，因此，(X_2,Y_3) 的联合分布函数为 $F(x)G(y)$。假设 X_2 和 Y_3 的 Copula 函数为 $G=uv$，有以下定理。

定理 5：（Spearman 相关系数 ρ）令 X 和 Y 是连续的随机变量，对应的 Copula 函数为 C，那么 X 和 Y 之间的 Spearman 相关系数如下。

$$\rho_{X,Y} = 3Q(C,G) = 12\iint_{[0,1]^2} uvdC(u,v) - 3 = 12\iint_{[0,1]^2} C(u,v)dudv - 3 \qquad (9.84)$$

式中，$\rho_{X,Y} \in [-1,1]$。

（三）尾部相关系数

皮尔逊相关系数可以刻画资产收益的整体相关性，但是却无法度量资产的尾部相关性。尾部相关性反映了一种资产收益率大于或者小于给定水平下，另一种资产收益率同时大于或小于给定水平的概率，即两资产同时出现极端同向收益或风险的可能性。商业银行在制定投资组合策略时需要考虑金融资产的尾部相关性，可以通过选择尾部相关性低的资产来降低整体投资组合的风险。上尾和下尾相关系数的定义如下。

定义 8：令 X 和 Y 是连续的随机变量，分布函数分别为 F 和 G。上尾相关系数是当 $t \to 1^-$ 时，当 X 大于 F 的第 100 个分位数时，Y 大于 G 的第 100 个分位数的条件概率。即

$$\lambda_U = \lim_{t \to 1^-} P[Y > G^{-1}(t) \mid X > F^{-1}(t)] \qquad (9.85)$$

类似地，也可以定义下尾的相关性：

$$\lambda_L = \lim_{t \to 0^+} P[Y \leqslant G^{-1}(t) \mid X \leqslant F^{-1}(t)] \qquad (9.86)$$

这些参数需要通过 X 和 Y 的 Copula 函数进行计算。因此，有以下定理。

定理 6：依据定义 8，如果 λ_U 和 λ_L 对应的极限存在，那么有

$$\lambda_U = \lim_{t \to 1^-} \frac{C(1-t, 1-t)}{1-t} \tag{9.87}$$

$$\lambda_L = \lim_{t \to 0^+} \frac{C(t,t)}{t} \tag{9.88}$$

证明：

$$\lambda_U = \lim_{t \to 1^-} P\left[Y > G^{-1}(t) \mid X > F^{-1}(t)\right] =$$

$$\lim_{t \to 1^-} P\left[G(Y) > t \mid F(X) > t\right] =$$

$$\lim_{t \to 1^-} \frac{P(G(Y) > t, F(X) > t)}{P(F(X) > t)} =$$

$$\lim_{t \to 1^-} \frac{C(1-t, 1-t)}{1-t} \tag{9.89}$$

$$\lambda_L = \lim_{t \to 0^+} P\left[Y \leqslant G^{-1}(t) \mid X \leqslant F^{-1}(t)\right] =$$

$$\lim_{t \to 0^+} P\left[G(Y) \leqslant t \mid F(X) \leqslant t\right] =$$

$$\lim_{t \to 0^+} \frac{P(G(Y) \leqslant t, F(X) \leqslant t)}{P(F(X) \leqslant t)} =$$

$$\lim_{t \to 0^+} \frac{C(t,t)}{t} \tag{9.90}$$

如果尾部相关系数 λ_U 在区间 $[0,1]$ 内，则随机变量 X，Y 具有尾部相关性；如果尾部相关系数为 0，随机变量 X，Y 相互独立，同理 λ_L 也成立。

四、Copula 函数的类型

在现有的研究中，使用最多的 Copula 函数主要有椭圆 Copula 函数簇和阿基米德 Copula 函数簇两大类。

（一）椭圆型 Copula 函数

椭圆形 Copula 函数是关于中心对称的，形状类似椭圆，包括 Gaussian Copula 函数和 t-Copula 函数。其中，Gaussian Copula 函数尾部相对较薄，主要适用于没有尾部相关性的随机变量，而 t-Copula 函数具有厚尾特性，适用于对称尾部相关性的随机变量。

1. Gaussian Copula 函数

Gaussian Copula 函数是 1996 年 Clayton 提出的，其主要思想是将每个变量的累积分布函数映射到一个标准正态的联合分布函数之上，然后通过 Copula 函数描述变量之间的相关性。Gaussian Copula 函数的缺点是无法对极端事件的风险进行度量。

对于二元高斯 Copula 函数，其分布函数为

$$C(u,v,\rho)=\Phi_\rho\left(\Phi^{-1}(u),\Phi^{-1}(v)\right)=\int_{-\infty}^{\varphi^{-1}(u)}\int_{-\infty}^{\varphi^{-1}(v)}\frac{1}{2\pi\sqrt{1-\rho^2}}\exp\left(\frac{-\left(r^2+s^2-2\rho rs\right)}{2\left(1-\rho^2\right)}\right)drds \quad (9.91)$$

对于二元高斯 Copula 函数，概率密度函数为

$$c(u,v,\rho)=\frac{1}{\sqrt{1-\rho^2}}\exp\left(\frac{-\left(\rho^2 r^2+\rho^2 s^2-2\rho rs\right)}{2\left(1-\rho^2\right)}\right) \quad (9.92)$$

其中，$\Phi^{-1}(\cdot)$ 为标准正态分布函数的逆函数，相关参数为 $\rho\in(-1,1)$，表示变量之间的线性相关性，$s=\varphi^{-1}(v)$，$r=\varphi^{-1}(u)$。

进一步，还可以得到多元 Gaussian Copula 函数：

$$C(u_1,u_2,\cdots,u_N;\boldsymbol{\rho})=\Phi_\rho\left(\Phi^{-1}(u_1),\Phi^{-1}(u_2),\cdots,\Phi^{-1}(u_N)\right)=$$

$$\int_{-\infty}^{\Phi^{-1}(u_1)}\int_{-\infty}^{\Phi^{-1}(u_2)}\cdots\int_{-\infty}^{\Phi^{-1}(u_n)}\frac{1}{(2\pi)^{\frac{d}{2}}|\boldsymbol{\rho}|^{\frac{1}{2}}}\exp\left(-\frac{1}{2}W^T\boldsymbol{\rho}^{-1}W\right)dW \quad (9.93)$$

其中，$\boldsymbol{\rho}$ 为相关系数矩阵，$|\boldsymbol{\rho}|$ 表示方阵 $\boldsymbol{\rho}$ 的行列式；$\Phi(\cdot)$ 的边缘分布均为标准正态分布，$\Phi^{-1}(\cdot)$ 表示标准正态分布函数的逆函数；$W=\left[\Phi^{-1}(u_1),\Phi^{-1}(u_2),\cdots,\Phi^{-1}(u_N)\right]^T$。

其中

$$\boldsymbol{\rho}=\begin{bmatrix}1 & \cdots & \rho_{1n}\\ \cdots & \cdots & \cdots\\ \rho_{n1} & \cdots & 1\end{bmatrix} \quad (9.94)$$

$$\rho_{ij}=\begin{cases}1; i=j\\ \rho_{ij}; i\neq j\end{cases},\ -1\leqslant\rho_{ij}\leqslant1; \quad (9.95)$$

多元 Copula 函数的密度函数为

$$c(u_1,u_2,\cdots,u_N;\boldsymbol{\rho})=\frac{\partial C(u_1,u_2,\cdots,u_N;\boldsymbol{\rho})}{\partial u_1\cdots\partial u_N}=\frac{1}{|\boldsymbol{\rho}|^{1/2}}\exp\left\{-\frac{1}{2}W^T(\boldsymbol{\rho}-\boldsymbol{I})W\right\} \quad (9.96)$$

式中，$\boldsymbol{I}$ 为单位矩阵。

2. t-Copula 函数

对于二元 t-Copula 函数，除了参数 ρ 之外，还包括自由度 k。二元 t-Copula 函数的分布函数为

$$C(u,v,\rho,k)=\int_{-\infty}^{T_k^{-1}(u)}\int_{-\infty}^{T_k^{-1}(v)}\frac{1}{2\pi\sqrt{1-\rho^2}}\left[1+\frac{s^2+t^2-2\rho st}{k\left(1-\rho^2\right)}\right]^{-\frac{k+2}{2}}dsdt \quad (9.97)$$

二元 t-Copula 函数的密度函数为

$$c(u,v,\rho,k) = |\rho|^{-\frac{1}{2}} \frac{\Gamma\left(\dfrac{k+2}{2}\right)\Gamma\left(\dfrac{k}{2}\right)\left[1 + \dfrac{1}{k}\zeta'\rho^{-1}\zeta\right]^{-\frac{k+2}{2}}}{\left[\Gamma\left(\dfrac{k+2}{2}\right)\right]^2 \prod\limits_{i=1}^{2}\left(1 + \dfrac{\zeta_i^2}{k}\right)^{-\frac{k+1}{2}}} \tag{9.98}$$

与 Gaussian Copula 函数一样，相关系数 $\rho \in (-1,1)$，$T_k^{-1}(\cdot)$ 是自由度为 k 的一元 t 分布函数的逆函数。$s = T_k^{-1}(u)$，$r = T_k^{-1}(v)$，$\zeta = \left[T^{-1}(u), T^{-1}(v)\right]^{\mathrm{T}}$。

多元 t-Copula 函数的分布函数为

$$C(u_1, u_2, \cdots, u_N; \boldsymbol{\rho}, k) = T_{\boldsymbol{\rho},k}\left(T^{-1}(u_1), T^{-1}(u_2), \cdots T^{-1}(u_N)\right)$$

$$= \int_{-\infty}^{T_k^{-1}(u_1)} \int_{-\infty}^{T_k^{-1}(u_2)} \cdots \int_{-\infty}^{T_k^{-1}(u_N)} \frac{\Gamma\left(\dfrac{k+N}{2}\right)|\boldsymbol{\rho}|^{\frac{1}{2}}}{\Gamma\left(\dfrac{k}{2}\right)[k\pi]^{\frac{N}{2}}} \left[1 + \dfrac{1}{k}\zeta'\boldsymbol{\rho}^{-1}\zeta\right]^{\frac{k+N}{2}} \mathrm{d}x_1 \mathrm{d}x_2 \cdots \mathrm{d}x_N \tag{9.99}$$

多元 t-Copula 函数的密度函数为

$$c(u_1, u_2, \cdots, u_N; \boldsymbol{\rho}, \ k) = \frac{\partial C(u_1, u_2, \cdots, u_N; \boldsymbol{\rho}, \ k)}{\partial u_1 \cdots \partial u_N}$$

$$= |\rho|^{-\frac{1}{2}} \frac{\Gamma\left(\dfrac{k+N}{2}\right)\left[\Gamma\left(\dfrac{k}{2}\right)\right]^{N-1}}{\left[\Gamma\left(\dfrac{k+1}{2}\right)\right]^N} \frac{\left[1 + \dfrac{1}{k}\zeta'\boldsymbol{\rho}^{-1}\zeta\right]^{-\frac{k+N}{2}}}{\prod\limits_{i=1}^{N}\left(1 + \dfrac{\zeta_i^2}{k}\right)^{-\frac{k+1}{2}}} \tag{9.100}$$

其中，$\boldsymbol{\rho}$ 为相关系数矩阵，$|\boldsymbol{\rho}|$ 表示方阵 $\boldsymbol{\rho}$ 的行列式值；$T_{\boldsymbol{\rho},k}\left(T^{-1}(u_1), T^{-1}(u_2), \cdots, T^{-1}(u_n)\right)$ 表示相关系数矩阵为 $\boldsymbol{\rho}$、自由度为 k 的标准 N 元 t 分布的分布函数；$T_k^{-1}(\cdot)$ 表示自由度为 k 的一元 t 分布的分布函数 $T_k(\cdot)$ 的逆函数；$\zeta = \left[T^{-1}(u_1), T^{-1}(u_2), \cdots T^{-1}(u_N)\right]^{\mathrm{T}}$。

（二）阿基米德型 Copula 函数

常用的阿基米德 Copula 函数主要有三种：Gumbel Copula 函数、Clayton Copula 函数和 Frank Copula 函数。其中，Gumbel Copula 函数适合于上尾具有相关性的随机变量；Clayton Copula 函数适合于下尾具有相关性的随机变量；Frank Copula 函数分布呈"U"字形，适合于描述具有对称厚尾结构，且没有尾部相关性的随机变量。

1. Gumbel Copula 函数

二元 Gumbel Copula 函数的分布函数为

$$C_G(u, v; \alpha) = \exp\left(-\left[(-\ln u)^\alpha + (-\ln v)^\alpha\right]^{1/\alpha}\right) \tag{9.101}$$

二元 Gumbel Copula 函数的密度函数为

$$c_G\left(u,v;\alpha\right) = \frac{C_G\left(u,v;\alpha\right)\left(\ln u \cdot \ln v\right)^{\alpha-1}}{uv\left[\left(-\ln u\right)^{\alpha}+\left(-\ln v\right)^{\alpha}\right]^{2-\frac{1}{\alpha}}}\left\{\left[\left(-\ln u\right)^{\alpha}+\left(-\ln v\right)^{\alpha}\right]^{\frac{1}{\alpha}}+\alpha-1\right\} \quad （9.102）$$

其中，α 是表示相关性的参数，$\alpha \in [1,\infty)$。当 $\alpha \to \infty$ 时，代表随机变量 u,v 相互独立；当 $\alpha = 1$ 时，随机变量 u,v 完全相关。

2. Clayton Copula 函数

二元 Clayton Copula 函数的分布函数为

$$C_{Cl}\left(u,v;\theta\right) = \left(u^{-\theta}+v^{-\theta}-1\right)^{-\frac{1}{\theta}} \quad （9.103）$$

二元 Clayton Copula 函数的密度函数为

$$c_{Cl}\left(u,v;\theta\right) = \left(1+\theta\right)\left(uv\right)^{-\theta-1}\left(u^{-\theta}+v^{-\theta}-1\right)^{-2-\frac{1}{\theta}} \quad （9.104）$$

其中，$\theta \in (0,\infty)$。当 $\theta \to 0$ 时，随机变量 u,v 相互独立；当 $\theta \to \infty$ 时，随机变量 u,v 完全相关。

3. Frank Copula 函数

二元 Frank Copula 函数的分布函数为

$$C_F\left(u,v;\lambda\right) = -\frac{1}{\lambda}\ln\left(1+\frac{\left(e^{-\lambda u}-1\right)\left(e^{-\lambda v}-1\right)}{e^{-\lambda}-1}\right) \quad （9.105）$$

二元 Frank Copula 函数的密度函数为

$$c_F\left(u,v;\lambda\right) = \frac{-\lambda\left(e^{-\lambda}-1\right)e^{-\lambda\left(u+v\right)}}{\left[\left(e^{-\lambda}-1\right)+\left(e^{-\lambda u}-1\right)\left(e^{-\lambda v}-1\right)\right]^2} \quad （9.106）$$

其中，$\lambda \neq 0$。$\lambda > 0$ 表示随机变量 u,v 正相关，$\lambda \to 0$ 表示随机变量 u,v 相互独立，$\lambda < 0$ 则表示随机变量 u,v 负相关。

综合以上分析，本节进一步给出了常见 Copula 函数对应的相关系数，如表 9.2 所示。

表 9.2　Copula 函数的相关系数表

Copula 函数	Kendall 相关系数 τ	Spearman 相关系数 ρ	上尾相关系数 λ^U	下尾相关系数 λ^L
Gaussian Copula	$\dfrac{2\arcsin\rho}{\pi}$	$\dfrac{6\arcsin\dfrac{\rho}{2}}{\pi}$	0	0
t-Copula	$\dfrac{2\arcsin\rho}{\pi}$	$\dfrac{6\arcsin\dfrac{\rho}{2}}{\pi}$	$2-2t_{k+1}\left\lfloor\dfrac{\sqrt{k+1}\sqrt{1-\rho}}{\sqrt{1+\rho}}\right\rfloor$	$2-2t_{k+1}\left\lfloor\dfrac{\sqrt{k+1}\sqrt{1-\rho}}{\sqrt{1+\rho}}\right\rfloor$
Gumbel Copula	$1-\dfrac{1}{\alpha}$	无	$2-2^{\frac{1}{\alpha}}$	0

Copula 函数	Kendall 相关系数 τ	Spearman 相关系数 ρ	上尾相关系数 λ^U	下尾相关系数 λ^L
Clayton Copula	$\dfrac{\theta}{\theta+2}$	无	0	$2^{\frac{1}{\theta}}$
Frank Copula	$1+\dfrac{4}{\lambda}\left[D_1(\lambda)-1\right]$	$1+\dfrac{12}{\lambda}\left[D_2(\lambda)-D_1(\lambda)\right]$	0	0

其中，ρ，k，α，θ，λ 为 Copula 函数中对应的参数。$D_k(\lambda)=\dfrac{k}{\lambda^k}\displaystyle\int_0^\lambda \dfrac{t^k}{e^t-1}\mathrm{d}t$，函数 $D_k(\cdot)$ 称为 Debye 函数。

五、金融市场风险溢出效应的实证分析

Copula 函数可以描述变量之间的相关关系，因此，可以通过构建二元 Copula 模型研究金融市场之间的风险溢出效应。

（一）选取数据

本节选取 2010 年 1 月 4 日至 2021 年 12 月 31 日上海证券综合指数（以下简称上证综指）和深证综合指数（以下简称深证综指）的日收盘价作为研究样本（数据来源：CSMAR），对数化处理后得到对数收益率序列，每个市场的样本数据为 3021 个。

（二）建立 ARMA-GARCH 模型

通过对上证综指和深证综指的对数收益率序列进行拟合，具体操作参考本章第四节，构建模型如表 9.3 所示。通过该模型可以获得两个市场的残差序列，进一步经过标准化处理，得到相应的标准化残差序列。

表 9.3　ARMA-GARCH 模型

名称	上证综指	深证综指
模型选择	ARMA(3,3)-GARCH(1,1)	ARMA(1,1)-GARCH(1,1)

（三）确定边缘分布

确定边缘分布可以通过参数和非参数两类方法。参数法就是假定随机变量服从某种分布，如正态分布、t 分布等，然后根据样本观测值估计分布中的参数，最后进行检验。非参数法则是把样本的经验分布函数作为随机变量的近似分布，或者利用核密度估计法确定总体分布。

1. 参数法

（1）通过描述性统计和频率直方图来观察随机变量的分布情况。假设上证综指的标准

化残差序列为 X，深证综指为 Y，在 MATLAB 的命令窗口输入如下命令（%为命令的解释）：

```
%计算 X 的描述性统计指标
xbar= mean(X); %求均值
s2 = var(X); %求方差
s = std(X); %求标准差
xs = skewness(X,0); %求偏度
xk = kurtosis(X,0); %求峰度
% 计算 Y 的描述性统计指标
ybar= mean(Y); %求均值
s2 = var(Y); %求方差
s = std(Y); %求标准差
ys = skewness(Y,0); %求偏度
yk = kurtosis(Y,0); %求峰度
```

描述性统计结果见表 9.4。

表 9.4　描述性统计

指标	上证 A 股综合指数（X）	深证综指（Y）
均值	0	0
方差	1	1
标准差	1	1
偏度	−0.9081	−0.8656
峰度	9.2903	6.9755

（2）调用 ecdf 函数和 ecdfhist 函数绘制上证综指和深证综指的频率直方图。命令如下，如图 9.38 和图 9.39 所示。

```
%**************************X 的频率直方图**************************%
[fx, xc] = ecdf(X);
figure;
ecdfhist(fx, xc, 30);
title('频率直方图')
xlabel('上证综合指数'); % 为 X 轴加标签
ylabel('f(x)'); % 为 Y 轴加标签
%**************************Y 的频率直方图**************************%
[fy, yc] = ecdf(Y);
figure;
ecdfhist(fy, yc, 30);
title('频率直方图')
xlabel('深证综指'); % 为 X 轴加标签
ylabel('f(y)'); % 为 Y 轴加标签
```

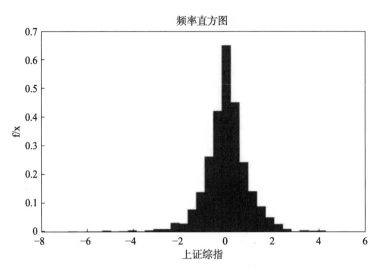

图 9.38　上证综指频率直方图

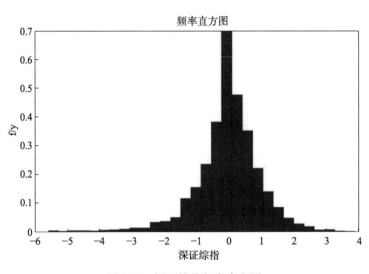

图 9.39　深证综指频率直方图

（3）正态性检验。由描述性统计和频率直方图可以看出，X，Y 都呈现左偏尖峰厚尾的特征，不服从正态分布。除上述方法外，还可以直接调用 jbtest、kstest 和 lillietest 函数进行正态性检验，可以更加直观地看出变量是否服从正态分布。具体命令如下。

```
% 分别调用 jbtest、kstest 和 lillietest 函数对 X 进行正态性检验
[h,p] = jbtest(X) % Jarque-Bera 检验
[h,p] = kstest(X,[X,normcdf(X,mean(X),std(X))]) % Kolmogorov-Smirnov
```
检验
```
[h, p] = lillietest(X) % Lilliefors 检验
% 分别调用 jbtest、kstest 和 lillietest 函数对 Y 进行正态性检验
[h,p] = jbtest(Y) % Jarque-Bera 检验
```

```
[h,p] = kstest(Y,[Y,normcdf(Y,mean(Y),std(Y))]) % Kolmogorov-Smirnov
```
检验
```
[h, p] = lillietest(Y) % Lilliefors 检验
```

输出结果如表 9.5 所示，检验的 h 值均为 1，p 值均小于 0.01，拒绝原假设，说明 X 和 Y 均不服从正态分布。类似地，还可以对 t 分布进行检验，此处省略。

表 9.5　正态性检验结果

函数	指标	上证综指	深证综指
jbtest	h	1	1
	p	1.0000e-03	1.0000e-03
kstest	h	1	1
	p	5.9885e-18	1.6374e-19
lillietest	h	1	1
	p	1.0000e-03	1.0000e-03

2. 非参数法

当总体的分布不能明确时，可以调用 ecdf 函数得到样本的经验分布函数，作为总体的近似分布。或调用 ksdensity 函数，用核密度方法估计总体的分布。

（1）经验分布函数法。调用 ecdf 函数求样本的经验分布函数。可以采用样条插值法或者排序法。具体命令如下。

方式一：样条插值法
```
% 调用 ecdf 函数求 X 和 Y 的经验分布函数
[fx, Xsort] = ecdf(X);
[fy, Ysort] = ecdf(Y);
% 调用 spline 函数，利用样条插值法求原始样本点处的经验分布函数值
U1 = spline(Xsort(2:end),fx(2:end),X);
V1 = spline(Ysort(2:end),fy(2:end),Y);
```
方式二：排序法
```
% 调用 ecdf 函数求 X 和 Y 的经验累积分布函数
[fx, Xsort] = ecdf(X);
[fy, Ysort] = ecdf(Y);
% 提取 fx 和 fy 的第 2 个至最后一个元素
fx = fx(2:end);
fy = fy(2:end);
% 通过排序法求经验分布函数值 U1 和 V1
[Xsort,id] = sort(X);
[idsort,id] = sort(id);
U1 = fx(id);
[Ysort,id] = sort(Y);
[idsort,id] = sort(id);
```

V1 = fy(id);

（2）核密度估计法。调用 ksdensity 函数进行总体分布的估计。具体命令如下。

```
% 调用 ksdensity 函数计算 X 和 Y 的核密度函数
U2 = ksdensity(X,X,'function','cdf');
V2 = ksdensity(Y,Y,'function','cdf');
```

（3）通过绘制经验分布函数图和核分布估计图，观察 $U1$ 和 $U2$ 及 $V1$ 和 $V2$ 的差别，如图 9.40 和图 9.41 所示。

```
[Xsort,id] = sort(X); % 对 X 进行排序
figure; % 新建一个图形窗口
plot(Xsort,U1(id),'c','LineWidth',6); % 绘制上证综指的经验分布函数图
hold on
plot(Xsort,U2(id),'k-.','LineWidth',2); % 绘制上证综指的核密度估计图
legend('经验分布函数','核密度估计', 'Location','NorthWest'); % 加标注框
xlabel('上证综指'); % 为 X 轴加标签
ylabel('F(x)'); % 为 Y 轴加标签
[Ysort,id] = sort(Y); % 对 Y 进行排序
figure; % 新建一个图形窗口
plot(Ysort,V1(id),'c','LineWidth',6); % 绘制深证综指的经验分布函数图
hold on
plot(Ysort,V2(id),'k-.','LineWidth',2); % 绘制深证综指的核密度估计图
legend('经验分布函数','核密度估计', 'Location','NorthWest'); % 加标注框
xlabel('深证综指'); % 为 X 轴加标签
ylabel('F(x)'); % 为 Y 轴加标签
```

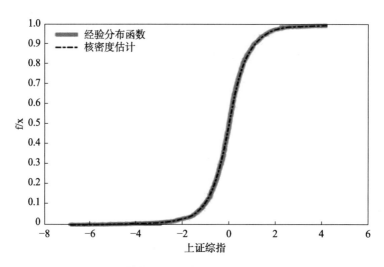

图 9.40 上证综指的经验分布函数法和核密度估计法

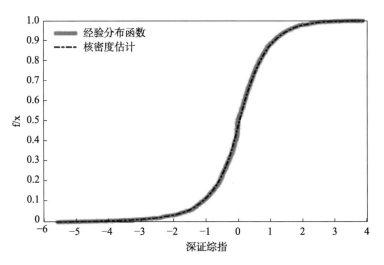

图 9.41 深证综指的经验分布函数法和核密度估计法

由图 9.40 和图 9.41 可知，$U1$ 和 $U2$ 及 $V1$ 和 $V2$ 基本重合，可见 ecdf 函数与 ksdensity 函数得出的结果十分相近（在实际操作中任选一种即可）。

（四）确定 Copula 函数

确定边缘分布之后，可以根据（U,V）的二元频率直方图的形状选取适当的 Copula 函数。

首先绘制二元频数直方图，并在频数直方图的基础上绘制频率直方图，相应的命令如下。

```
%****************************绘制二元频数直方图****************************%
% 调用 ksdensity 函数分别计算原始样本 X 和 Y 处的核分布估计值
U = ksdensity(X,X,'function','cdf');
V = ksdensity(Y,Y,'function','cdf');
figure; % 新建一个图形窗口
% 绘制边缘分布的二元频数直方图,
hist3([U(:) V(:)],[30,30])
xlabel('上证综指'); % 为 X 轴加标签
ylabel('深证综指'); % 为 Y 轴加标签
zlabel('频数'); % 为 z 轴加标签
%****************************绘制二元频率直方图****************************%
figure; % 新建一个图形窗口
% 绘制边缘分布的二元频率直方图,
hist3([U(:) V(:)],[30,30])
h = get(gca, 'Children'); % 获取频率直方图的句柄值
cuv = get(h, 'ZData'); % 获取频率直方图的 Z 轴坐标
```

```
set(h,'ZData',cuv*30*30/length(X)); % 对频率直方图的Z轴坐标作变换
xlabel('U（上证综指）'); % 为X轴加标签
ylabel('V（深证综指）'); % 为Y轴加标签
zlabel('c(u,v)');  % 为z轴加标签
```

通过二元频数直方图 9.42 和二元频率直方图 9.43 可以看出 Copula 密度函数形状为对称尾部结构。因此，选取 Copula 函数的类型为 Gaussian Copula 函数或 t-Copula。

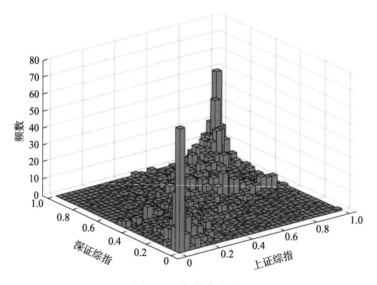

图 9.42　频数直方图

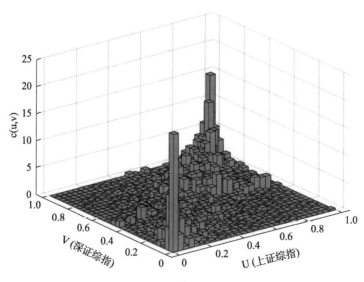

图 9.43　频率直方图

（五）估计未知参数

调用 copulafit 函数估计 Copula 函数中的未知参数。具体命令如下。

```
% 调用 copulafit 函数估计二元正态 Copula 中的相关参数
rho_norm = copulafit('Gaussian',[U(:), V(:)])
% 调用 copulafit 函数估计二元 t-Copula 中的相关参数和自由度
[rho_t,nuhat,nuci] = copulafit('t',[U(:), V(:)])
```

参数估计结果，见表 9.6。

表 9.6　Copula 函数参数估计结果

函数	沪深股市相关参数 ρ	自由度 k
Gaussian Copula	0.8414	——
t-Copula	0.8544	3

（六）绘制 Copula 密度函数和分布函数图

绘制 Gaussian Copula 函数和 t-Copula 函数的密度函数和分布函数图，如图 9.44 和图 9.45 所示。具体命令如下。

```
%****************************二元正态 Copula****************************%
[Udata,Vdata] = meshgrid(linspace(0,1,31)); %生成新的网格数据
% 调用 copulapdf 函数计算网格点上的二元正态 Copula 密度函数值
Cpdf_norm = copulapdf('Gaussian',[Udata(:), Vdata(:)],rho_norm);
% 调用 copulacdf 函数计算网格点上的二元正态 Copula 分布函数值
Ccdf_norm = copulacdf('Gaussian',[Udata(:), Vdata(:)],rho_norm);
% 绘制二元正态 Copula 的密度函数和分布函数图
figure; % 新建图形窗口
surf(Udata,Vdata,reshape(Cpdf_norm,size(Udata))); % 绘制二元正态 Copula
密度函数图
    xlabel('上证综指'); % 为 X 轴加标签
    ylabel('深证综指'); % 为 Y 轴加标签
    zlabel('c(u,v)'); % 为 z 轴加标签
    title('二元正态 Copula 密度函数图')
    figure; % 新建图形窗口
surf(Udata,Vdata,reshape(Ccdf_norm,size(Udata))); % 绘制二元正态 Copula
分布函数图
    xlabel('上证综指'); % 为 X 轴加标签
    ylabel('深证综指'); % 为 Y 轴加标签
    zlabel('C(u,v)'); % 为 z 轴加标签
    title('二元正态 Copula 分布函数图')
%****************************二元 t-Copula****************************%
[Udata,Vdata] = meshgrid(linspace(0,1,31)); % 为绘图需要，产生新的网格数据
% 调用 copulapdf 函数计算网格点上的二元 t-Copula 密度函数值
```

```
Cpdf_t = copulapdf('t',[Udata(:), Vdata(:)],rho_t,nuhat);
% 调用 copulacdf 函数计算网格点上的二元 t-Copula 分布函数值
Ccdf_t = copulacdf('t',[Udata(:), Vdata(:)],rho_t,nuhat);
% 绘制二元 t-Copula 的密度函数和分布函数图
figure; % 新建图形窗口
surf(Udata,Vdata,reshape(Cpdf_t,size(Udata))); % 绘制二元 t-Copula 密度函
```
数图
```
xlabel('上证综指'); % 为 X 轴加标签
ylabel('深证综指'); % 为 Y 轴加标签
zlabel('c(u,v)'); % 为 z 轴加标签
title('二元 t-Copula 密度函数图')
figure; % 新建图形窗口
surf(Udata,Vdata,reshape(Ccdf_t,size(Udata))); % 绘制二元 t-Copula 分布函
```
数图
```
xlabel('上证综指'); % 为 X 轴加标签
ylabel('深证综指'); % 为 Y 轴加标签
zlabel('C(u,v)'); % 为 z 轴加标签
title('二元 t-Copula 分布函数图')
```

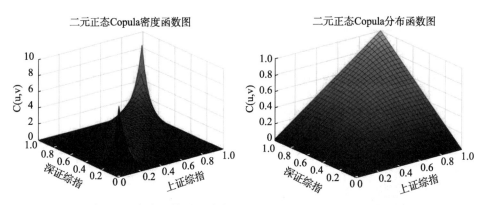

图 9.44 密度函数图和分布函数图（Gaussian Copula 函数）

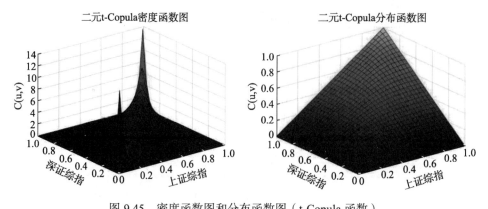

图 9.45 密度函数图和分布函数图（t-Copula 函数）

在得到密度函数图和分布函数图后，还可以进一步得到 Gaussian Copula 函数和 t-Copula 函数的尾部相关系数，如表 9.7 所示。

表 9.7　尾部相关系数

函数	上尾部相关系数	下尾部相关系数
Gaussian Copula	0	0
t-Copula	$\lambda_U = 2 - 2t_{k+1}\left\{\dfrac{\sqrt{1+k}\times\sqrt{1-\rho}}{\sqrt{1+\rho}}\right\} = 0.6051$	$\lambda_L = 2 - 2t_{k+1}\left\{\dfrac{\sqrt{1+k}\times\sqrt{1-\rho}}{\sqrt{1+\rho}}\right\} = 0.6051$

其中，k 为自由度，ρ 为相关参数。估计 Copula 的参数之后，还可以调用 copulastat 函数求 Kendall 相关系数和 Spearman 相关系数。命令如下。

```
% 调用 copulastat 函数求二元正态 Copula 对应的 Kendall 相关系数
Kendall_norm = copulastat('Gaussian',rho_norm)
% 调用 copulastat 函数求二元正态 Copula 对应的 Spearman 相关系数
Spearman_norm = copulastat('Gaussian',rho_norm,'type','Spearman')
% 调用 copulastat 函数求二元 t-Copula 对应的 Kendall 相关系数
Kendall_t = copulastat('t',rho_t)
% 调用 copulastat 函数求二元 t-Copula 对应的 Spearman 相关系数
Spearman_t = copulastat('t',rho_t,nuhat,'type','Spearman')
```

此外，也可以直接根据沪深综指日收益率的原始观测数据，调用 corr 函数求 Kendall 相关系数和 Spearman 相关系数。命令如下。

```
% 直接根据沪、深两市日收益率的原始观测数据，调用 corr 函数求 Kendall 秩相关系数
Kendall = corr([X,Y],'type','Kendall')
% 直接根据沪、深两市日收益率的原始观测数据，调用 corr 函数求 Spearman 秩相关系数
Spearman = corr([X,Y],'type','Spearman')
```

综上，三类方法可以求得 Kendall 相关系数和 Spearman 相关系数，具体结果见表 9.8。

表 9.8　Kendall 相关系数和 Spearman 相关系数的对比结果

相关系数	原数据	Gaussian Copula	t-Copula
Kendall 秩相关系数	0.6473	0.6366	0.6522
Spearman 秩相关关系	0.8222	0.8293	0.8258

（七）模型评价

进一步，可基于经验 Copula，通过平方欧式距离对构建出的二元 Gaussian Copula 模型和二元 t-Copula 模型进行评价。具体命令如下。

```
% ***************调用 ecdf 函数求 X 和 Y 的经验分布函数***************
[fx, Xsort] = ecdf(X);
```

```
[fy, Ysort] = ecdf(Y);
% 调用 spline 函数，利用样条插值法求原始样本点处的经验分布函数值
U = spline(Xsort(2:end),fx(2:end),X);
V = spline(Ysort(2:end),fy(2:end),Y);
% 定义经验 Copula 函数 C(u,v)
C = @(u,v)mean((U <= u).*(V <= v));
%生成新的网格数据
[Udata,Vdata] = meshgrid(linspace(0,1,31));
% 通过循环计算经验 Copula 函数在新产生的网格点处的函数值
for i=1:numel(Udata)
CopulaEmpirical(i) = C(Udata(i),Vdata(i));
end
%**********************绘制经验 Copula 分布函数图像**********************
figure; % 新建图形窗口
surf(Udata,Vdata,reshape(CopulaEmpirical,size(Udata)))
xlabel('U'); % 为 X 轴加标签
ylabel('V'); % 为 Y 轴加标签
zlabel('Empirical Copula C(u,v)'); % 为 z 轴加标签
%******************************评价模型******************************
% 通过循环计算经验 Copula 函数在原始样本点处的函数值
CUV = zeros(size(U(:)));
for i=1:numel(U)
CUV(i) = C(U(i),V(i));
end
% 计算相关参数为 0.8414 的二元正态 Copula 函数在原始样本点处的函数值
rho_norm = 0.8414; %见表 9.6
Cgau = copulacdf('Gaussian',[U(:), V(:)],rho_norm);
% 计算相关参数为 0.8544，自由度为 2.9290 的二元 t-Copula 函数在原始样本点处的函
数值
rho_t = 0.8544;% 见表 9.6
k = 2.9290; % 见表 9.6
Ct = copulacdf('t',[U(:), V(:)],rho_t,k);
% ****************************计算平方欧氏距离****************************
dgau2 = (CUV-Cgau)'*(CUV-Cgau)% 二元正态 Copula 函数平方欧氏距离
dt2 = (CUV-Ct)'*(CUV-Ct)% 二元 t-Copula 函数平方欧氏距离
```

图 9.46 即为经验 Copula 分布函数图。此外，平方欧氏距离的计算结果，如表 9.9 所示。

由计算出的平方欧氏距离可知，Gaussian Copula 与经验 Copula 的平方欧氏距离小于 t-Copula 与经验 Copula 的平方欧氏距离，因此，该结果表明 t-Copula 模型能更好地拟合沪、深两市日收益率的相关性。

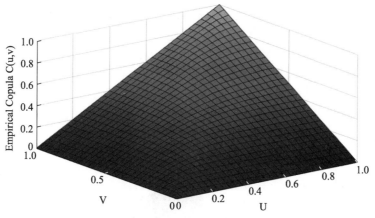

图 9.46　经验 Copula 分布函数图

表 9.9　平方欧氏距离

名称	Gaussian Copula	t-Copula
平方欧氏距离	0.0990	0.0605

（八）国际大宗商品与我国股市的风险溢出分析

本节选取 2010 年 1 月 4 日至 2021 年 12 月 31 日高盛大宗商品指数和深证综指的日收盘价作为研究样本（数据来源：Wind，CSMAR）。假设高盛大宗商品指数的标准化残差序列为 X，深证综指的标准化残差序列为 Y。

1. 描述性统计表和频率直方图

参考（三）确定边缘分布中的参数法中的操作，可以得到大宗商品的描述性统计表和频率直方图，见表 9.10 和图 9.47。

2. 正态性检验

正态分布检验结果如表 9.11 所示。对应命令如下。

```
% 分别调用 jbtest、kstest 和 lillietest 函数对 X 进行正态性检验
[h,p] = jbtest(X) % Jarque-Bera 检验
[h,p] = kstest(X,[X,normcdf(X,mean(X),std(X))]) % Kolmogorov-Smirnov
检验
[h, p] = lillietest(X) % Lilliefors 检验
```

表 9.10　描述性统计表

指标	高盛大宗商品指数（X）	深证综指（Y）
均值	0	0
方差	1	1
标准差	1	1
偏度	−0.8456	−0.8656
峰度	13.1917	6.9755

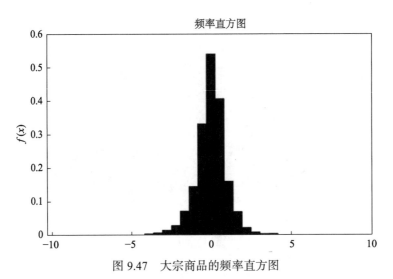

图 9.47 大宗商品的频率直方图

表 9.11 大宗商品检验结果

函数	指标	高盛大宗商品指数
jbtest	h	1
	p	1.0000e-03
kstest	h	1
	p	2.0275e-14
lillietest	h	1
	p	1.0000e-03

3. 确定边缘分布检验

本例借助非参数法确认边缘分布，获取大宗商品和深证综指的频数直方图和频率直方图，见图 9.48。

```
%***************************确定边缘分布***************************%
% 调用 ecdf 函数求 X 和 Y 的经验分布函数
[fx, Xsort] = ecdf(X);
[fy, Ysort] = ecdf(Y);
% 调用 spline 函数，利用样条插值法求原始样本点处的经验分布函数值
U1 = spline(Xsort(2:end),fx(2:end),X);
V1 = spline(Ysort(2:end),fy(2:end),Y);
%***************************绘制二元频数直方图***************************
% 调用 ksdensity 函数分别计算原始样本 X 和 Y 处的核分布估计值
U = ksdensity(X,X,'function','cdf');
V = ksdensity(Y,Y,'function','cdf');
figure; % 新建一个图形窗口
% 绘制边缘分布的二元频数直方图，
hist3([U(:) V(:)],[30,30])
```

```
xlabel('高盛大宗商品指数'); % 为 X 轴加标签
ylabel('深证综指'); % 为 Y 轴加标签
zlabel('频数'); % 为 z 轴加标签
%***************************绘制二元频率直方图***************************
figure; % 新建一个图形窗口
% 绘制边缘分布的二元频率直方图,
hist3([U(:) V(:)],[30,30])
h = get(gca, 'Children'); % 获取频率直方图的句柄值
cuv = get(h, 'ZData'); % 获取频率直方图的 Z 轴坐标
set(h,'ZData',cuv*30*30/length(X)); % 对频率直方图的 Z 轴坐标作变换
xlabel('U(高盛大宗商品指数)'); % 为 X 轴加标签
ylabel('V(深证综指)'); % 为 Y 轴加标签
zlabel('c(u,v)'); % 为 z 轴加标签
```

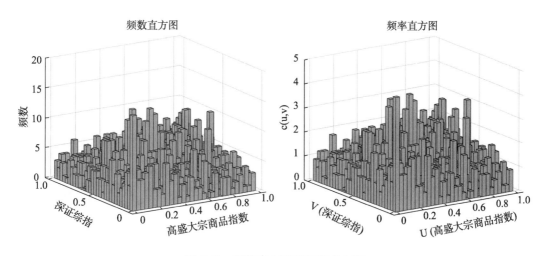

图 9.48　频数直方图和频率直方图

　　可见生成的频数直方图和频率直方图尾部对称结构不显著,故选用阿基米德型 Copula 函数。为充分展示 Copula 函数的计算过程,本书将 Gumbel Copula 函数、Clayton Copula 函数、Frank Copula 函数的结果分别进行了计算。

4. 参数估计

参数估计结果见表 9.12。阿基米德型 Copula 函数的参数估计命令如下。

%调用 copulafit 函数估计 Gumbel Copula、ClaytonCopula 、Frank Copula 中的相关参数

```
paramhat1 = copulafit('Gumbel',[U(:), V(:)])
paramhat2 = copulafit('Clayton',[U(:), V(:)])
paramhat3 = copulafit('Frank',[U(:), V(:)])
```

表 9.12　Copula 函数参数估计结果

函数	相关参数
Gumbel Copula	1.0727
Clayton Copula	0.1625
Frank Copula	0.7032

5. 绘制 Copula 密度函数和分布函数图

（1）绘制 Gumbel Copula 函数、Clayton Copula 函数和 Frank Copula 函数的密度函数和分布函数图。见图 9.49、图 9.50 和图 9.51，具体命令如下。

```
%**************************Gumbel Copula**************************%
[Udata,Vdata] = meshgrid(linspace(0,1,31)); % 为绘图需要，产生新的网格数据
% 调用 copulapdf 函数计算网格点上的 Gumbel Copula 密度函数值
Cpdf_Gumbel = copulapdf('Gumbel',[Udata(:), Vdata(:)],paramhat1);
% 调用 copulacdf 函数计算网格点上的 Gumbel Copula 分布函数值
Ccdf_Gumbel = copulacdf('Gumbel',[Udata(:), Vdata(:)],paramhat1);
% 绘制二元 GumbelCopula 的密度函数和分布函数图
figure; % 新建图形窗口
surf(Udata,Vdata,reshape(Cpdf_Gumbel,size(Udata))); % 绘制二元
GumbelCopula 密度函数图
xlabel('高盛大宗商品指数'); % 为 X 轴加标签
ylabel('深证综指'); % 为 Y 轴加标签
zlabel('c(u,v)'); % 为 z 轴加标签
title('二元 Gumbel-Copula 密度函数图')
figure; % 新建图形窗口
surf(Udata,Vdata,reshape(Ccdf_Gumbel,size(Udata))); % 绘制二元
GumbelCopula 分布函数图
xlabel('高盛大宗商品指数'); % 为 X 轴加标签
ylabel('深证综指'); % 为 Y 轴加标签
zlabel('C(u,v)'); % 为 z 轴加标签
title('二元 Gumbel-Copula 分布函数图')
%**************************Clayton-Copula**************************
% 调用 copulapdf 函数计算网格点上的 Clayton-Copula 密度函数值
[Udata,Vdata] = meshgrid(linspace(0,1,31)); % 为绘图需要，产生新的网格数据
Cpdf_Clayton = copulapdf('Clayton',[Udata(:), Vdata(:)],paramhat2);
% 调用 copulacdf 函数计算网格点上的 Clayton-Copula 分布函数值
Ccdf_Clayton = copulacdf('Clayton',[Udata(:), Vdata(:)],paramhat2);
% 绘制二元 ClaytonCopula 的密度函数和分布函数图
figure; % 新建图形窗口
surf(Udata,Vdata,reshape(Cpdf_Clayton,size(Udata))); % 绘制二元
ClaytonCopula 密度函数图
xlabel('高盛大宗商品指数'); % 为 X 轴加标签
ylabel('深证综指'); % 为 Y 轴加标签
```

```
zlabel('c(u,v)');  % 为 z 轴加标签
title('二元 Clayton-Copula 密度函数图')
figure;  % 新建图形窗口
surf(Udata,Vdata,reshape(Ccdf_Clayton,size(Udata)));  % 绘 制 二 元
```
ClaytonCopula 分布函数图
```
xlabel('高盛大宗商品指数');  % 为 X 轴加标签
ylabel('深证综指');  % 为 Y 轴加标签
zlabel('C(u,v)');  % 为 z 轴加标签
title('二元 Clayton-Copula 分布函数图')
%***************************Frank-Copula***************************%
[Udata,Vdata] = meshgrid(linspace(0,1,31));  % 为绘图需要，产生新的网格数据
% 调用 copulapdf 函数计算网格点上的 Frank-Copula 密度函数值
Cpdf_Frank = copulapdf('Frank',[Udata(:), Vdata(:)],paramhat3);
% 调用 copulacdf 函数计算网格点上的 Frank-Copula 分布函数值
Ccdf_Frank = copulacdf('Frank',[Udata(:), Vdata(:)],paramhat3);
% 绘制二元正态 Copula 的密度函数和分布函数图
figure;  % 新建图形窗口
surf(Udata,Vdata,reshape(Cpdf_Frank,size(Udata)));  % 绘制二元 Frank Co-
```
pula 密度函数图
```
xlabel('高盛大宗商品指数');  % 为 X 轴加标签
ylabel('深证综指');  % 为 Y 轴加标签
zlabel('c(u,v)');  % 为 z 轴加标签
title('二元 Frank-Copula 密度函数图')
figure;  % 新建图形窗口
surf(Udata,Vdata,reshape(Ccdf_Frank,size(Udata)));  % 绘制二元 Frank Co-
```
pula 分布函数图
```
xlabel('高盛大宗商品指数');  % 为 X 轴加标签
ylabel('深证综指');  % 为 Y 轴加标签
zlabel('C(u,v)');  % 为 z 轴加标签
title('二元 Frank-Copula 分布函数图')
```

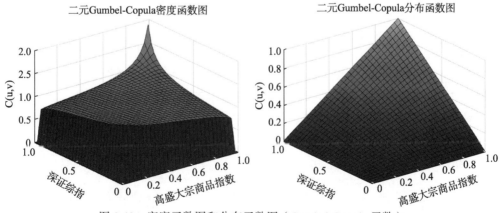

图 9.49　密度函数图和分布函数图（Gumbel-Copula 函数）

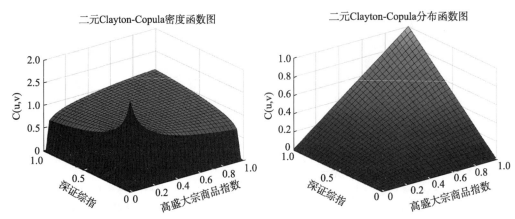

图 9.50 密度函数图和分布函数图（Clayton-Copula 函数）

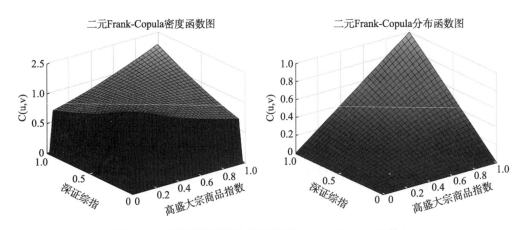

图 9.51 密度函数图和分布函数图（Frank-Copula 函数）

（2）计算 Gumbel Copula 函数、Clayton Copula 函数和 Frank Copula 函数的尾部相关系数，如表 9.13 所示。

表 9.13 尾部相关系数表

函数	上尾部相关系数	下尾部相关系数
Gumbel Copula	$\lambda = 2 - 2^{\frac{1}{\alpha}} = 0.092$	0
Clayton Copula	0	$\lambda = 2^{\frac{-1}{\alpha}} = 0.014$
Frank Copula	0	0

（3）计算 Gumbel Copula 函数、Clayton Copula 函数和 Frank Copula 函数的 Kendall 相关系数和 Spearman 相关系数，如表 9.14 所示。具体命令如下。

```
% 调用 copulastat 函数求二元 Gumbel Copula 对应的 Kendall 秩相关系数
Kendall_Gumbel = copulastat('Gumbel',paramhat1)
% 调用 copulastat 函数求二元 Gumbel Copula 对应的 Spearman 秩相关系数
Spearman_Gumbel = copulastat('Gumbel',paramhat1,'type','Spearman')
```

```
% 调用 copulastat 函数求二元 Clayton-Copula 对应的 Kendall 秩相关系数
Kendall_Clayton = copulastat('Clayton',paramhat2)
% 调用 copulastat 函数求二元 Clayton-Copula 对应的 Spearman 秩相关系数
Spearman_Clayton = copulastat('Clayton',paramhat2,'type','Spearman')
% 调用 copulastat 函数求二元 Frank-Copula 对应的 Kendall 秩相关系数
Kendall_Frank = copulastat('Frank',paramhat3)
% 调用 copulastat 函数求二元 Frank-Copula 对应的 Spearman 秩相关系数
Spearman_Frank = copulastat('Frank',paramhat3,'type','Spearman')
```

表 9.14 相关系数表

函数	Kendall 相关系数	Spearman 相关系数
Gumbel Copula	0.0677	0.1014
Clayton Copula	0.0751	0.1126
Frank Copula	0.0777	0.1164

6. 模型评价

计算出上述函数的平方欧式距离,结果如表 9.15 所示。具体命令如下。

```
% **************调用 ecdf 函数求 X 和 Y 的经验分布函数**************
[fx, Xsort] = ecdf(X);
[fy, Ysort] = ecdf(Y);
% 调用 spline 函数,利用样条插值法求原始样本点处的经验分布函数值
U = spline(Xsort(2:end),fx(2:end),X);
V = spline(Ysort(2:end),fy(2:end),Y);
% 定义经验 Copula 函数 C(u,v)
C = @(u,v)mean((U <= u).*(V <= v));
% 为作图的需要,产生新的网格数据
[Udata,Vdata] = meshgrid(linspace(0,1,31));
% 通过循环计算经验 Copula 函数在新产生的网格点处的函数值
for i=1:numel(Udata)
CopulaEmpirical(i) = C(Udata(i),Vdata(i));
end
%*********************评价模型***********************
% 通过循环计算经验 Copula 函数在原始样本点处的函数值
CUV = zeros(size(U(:)));
for i=1:numel(U)
CUV(i) = C(U(i),V(i));
end
% 计算相关参数为 1.0727 的二元 Gumbel Copula 函数在原始样本点处的函数值
Cgum = copulacdf('Gumbel',[U(:), V(:)],paramhat1);
% 计算相关参数为 0.1625 的二元 Clayton Copula 函数在原始样本点处的函数值
Ccla = copulacdf('Clayton',[U(:), V(:)],paramhat2);
% 计算相关参数为 0.7032 的二元 Frank Copula 函数在原始样本点处的函数值
Cfra = copulacdf('Frank',[U(:), V(:)],paramhat3);
% ***********************计算平方欧氏距离***********************
```

```
dgum2 = (CUV-Cgum)'*(CUV-Cgum)
dcla2 = (CUV-Ccla)'*(CUV-Ccla)
dfra2 = (CUV-Cfra)'*(CUV-Cfra)
```

表 9.15　平方欧式距离

函数	平方欧式距离
Gumbel Copula	0.0447
Clayton Copula	0.0217
Frank Copula	0.0427

从上述结果可知,Clayton Copula 模型能更好地拟合国际大宗商品与深证综指的日收益率相关性。

第六节　商业银行风险管理

本节将从商业银行的业务方面介绍商业银行的风险管理。针对商业银行的风险特性,商业银行的风险管理可分为资产负债风险管理、信贷风险管理、投资风险管理和外汇交易风险管理。

一、资产负债风险管理

资产负债风险管理涵盖的内容包括信用风险管理、流动性风险管理、利率风险管理、汇率风险管理等。商业银行的资产负债情况会显著影响银行的盈利能力、流动性水平和安全状况,资产负债管理对商业银行的风险控制十分重要。

(一)信用风险管理

商业银行信用风险管理的基本原则是,无论何时何地发生了信用风险,银行事先设定的风险资本都可以将其完全覆盖。信用风险管理具体可分为以下两个方面:首先,在限额管理层面。银行的限额管理包括商业银行董事会对损失的容忍程度、商业银行预置的风险资本和消化损失能力等方面。此外,还包括银行信贷业务的管理水平,即商业银行对不同客户、行业、资产组合的授信限额管理,这部分管理有利于分散信用风险,降低信贷集中度。其次,在商业银行关键流程和环节的控制层面。一方面,商业银行的信贷业务流程应该清晰明确。针对业务方面,多岗位应协同完善;针对风险方面,多岗位应联合防控。另一方面,商业银行可以通过信贷资产证券化缓解流动性压力。针对缺乏流动性但能产生预期现金流的资产,要合理整合其风险与收益,形成金融市场上可出售并流通的证券。此外,证券化的方式还可以将不具有流动性的中长期贷款置于资产负债表外,从而可以优化资产负债结构,降低流动性风险。

(二)流动性风险管理

商业银行对流动性风险的控制和管理要从资产与负债两个方面进行。在资产方面,商业银行应持有多种变现能力较强的流动资产；在负债方面，要确保负债来源分散化，同时要保持资产与负债的比例维持在合理区间。商业银行还应积极参与货币市场和证券市场，以便在出现流动性问题时有能力利用市场拆进或出售证券的方式解决流动性危机。

（三）利率风险管理

利率风险管理，是指商业银行为了控制利率风险并维持其净利息收入的稳定增长而对资产负债采取的积极管理方式。利率风险常常产生于资产和负债之间的利差。在固定利率和浮动利率并存的情况下，银行管理者必须将资产和负债看作统一系统，将两者结合起来进行控制和管理。利率风险管理主要有以下三种途径：一是运用利差管理技术，通过预期的资金成本率来确定盈利资产的最低收益率，保持正的利率差，进而调整资产负债的期限组合和利率结构，保障利差大于零；二是缺口管理法，银行对利率敏感性进行分析研判，积极调整资产负债结构，扩大或缩小利率敏感性缺口，从而维持银行收益的稳定增长；三是通过金融衍生工具等表外科目，进行相应的"套期保值"策略。

 **知识窗**

奎克国民银行利率风险管理成功案例

1984 年初，奎克国民银行聘请马休·基尔宁为执行副总裁，后者就任之后设计了一种管理人员在制定资产负债决策时所使用的利率敏感性报表。其主要内容如下：

从银行即期情况来看：在资产方面，银行有 2000 万美元对利率敏感的浮动利率型资产，其利率变动频繁，每年至少变动一次；也有 8000 万美元固定利率型资产，其利率在一年之内保持不变。而在负债方面，银行有 5000 万美元的利率敏感型负债和 5000 万美元的固定利率负债。基尔宁分析后认为：如果利率水平从 10%升至 13%，银行的资产收益将增加 60 万美元，而负债支付则增加了 150 万美元。这样国民银行的利润将减少 90 万美元。反之，如果利率水平从 10%降为 7%，则国民银行利润将增加 90 万美元。在对 1984 年当地和全国的经济前景进行分析后，基尔宁认为利率在未来 12 个月内将会上升，且升幅将会超过 3%。

为了消除利率风险，基尔宁向奎克国民银行资产负债管理委员会报告，建议将银行 3000 万美元的固定利率资产转换为 3000 万美元的浮动利率型资产，奎克国民银行资产负债管理委员会同意了基尔宁的建议。随后，奎克国民银行与一家拥有 3000 万美元固定利率负债和 3000 万美元浮动利率资产的社区银行达成协议，将原有的 3000 万美元的固定利率资产转换成 3000 万美元的浮动利率资产。实际情况是在 1984 年，美国利率升幅达到 4%。基尔宁的远见为国民银行减少了 120 万美元的损失。

基尔宁采取零缺口政策的防御性策略，为国民银行规避了重新定价风险可能造成的损失。基尔宁通过报表分析，得出银行的 3000 万美元的净利率敏感性负债，会在利率上升时，对银行造成损失。基尔宁基于正确的利率预测，对银行的资产进行了置换，将浮动利率变为固定利率，锁定了银行风险，为银行避免了损失。

资料来源：新浪网财经纵横. 利率风险管理著名案例.

（四）汇率风险管理

汇率风险管理是指商业银行通过对汇率变动的分析和预测，利用各种保值手段，提高本币汇率弹性，保持币值稳定的策略。汇率风险管理的主要策略包括风险对冲、使用人民币计价结算、价格转嫁等方式。

二、信贷风险管理

商业银行的信贷风险管理系统包括贷款风险识别系统、贷款风险量化分析系统、贷款风险预警系统和贷款风险处理系统等。贷款风险识别系统是利用各种风险识别手段，对贷款做定性分析。贷款风险量化分析系统是对每笔贷款的风险大小进行量化分析。贷款风险预警系统是通过对借款方的财务报表等资料进行分析，及时判断和预警借款人的风险水平。贷款风险处理系统是以贷款风险量化分析和预警系统为依据，采取预防、回避、分散、抑制、转移等手段，降低贷款风险。

三、投资风险管理

投资风险是指商业银行未来投资收益的不确定性。导致投资风险的因素有很多，如政策变化、管理者误判、突发事件和市场波动等。投资风险管理要求商业银行在投资时，要做好市场调研预测，通过分散化投资或套期保值等手段，尽可能降低损失。

投资风险管理的方法可分为四类：一是比例控制，保持投资额和自有资本的比例维持在合理区间。二是单项投资额控制，应该采取分散投资的策略，选择若干组投资品，分散风险。三是提高财务决策的科学化水平。防止因决策失误而产生重大财务风险。在决策过程中，应充分考虑影响决策的各种因素，尽量采用定量计算与定性分析方法相结合的方式进行科学决策。四是完善止损制度，商业银行应制定严格的止损策略，防止风险向其他部门传染。

四、外汇交易风险管理

外汇交易风险管理首要任务是制定规范化的操作流程和交易纪律，将外汇交易可能给银行带来的损失限制在可接受范围内。具体而言，外汇风险可分为交易风险、折算风险、信用风险、经济风险和国家风险等。其中，外汇交易信用风险可以细分为自营外汇交易信用风险和代客外汇交易信用风险。在自营外汇交易中，需要控制的信用风险主要是代理行信用风险、清算行信用风险、外汇经纪人信用风险等。除此之外，选择交易对手和清算银行也十分重要。对每个交易对手银行应事先根据其信用等级确定交易额度，如即期外汇买卖额度、远期外汇买卖额度、调期外汇买卖额度、利率调期额度、资金拆借额度等。代客外汇买卖风险管理主要是以对客户设立交易额度或向其收取保证金的方式进行风险控制。

五、商业银行信息披露

商业银行与其他企业相比，在业务性质上有其特殊性。商业银行主要通过提供金融服务获得收益。银行开展的金融业务比一般企业的产供销业务覆盖面更广，所以商业银行的信息披露也具有极大的特殊性。巴塞尔银行监管委员会制定了银行信息披露内容的基本框架[1]，同时将商业银行信息披露分为披露方法和披露动因两个方面。

披露方法分为定量披露和定性披露。定量披露是商业银行对业务活动中产生的会计信息进行记录、计算，最终将其以数据形式提供给监管机构和公众，如财务报表中的数据、银行的资本充足率、流动性覆盖率、拨备覆盖率等。定量披露要遵循真实性原则和准确性原则，有些数据具有滞后性，如果对数据处理不当，披露出的信息很有可能有偏差，甚至是错误的。定性披露是对定量披露的补充说明，商业银行的很多业务不能简单地通过数据进行表述，但是可以进行定性披露。例如，通过定量披露可以了解商业银行某一项抵押业务的金额，但是，这项业务的实质必须要通过定性披露进行辅助说明。此外，银行中的内控制度、会计政策和经营风险也需要以文字形式进行披露。定性披露与定量披露相辅相成，二者的平衡与结合才能保证银行发布出的会计信息相对完整和全面。

披露动因分为强制披露和自主披露。强制披露是指监管部门出台法律、法规，要求银行业必须披露哪些内容及以何种方式披露内容，银行相关部门必须依照相关规定执行。自主披露主要是针对上市银行提出的，上市商业银行为了改善与投资者的关系，规避诉讼风险，提升银行形象，会自愿发布一些披露规范中没有要求的内容，如利好性信息、企业的未来发展目标等，巴塞尔银行监管委员会也一直倡导商业银行加强自主披露。自主披露与强制披露的有机结合能提高商业银行会计信息披露的质量，有助于银行业的高质量发展。

本章小结

本章详细讲述了波动性方法、VaR 方法、KMV 模型、GARCH 模型及 Copula 模型，给出了金融风险度量的具体方法和操作步骤。此外，本章在最后从业务管理的视角，提供了商业银行金融风险管理，包括对资产负债风险、信贷风险、投资风险、外汇交易风险等的具体管理措施。还进一步介绍了商业银行信息披露的相关内容。

思考题

一、名词解释

1. VaR
2. KMV 模型

---

[1] 参考 BCBS 于 1998 年 9 月颁布的《增强银行透明度》和 2012 年 9 月颁布的《有效银行监管的核心原则》。

3. Copula 函数

4. 尾部相关系数

5. 利率风险管理

二、综合题

1. 简述 VaR 的特点。当某一资产服从正态分布时，计算相应的 VaR。

2. 简述商业银行的风险管理方法。

3. 通过 KMV 方法计算某一上市公司的预期违约率。

4. 通过 GARCH 模型预测某一上市公司股票未来一个月的价格。

5. 通过 Copula 方法计算中国股票市场和美国股票市场的相关性。

即测即练

自学自测　扫描此码

第十章

数字货币与未来银行

数字货币是一类基于加密算法的电子化货币。自 2019 年脸书发布 Libra 白皮书以来，各个国家都加速了数字货币的研究。数字货币的分类较为繁杂，基于发行主体和使用范围的不同，风险也会有较大差别。按照发行主体可以分为私人加密数字货币，如比特币（bitcoin）、艾达币、莱特币等，和国家央行发行的法定数字货币，如数字人民币。随着大数据及人工智能的飞速发展，数字技术会对银行的经营模式产生重大冲击，未来银行的功能定位及服务形式也会发生非常大的变化。

第一节 数 字 货 币

一、数字货币的定义

数字货币（digital currency）是指一种基于节点网络与数字加密算法的虚拟货币。数字货币可以按照发行主体的不同分为法定数字货币与非法定数字货币。其中，法定数字货币由国家货币当局发行，而非法定数字货币的发行主体是央行以外的企业、社区等。数字人民币（digital currency electronic payment，DCEP，也可按国际惯例缩写为 e-CNY）是我国的法定数字货币，由中国人民银行发行。数字人民币以广义账户体系为基础，由指定运营机构参与运营并向公众兑换，并且具有价值特征和法偿性。非法定数字货币包括比特币、以太币、莱特币等，它们缺乏中央银行的背书，并且价格波动较大，不具有价值尺度和流通手段等职能，不属于真正的货币。

 **知识窗**

数字货币与电子货币、虚拟货币的异同

数字货币与电子货币、虚拟货币存在一定关联，但是，三者之间有着本质的区别。为了避免将数字货币与电子货币、虚拟货币混淆，我们需要对三者进行明确区分。

电子货币本质上是法定货币的电子化和网络化，传统货币和法定数字货币可以以电子货币的形式存在。电子货币账户可分为金融机构账户与非金融机构账户，金融机构账户包括各银行的借记卡、网上银行、信用卡等，非金融机构账户包括支付宝账户、微信账户等。

虚拟货币不是真正的货币，而是由部分企业或者个人创造的电子化符号，主要的体现形式为点券、游戏币等，只允许在特定的运营主体组织的经营活动中使用。虚拟货币不具

备货币属性，也不具备与法定货币等同的法律地位，不能用于购买现实中的物品。

数字货币与电子货币、虚拟货币的相同之处在于三者都以数字化的形式存在、运行过程都需要计算机网络的支撑。不同之处在于：在适用范围方面，电子货币和数字货币没有适用范围的限制，虚拟货币仅适用于在指定的网络企业运行；在发行数量方面，数字货币发行量取决于央行的货币政策，电子货币的发行量取决于法定货币的数量，虚拟货币的发行数量取决于发行企业自身；在信用方面，数字货币的信用由央行背书，电子货币的信用取决于政府及相关的金融机构和非金融机构，虚拟货币的信用则依赖于发行企业的信用。

资料来源：张程. 辨析数字、电子、虚拟与加密货币[J]. 中国外汇，2016(13)：84-85.

二、加密数字货币

加密货币大多是基于区块链技术和密码学原理发展起来的一类新型"货币"。目前，加密数字货币的种类已超过 3000 多种（图 10.1）。

比特币	以太币	艾达币
莱特币	狗狗币	柴犬币

图 10.1　部分加密数字货币概念图

（一）比特币

2008 年 11 月，中本聪提出了比特币的概念，构建出了 P2P（点对点）形式的比特币系统，并于 2009 年 1 月发布了比特币系统中的第一个区块。比特币具有以下特点：第一，非对称加密技术，非对称加密技术存在公钥和私钥两个概念，公钥的作用是解密，私钥的作用是加密，网站的用户在进行转账交易时需要验证公钥和私钥是否匹配；第二，不可增发性，即比特币不能够被随意地增发；第三，匿名性，比特币是储存在私钥生成的加密地址上，该地址是匿名的。在不透露私钥的情况下，个人拥有的比特币数量及交易记录等信息不能被他人获取。

 **知识窗**

萨尔瓦多与比特币

2021年6月，比特币大会于美国迈阿密召开，这次大会吸引了大约1.2万人参加，据媒体报道，这是历史上最大的加密货币会议。虽然中国、玻利维亚、阿尔及利亚、印度尼西亚、伊朗、尼泊尔等国家已经明令禁止比特币在境内流通与交易。但是，在此次大会上，年仅39岁的萨尔瓦多总统布克勒却宣布将比特币作为该国的法定货币。国际货币基金组织（international monetary fund，IMF）立刻对其进行了警告，国际货币基金组织发言人Gerry Rice表达了对萨尔瓦多的担忧："采用比特币作为法定货币会引起一系列宏观经济、金融和法律问题，这需要非常谨慎的分析。而加密资产可能带来巨大的风险，所以在处理这类资产时，有效的监管措施非常重要。"除此之外，国际评级机构也对该国进行了降级处罚。许多民众参与了反对比特币合法化的游行与暴动。

萨尔瓦多是一个中美洲北部的沿海国家，人口密集，产业落后。2001年，该国的货币体系崩塌重建后，法定货币由原本的主权货币"科朗"改为美元。受2008年金融危机的影响，萨尔瓦多经济一直不景气。萨尔瓦多25%的人口生活在贫穷线以下，全靠家人海外务工，用银行汇款维持生计。显然，布克勒迫切将比特币作为法定货币的原因，一是试图摆脱美元的牵制。他在公开场合表示，希望用比特币做萨尔瓦多在2001年用美元做的事情。二是尝试利用比特币的热点宣传解决国家背负的巨额债务。

为了吸引全世界的数字加密货币爱好者，布克勒提出在萨尔瓦多东部的孔查瓜火山旁建立一座"比特币之城"，并对外宣布将发行世界上第一款主权区块链债券"火山债券"，将筹集的资金用于比特币的购买、城市建设和比特币挖矿。2022年6月，比特币跌破2.3万美元，萨尔瓦多持有的比特币亏损超过50%。三大信贷评级机构多次下调萨尔瓦多的主权评级，一致认为该国家的主权债务前景是"消极"的。

资料来源：微信公众号巴伦周刊. https://baijiahao.baidu.com/s?id=1744123401169829618&wfr=spider&for=pc&searchword=%E8%90%A8%E5%B0%94%E7%93%A6%E5%A4%9A%E6%AF%94%E7%89%B9%E5%B8%81.

（二）以太币

以太币与比特币的运行机制相似，但其采用的是与比特币不同的区块链技术——以太坊。以太坊是由比特币所依托的区块链技术升级而来，可以解决比特币网络存在的一些问题。以太坊的创始人维塔利克·巴特林认为，以太坊的目的是创造一个更为一般化的区块链平台，这一平台允许用户更加容易创造基于区块链的应用，避免用户为创建一个新的应用而不得不建立一个区块链。比特币所基于的区块链只是一个单一的工具或者最多是个多功能的工具组合，而以太坊则可以用于建立用户所需要的任何应用。并且，以太坊区块链平台不仅可以用于加密货币领域，还可适用于各行各业。

（三）艾达币

艾达币是基于权益证明算法，运行在卡尔达诺区块链平台的一种加密货币。卡尔达诺区块链平台具有多层协议执行的高级功能，其设计目的除了保护用户隐私，还同时考虑了监管机构的需求。

比特币所依托的是"工作量证明机制"，该种机制存在许多缺点，如能源浪费、区块确认时间长等。而在艾达币所依托的权益证明机制中，设定长期持有艾达币者拥有更长的币龄，币龄可以视为在系统中的权益，币龄越长权益越大。同时假设共识过程的难度与币龄成反比，这样累计消耗币龄最高的区块将被链接到主链。该种设计仅依靠内部的币龄和权益，而不再需要大量消耗外部算力和资源，解决了比特币大量算力消耗的问题。

艾达币有如下优点：第一，艾达币采用权益证明算法，可以在确保准确性的同时，降低能源浪费；第二，可以更好地保护用户的资产和较为敏感的信息，具有较好的隐私性；第三，交易速度快，交易成本较低。

（四）莱特币

莱特币于 2011 年 11 月 9 日发行，是基于比特币推出的改进版数字货币。莱特币与比特币在技术上具有相同的实现原理，莱特币的创造和转让是基于一种开源的加密协议，不受任何中央机构的管理。

莱特币在比特币的基础上衍生了更多特点。第一，提供了更快的区块处理速度和交易确认速度。莱特币区块打包速度是比特币的 4 倍，仅需 2.5 分钟，加上交易确认的时间，整个过程大约在 20 分钟之内即可完成。第二，莱特币采用了不同算法。莱特币采用 Scrpt 算法，该算法可以避免运算能力过度集中，有效降低了莱特币受到攻击影响的概率。第三，提高了总量上限。莱特币的总量上限达到了 8400 万个，是比特币的 4 倍。总体而言，莱特币改进了比特币交易效率低、总量少、资源浪费等缺点。

知识窗

币圈乱象——狗狗币的炒作

随着比特币价格的不断上涨，市场上出现了越来越多的加密货币，如狗狗币和柴犬币等，逐渐形成了一种新的圈子——"币圈"。这些加密货币在市场上被过度炒作，价格起伏非常大，许多投资者深受其害。

狗狗币由 Adobe 的营销专员杰克逊帕尔默与 IBM 的软件工程师马库斯合作开发，灵感来源于一个曾在网络上爆火的表情包。2013 年，狗狗币凭借低廉的价格吸引了大量的投资者。2021 年 1 月到 5 月，狗狗币的价格由 0.008 美元攀升至 0.74 美元，涨幅达 100 倍。

早在 2019 年，特斯拉首席执行官埃隆·马斯克购买了大量的狗狗币。马斯克每次在推特上发文，都推动着狗狗币价格的上涨。此外，马斯克旗下的特斯拉（Tesla）与太空探索科技公司（SpaceX）也声称其产品可以使用狗狗币支付，这也进一步推高了狗狗币的价格。2022 年 6 月，马斯克被一名狗狗币的投资者以蓄意实施"加密货币金字塔骗局"与直接操控狗狗币价格的罪名诉至法庭，并要求赔偿 2580 亿美元（折合人民币 1.73 万亿元）。起诉者称，马斯克自 2021 年 5 月起大量抛售狗狗币，并在一档电视节目中公开称狗狗币是一个骗局，这使得狗狗币交易价格一度下跌 38.6%。截至 2022 年 6 月中旬，狗狗币的价格已从 2021 年 5 月的 0.74 美元左右降至 0.058 美元，市值下跌约 860 亿美元。

除了狗狗币，马斯克还是比特币的主力投资者，马斯克的"推特治币"多次引发比特币暴涨暴跌，许多投资者苦不堪言。因此，加密货币虽有货币之名，但实质上就是背后庄家的炒作与牟利。目前，狗狗币、比特币等加密数字货币已在我国明令禁止。规范加密数字货币市场，世界各国还需要付出更多的努力。

资料来源：人民号红星新闻. https://rmh.pdnews.cn/Pc/ArtInfoApi/article?id=29360186.

第二节　数字人民币

一、央行数字货币

根据英格兰银行对央行数字货币的定义：央行数字货币是中央银行货币的电子形式，家庭和企业都可以使用它来进行付款和储值。

从功能的角度来看，央行数字货币具有以下几个特征：第一，有较高的安全性，能够防止交易中的任意一方对其非法使用；第二，央行数字货币的使用具有不可重复花费的特点，只能使用一次；第三，具有可控匿名性，央行数字货币的发行方可以对其使用的数据进行追踪和查看，但银行和商户无法获取数据，也无法知晓用户的购买历史。

央行数字货币具有以下几个特征：第一，央行数字货币由一国主权政府发行，以国家信用为背书，央行数字货币能在国内无区别流通；第二，央行数字货币具有可追踪性和可定制性，可以显著提高对货币流向的掌控度和流通运作效率；第三，央行数字货币有利于宏观政策的调整，助力国家实时更新金融政策，把控市场动向。

二、数字人民币的概念

我国央行数字货币通常被称为数字人民币，根据《中国数字人民币的研发进展白皮书》（简称白皮书）对数字人民币的定义：数字人民币是中国人民银行发行的数字形式的法定货币，由指定运营机构参与运营，以广义账户体系为基础，支持银行账户松耦合功能，与实物人民币等价，具有价值特征和法偿性。

数字人民币的特点包括以下几点。第一，数字人民币具备货币的价值尺度、交易媒介、支付手段等基本功能，是人民币的数字形式，与人民币同为中国法定货币。此外，数字人民币的发行、流通管理机制与人民币一致，以国家信用为支撑，具有法偿性。第二，数字人民币采取中心化管理、双层运营。数字人民币发行权属于国家，中国人民银行在数字人民币运营体系中处于中心地位，负责向指定运营机构的商业银行发行数字人民币并进行管理。指定运营机构负责向社会公众提供数字人民币兑换和流通服务。第三，数字人民币主要定位于现金类支付凭证，与人民币长期并存。数字人民币与实物人民币都是央行对公众的负债，具有同等法律地位和经济价值。第四，数字人民币是一种零售型央行数字货币，主要用于满足国内零售支付需求。

三、数字人民币的发展历程

自 2014 年以来，中国人民银行成立了专门的研究团队，对数字货币发行和业务运行框架、数字货币的关键技术、发行流通环境、面临的法律问题等进行了深入研究。2016 年，成立数字货币研究所，完成了法定数字货币第一代原型系统搭建。2017 年，经国务院批准，人民银行正式开始数字人民币（e-CNY）的研发试验。数字人民币的发展历程如表 10.1。

表 10.1　数字人民币的发展历程

时　　间	事　　件
2017 年 1 月	央行数字货币研究所在深圳正式成立（图 10.2）
2018 年 9 月	数字货币研究所搭建了贸易金融区块链平台
2019 年 7 月 8 日	国务院正式批准了央行数字货币的研发
2020 年 4 月	数字人民币 DC/EP 在中国农业银行、中国银行的客户端试运行
2020 年 8 月 14 日	商务部网站刊发《商务部关于印发全面深化服务贸易创新发展试点总体方案的通知》，明确在京津冀、长三角、粤港澳大湾区及中西部具备条件的试点地区开展数字人民币试点
2020 年 10 月 9 日	深圳市向 5 万居民发放了总价值为 1000 万元的数字货币
2021 年 2 月 24 日	成都发放总额 4000 万元的数字人民币消费红包，可在指定的商户门店和线上商城使用
2021 年 7 月	中国人民银行数字人民币研发工作组发布了《中国数字人民币的研发进展白皮书》，标志着我国数字人民币的研发试验已基本完成顶层设计、功能研发、系统调试等工作
2022 年北京冬奥会举行期间	数字人民币首次公开亮相于国际视野，试点覆盖交通出行、餐饮住宿、购物消费、旅游观光、医疗卫生、通信服务、票务娱乐七大场景

目前，我国数字人民币的研发工作已经取得了显著进展，在深圳、苏州、雄安、成都、上海、海南、长沙、西安、青岛、大连等多个城市地区均已启动数字人民币特定场景下的封闭试点工作。根据 2022 年上半年金融统计数据情况，15 个省市的试点地区通过对数字人民币累计交易笔数超过 2.64 亿笔，金额约为 830 亿元人民币，支持数字人民币支付的商户门店数量达到 456.7 万个。2022 年，各试点地区围绕"促进消费""低碳出行"等主题累计开展了近 30 次数字人民币消费红包活动。截至 2022 年底，数字人民币应用场景不断丰富，交易金额、存量不断增加，流通中的数字人民币存量达到 136.1 亿元。截至 2023 年 1 月 31 日，中国人民银行已在 17 个省份的部分地区开展数字人民币试点工作。

俄乌冲突——SWIFT 系统对俄制裁

目前，国际跨境支付清算体系主要由两部分组成：一是各国研发的本国货币的跨境支付系统，当前占据核心地位的为美国主导建立的纽约清算所同业支付系统（CHIPS）；二是环球同业银行金融电讯协会系统（SWIFT）。由于美国对 SWIFT、CHIPS 等国际金融基础设施具有较强垄断权，加之美元是国际结算通用货币，以美国为主的发达国家利用 SWIFT 实施经济制裁已趋向常态化。

2022 年 2 月 24 日，俄乌冲突全面爆发。美国白宫发表声明：美国与欧盟委员会、德国、法国、英国、意大利、加拿大领导人决定将部分俄罗斯银行排除在环球银行金融电信协会（SWIFT）支付系统之外，并对俄罗斯央行实施限制措施。

此举将为俄罗斯带来诸多不利影响：首先，俄罗斯跨境金融渠道将面临瘫痪的风险，其境内金融机构与境外同业无法开展支付、资金等业务，国际资产实质性完全冻结；其次，俄罗斯的国际投融资也受到了一定的负面影响，与国际市场产生了脱轨，这也导致了俄罗斯资本外流形势更加严峻，产生了金融震荡；最后，俄罗斯被逐出 SWIFT，意味着其有脱离国际金融贸易体系的风险，这将对俄罗斯的对外贸易，尤其是对俄罗斯同欧美国家的贸易往来造成不利影响。例如，俄罗斯经济主要依靠石油天然气等产品的出口，而出口受阻势必抑制其经济发展。然而，SWIFT 系统将俄罗斯的大量银行排除在外，也影响了世界经济发展。目前，欧洲各国对俄罗斯石油天然气的依赖程度较高，如果欧洲无法从俄罗斯进口石油天然气，可能导致国际石油天然气的价格大幅度上涨，对全球经济造成较大的负面影响。

近年来，俄罗斯加快了去美元化的进程，并启动了 SPFS 系统（俄罗斯的金融信息传输系统）的建设。虽然目前俄罗斯仍难以完全化解其银行被禁止使用 SWIFT 国际结算系统所带来的负面冲击，但对石油、天然气、化肥等资源的进口中断也让欧盟各国自身陷入危机。因此，在 2018 年 11 月 28 日，欧盟考虑将俄罗斯农业银行重新连接到 SWIFT 系统的可能性，并且在 2023 年 4 月 12 日，联合国秘书长发言人斯特凡纳·迪雅里称："联合国正同各方推动俄罗斯银行回归 SWIFT 系统。"

资料来源：每日经济新闻官方账号．https://baijiahao.baidu.com/s?id=1726264033046083425&wfr=spider&for=pc&searchword=%E4%BF%84%E4%B9%8C%E5%86%B2%E7%AA%81Swift%E7%B3%BB%E7%BB%9F%E4%BA%BA%E6%B0%91%E6%97%A5%E6%8A%A5.

四、数字人民币发展面临的挑战

《中国数字人民币的研发进展白皮书》对数字人民币的未来发展做出了非常详细和远大的目标设计。除了满足国内零售支付的需求，未来在跨境支付及促进人民币国际化方面，数字人民币也会发挥非常重要的推动作用。但是，目前数字人民币仍然处于前期的研发和试点阶段，面临的困难和挑战依然比较大。

1. 各界对央行数字货币的态度存在分歧

目前，社会各界对零售型央行数字货币的认识存在一定分歧。例如，在货币政策方面，存在着两种观点：如果央行数字货币比存款更具吸引力，可能会造成金融脱媒，导致商业银行信用收缩；另一种观点则认为，央行数字货币能增强政策利率向货币市场和信贷市场的传导效用。

此外，如果央行数字货币计息，则可能在一定程度上降低机构投资者对部分低风险资产（如短期政府票据）的投资需求。央行数字货币的安全性较高，如果发生系统性风险，还可能造成商业银行的挤提问题，加大金融系统的波动。

2. 技术安全问题

法定数字货币一旦出现安全问题，将会对中央银行的公信力造成严重打击。从当前情况看，现在一些主流的数字货币，其关键密码算法还需要进一步研究和完善。以区块链技术为例，其采用非对称加密算法来加强数据库的安全性。但随着量子计算等新技术的不断出现，计算机的运算能力得到大幅提升，一些加密算法已经无法保障原有的安全水平。目前，我国央行的数字货币在处理速度上还无法满足"双十一"、春节等期间大约每秒 10 万笔的交易量。这些技术安全问题都有待解决。

3. 法律问题

数字人民币常见的犯罪类型如下[①]。一是利用数字人民币热点实施诈骗。冒充官方机构，诱骗群众下载虚假 App 或点击虚假链接，将银行账户资金转至诈骗团伙控制账户。二是以推广"数字人民币"为名进行传销。混淆数字人民币和虚拟货币概念，宣传推广高收益项目，实施传销等活动。三是将数字人民币钱包作为洗钱工具。不法分子收购数字人民币钱包账户，并与"跑分平台""虚拟币"等相结合，转移非法资金。除了以上问题，数字人民币在流通中各方主体的权利和义务关系也需要法律层面的清晰界定。因此，数字人民币相关的法律问题还值得进一步探讨。

4. 运维成本

数字人民币的推广需要建设一个庞大的数据库，除了安全问题，对区块链节点的日常管理和技术迭新需要耗费较大的成本。特别是，目前正处于试点推广阶段，商业银行数字钱包账户的前期建设投入费用较高。

对于以上问题，央行在《白皮书》中也已经初步给出了解释和防范。数字人民币坚持M0 定位，不计付利息。数字人民币采用与实物人民币相同的投放方式，采用双层运营模式，并且由商业银行承担向公众兑换的职能。与此同时，人民银行也适当设置制度摩擦，防范银行挤兑风险。为了引导数字人民币在零售业务场景的应用，降低对存款的挤出效应，避免套利和压力环境下的顺周期效应，央行提出数字人民币钱包遵从分级分类设计，设置交

---

① 福建省人民政府. 数字人民币是什么？常见涉数字人民币犯罪类型有哪些？[EB/OL]. http://www.fj.gov.cn/hdjl/hdjlzsk/gat/jgl_gat/202211/t20221115_6053539.htm.

易金额和钱包余额的上限。此外，央行还建立了大数据分析及风险检测预警系统，可以全面提升数字人民币风险监管的预见性、精确性和有效性。

第三节　未　来　银　行

未来银行是指依托于数字化、人工智能等技术发展，不局限于传统物理网点及人工柜台银行服务的新型银行模式。除了金融机构自身的业务，完整的未来银行体系还包括未来银行服务的技术提供商与适应未来银行业务运作的监管体系与机制。

一、未来银行产生的时代背景

在互联网、人工智能等技术快速发展的当下，人们对商业银行的服务提出了新的需求，这就是未来银行产生的时代背景。首先，是即时性需求。众所周知，传统银行主要业务的办理受线下网点营业时间的限制。用户希望银行可以像 ATM 机一样提供 7×24 小时不间断的金融服务，随时满足人们理财、投资、交易等更为复杂的金融需求。其次，是无障碍需求。传统银行的服务局限于当地的银行网点，跨区交易常常会面临更高的交易成本，而随着交通工具及物流行业的快速发展，跨区交易的现象越来越普遍，用户要求在不支付额外成本的前提下通过应用程序"一键办理"，甚至通过智慧语音、智慧投顾[①]等功能，足不出户便能完成更为复杂的投资和交易活动。

根据中国银行业协会统计的数据显示（图 10.2）：2019—2021 年，银行业金融机构离柜交易笔数由 2019 年 1637.84 亿笔扩张到 2021 年的 2219.12 亿笔，增长率约为 35.49%；离柜交易总额从 2019 年的 1657.75 万亿元增长至 2021 年的 2572.82 万亿元，增长率高达55.20%。离柜交易笔数和交易总额的双重增长与新冠疫情有较大关系，但是，在一定程度上也反映了商业银行服务模式正在向数字化和人工智能化转型。

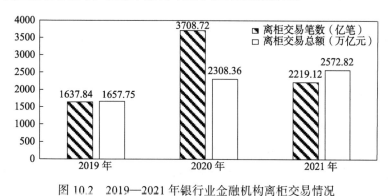

图 10.2　2019—2021 年银行业金融机构离柜交易情况

---

① 智能投顾，也称机器人顾问（robot adviser），是一种在线财富管理服务，大体是指人工智能结合个人投资者的具体风险偏好与理财目标，持续跟踪市场变化，通过后台算法计算，在资产偏离目标配置一定距离时进行修成与再平衡。

二、未来银行的形式和业务

（一）开放银行[①]

开放银行是一种在信息技术与金融科技快速发展的背景下应运而生的新银行业态，其本质是利用应用程序编程接口（application program interface，API）技术帮助银行与第三方实现数据共享的金融服务模式。开放银行的概念最早来源于英国，英国政府为了支持小型银行的发展，让用户能够享受技术发展带来的便利，英国竞争与市场管理局基于开放银行的模式发布了一系列措施，形成了《2017 年零售银行市场调查令》。

《2017 年零售银行市场调查令》中指出，开放银行主要开放以下数据和信息。一是通过开放数据 API 发布参考信息，如银行所有分支机构的位置、所有分支机构开放的时间及 ATM 的地点信息等；二是通过开放数据 API 发布特定产品信息，包括产品价格、所有费用（利息）、特点和优点、条款和条件及客户资格等；三是通过可读或可写 API 发布个人活期账户和企业活期账户相关信息，以允许第三方提供商依据客户要求访问账户信息或从客户账户付款。

与传统银行相比，虽然开放银行的业务并没有发生本质变化，但银行的服务形式有着明显的转变。银行成为基于特定化需求的金融服务基础平台，不再受限于物理网点和人工服务。在开放银行的模式下，客户可以享受更加全面的金融服务。国外许多基于 API 技术的银行产品和服务发展模式较为成熟。例如，美国的花旗银行、新加坡星展银行、西班牙对外银行等对外开放上百个 API，用户不但可以使用这些信息，还可以搭建属于自己的个性化金融服务程序。

近些年，国内的金融机构在开放银行领域的研发进程也比较快。例如，2012 年，中国银行推出了中银开放平台，该平台开放了 1600 个 API 接口，涉及代收代付、网点查询、汇率牌价、跨国金融等业务领域。2017 年，华瑞银行提出"把银行开在别人家 App 里"的设想，尝试利用 API 技术，打造一个集全方位和多功能于一体的综合金融服务模式。在开放银行领域做得比较好的，还包括中国工商银行、建设银行、招商银行、新网银行、微众银行等。在当前金融科技的大背景下，特别是针对中小企业的服务问题方面，开放银行的模式非常值得深入探索。

（二）智慧银行

智慧银行是未来银行的另一种发展趋势。2009 年 8 月 IBM 在其发布的《智慧地球赢在中国》计划书中，提出了中国需要发展智慧银行的倡议。与开放银行的 API 技术不同，智慧银行主要依托人工智能技术的发展，其最主要的特征就是智能化，通过业务服务的智能化、产品的智能化及管理的智能化，实现多种运营模式的一体化，为客户提供全方位的金融服务。

2013 年，中国建设银行设立了产品创新实验室，专门研究未来银行的创新发展趋势。

---

① 刘勇，李达. 开放银行：服务无界与未来银. 北京：中信出版集团，2019 年.

2013 年下半年建成了国内首家真正实现后台集成和业务集约的深圳前海智慧银行。随后，工商银行、农业银行及中国银行等金融机构都开始了基于大数据、人工智能与金融产品和服务的深度融合模式研发。

　　智慧银行相对于传统银行来说，最重要的是科技特征。例如：可以通过大数据分析进行客户偏好推送；建立个性化的云端资产管理系统；多功能一体的客户账户管理等。此外，智慧银行对于有境外业务需求的客户，还可以实现境内外账户的统一管理和协同化服务，满足客户跨境、跨银行及跨币种的业务往来。

未来银行的代表：Q110

　　德意志银行（Deutsche Bank）在柏林开设的一家具有实验性质的未来银行——Q110，也被称为未来的德意志银行（Die Deutsche Bank der Zukunft）。这家银行除了有业务办理类的即时服务区（利用手机银行快速办理业务）、现金区（小额存取款区域）、讨论区（为银行家或创业者提供临时工作讨论场所）外，还提供有咖啡厅、儿童角等服务类设施。无论你是来办理业务的客户，还是经过此地的路人，又或者是专程而来的旅客，都可以在此浏览和参观，点一杯咖啡小憩一会儿。

　　德意志银行的实验性分行——Q110 让我们看到，未来银行的形式不再是冷冰冰的柜台与死板的业务。银行可以利用数字化、人工智能等技术将传统业务融入手机银行、网上银行等线上渠道中，也可以为线下网点赋能，利用智能业务处理设备提升网点业务办理效率，同时还能提供更加人性化和舒适、温暖的银行服务，大大拓宽了人们对传统银行网点构建及业务发展的想象空间。

三、未来银行发展面临的挑战

（一）数据的安全和垄断

　　数据安全是未来银行发展的前提。但是，未来银行的发展核心是数据共享和数据开放，因此，数据安全对未来银行的发展模式提出了更大的挑战。随着互联网技术的快速发展，第三方欺诈、数字入侵、黑客攻击等事件频发，这将进一步迫使银行加大数据安全的投入成本。另外，现有的金融科技巨头凭借行业优势逐渐形成了"数据寡头"，金融机构为了商业安全不愿意共享核心数据资源，"数据孤岛"也加大了各个金融机构的运营成本。因此，数据共享和数据安全之间存在的矛盾是未来银行面临的主要困难之一。

（二）风险控制

　　无论是开放银行还是智慧银行，目前都缺乏健全的法律和运营机制标准。例如，金融数据的所有权和使用权没有明确的界定标准。与银行合作的第三方机构可能会将客户的隐私信息进行有价值的二次打包出卖。银行通过 API 技术，涉及服务提供者、场景建设者及相关交易方等，数据在运行过程中泄漏风险概率较大。各大金融机构都处在探索阶段，数据共享的机制没有行业标准，缺乏完备的风险控制系统。

（三）场景创新

未来银行模式一定是以客户为中心进行场景设定和创新。目前，各大金融机构缺乏场景创新，场景开发同质化严重，部分仍然停留在"智能化 + 传统业务"模式。未来银行的场景应该深入每一个行业，将大场景细化为小场景，以客户的体验和需求为目标，从传统的终端贷款服务转变为业务的全方位、全流程服务。

（四）发展不均衡

未来银行的发展更多依赖于网络终端。但是，对于农村及一些贫困山区，网络基础设施较为落后，这对金融机构的未来银行业务推广是一个较大的挑战。此外，从年龄结构来看，未来银行的智能化终端对老年人群体的模式开发也是一个难题。

未来银行是银行未来发展的必然趋势。虽然当前仍然面临许多困难，但是，在金融科技飞速发展的当下，未来银行一定可以打破固有的思维模式。或许正如布雷特·金恩在《Bank 4.0》一书中所说，银行业务将变得无处不在，但都不是发生在银行里。金融常在，银行或许不再是传统的银行。

 **本章小结**

本章主要介绍了数字货币与未来银行。首先，介绍了常见的几类加密数字货币及数字人民币的概念和特点，阐述了数字人民币的发展历程及未来发展面临的挑战。其次，介绍了未来银行的两大发展趋势，即开放银行和智慧银行。开放银行是以 API 技术为依托，通过与第三方数据共享为客户提供全方位的金融服务；智慧银行则是通过业务服务的智能化、产品的智能化及管理的智能化，最终实现综合一体化金融服务的发展模式。未来银行是商业银行发展的必然趋势，银行业务和经营模式的不断创新是商业银行前进和发展的动力。

 **思考题**

简答题

1. 加密数字货币主要包括哪些类型？
2. 数字人民币的发展大致经历了几个阶段？
3. 数字人民币有哪些特点？
4. 简述数字人民币当下面临的挑战。
5. 简述开放银行和智慧银行在发展过程中面临的困难。
6. 你对未来银行的发展有什么建议？

参 考 文 献

[1] 巴曙松. 巴塞尔新资本协议框架下的操作风险衡量与资本金约束[J]. 经济理论与经济管理, 2003(2).

[2] 白晓东. 应用时间序列分析[M]. 北京：清华大学出版社, 2017.

[3] 长铗, 韩锋. 区块链：从数字货币到信用社会[M]. 北京：中信出版社, 2016

[4] 陈小宪. 加速建立现代商业银行的资产负债管理体系[J]. 金融研究, 2003(2).

[5] 陈泽鹏, 黄子译, 谢洁华, 等. 商业银行发展金融科技现状与策略研究[J]. 金融与经济, 2018(11).

[6] 程乐砚. 存款波动背景下的商业银行负债与流动性管理[J]. 金融与经济, 2014(7).

[7] 程实, 高欣弘. 数字经济与数字货币：人民币的新角色[M]. 北京：中国人民大学出版社, 2022.

[8] 崔嵬. 审慎推进我国银行间债券市场两类回购改革[J]. 金融研究, 2018(6).

[9] 戴国强. 商业银行经营学[M]. 6 版. 北京：高等教育出版社, 2022.

[10] 邓世敏. 商业银行外汇业务[M]. 北京：中国金融出版社, 2002.

[11] 丁灿. 商业银行治理理论与实践[M].南京：南京大学出版社, 2017.

[12] 丁斅, 盛昭瀚, 刘慧敏. 基于模糊综合分析和 Gale-Shaplev 理论的重大工程二阶段招投标机制研究[J]. 中国管理科学, 2017(2).

[13] 杜江泽. 基于 Copula 相依结构建模及在金融市场的应用[M]. 哈尔滨：哈尔滨工业大学出版社, 2018.

[14] 范松杰, 张冰涛. 影子银行业务如何影响表内存贷款业务：基于商业银行表外理财业务的实证研究[J]. 金融与经济, 2021(4).

[15] 方艳. Copula 理论及其在金融领域中的应用[M]. 北京：中国金融出版社, 2018.

[16] 菲利普·乔瑞. 风险价值 VAR[M]. 陈跃, 译. 2 版. 北京：中信出版社, 2005.

[17] 冯玉梅, 王刚. 公司股票和债券价格中的信用风险信息效率研究[J].国际金融研究, 2016(7).

[18] 弗朗西斯科·萨伊塔. VaR 和银行资本管理风险调整绩效、资本管理及资本配置方法论[M]. 周行健, 译. 北京：机械工业出版社, 2012.

[19] 高艳平, 曹建美. 投入产出效率约束下的商业银行资产规模优化研究：以交通银行为例[J]. 价格理论与实践, 2016(4).

[20] 龚金国. 动态变结构 Copula 及其在金融市场中的应用[M]. 北京：中国统计出版社, 2020.

[21] 龚玉婷.金融资产相依性的动态 Copula 建模及应用[M].上海：上海交通大学出版社, 2018.

[22] 顾春红. 商业银行国际化战略初探[J]. 金融研究, 1996(6).

[23] 顾海兵, 米强.城市商业银行跨区域经营国内外研究综述[J]. 经济学动态, 2009(6).

[24] 顾海峰, 史欠欠. 绿色信贷是否会影响商业银行风险承担?——基于社会责任与绿色声誉渠道[J]. 财经理论与实践, 2023(1).

[25] 郭峰, 熊瑞祥. 地方金融机构与地区经济增长：来自城商行设立的准自然实验[J]. 经济学（季刊）, 2018(1).

[26] 郭浩达, 罗永宁. 商业银行运营管理[M]. 北京：中国金融出版社, 2012.

[27] 郭梅亮. 中国国有银行制度变迁：适应性效率与功能演进[M]. 北京：中国经济出版社, 2015.

[28] 王海荣, 徐旭东, 耿成轩. 金融企业会计[M]. 北京：人民邮电出版社, 2015.

[29] 贺琪. 我国政策性银行本质属性回归与发展路径探析[J]. 北方金融，2019(8).

[30] 侯璐璐，张茜倩. 商业银行理财子公司产品发展路径的思考[J]. 银行家，2021(12).

[31] 侯毅恒，龚椿楠，林艳. 城市商业银行财务风险管理问题研究[J]. 经济体制改革，2018(5).

[32] 胡诗阳，刘媛媛，杨文君. 商业银行从事理财产品业务的影响因素和经济后果研究[M]. 重庆：重庆大学出版社，2019.

[33] 胡诗阳，祝继高，陆正飞. 商业银行吸收存款能力、发行理财及其经济后果研究[J]. 金融研究，2019(6).

[34] 黄国平. 监管资本、经济资本及监管套利：妥协与对抗中演进的巴塞尔协议[J]. 经济学（季刊），2014(3).

[35] 黄红梅. 应用时间序列分析[M]. 北京：清华大学出版社，2016.

[36] 黄宪，代军勋，赵征. 银行管理学[M]. 3 版. 武汉：武汉大学出版社，2020.

[37] 季健. 商业银行业务与经营[M]. 2 版. 南京：南京大学出版社，2020.

[38] 贾明琪，李成青. 新银行监管模式视角下我国商业银行经营转型的思考[J]. 南方金融，2011(11).

[39] 蒋海曦. 国际化与社会关系网络：中国国有商业银行的发展[M]. 北京：北京理工大学，2018.

[40] 李苍舒，沈艳. 数字经济时代下新金融业态风险的识别、测度及防控[J]. 管理世界，2019(12).

[41] 李程，白唯，王野，等. 绿色信贷政策如何被商业银行有效执行？——基于演化博弈论和 DID 模型的研究[J]. 南方金融，2016(1).

[42] 李多德. 资本管理新规下商业银行金融债券的发行[J]. 中国货币市场，2023(5).

[43] 李红玉，熊德平，陆智强. 村镇银行主发起行控股：模式选择与发展比较——基于中国 899 家村镇银行的经验证据[J]. 农业经济问题，2017(3).

[44] 李婧. 人民币汇率制度与人民币国际化[J]. 上海财经大学学报，2009(2).

[45] 李梦玄. 中国金融市场一体化度量的 Copula 模型及实证研究[M]. 武汉：湖北科学技术出版社，2012.

[46] 李苇莎. 利率市场化趋势下商业银行资产负债管理的应对之策[J]. 上海金融，2002(10).

[47] 李霞. COPULA 方法及其应用[M]. 北京：经济管理出版社，2014.

[48] 李焰. 我国商业银行的利率风险及管理研究[J]. 财贸经济，2000(9).

[49] 李志辉，崔光华. 基于开发性金融的政策性银行转型——论中国农业发展银行的改革[J]. 金融研究，2008(8).

[50] 李志辉. 商业银行管理学[M]. 4 版. 北京：中国金融出版社，2022.

[51] 梁杰. 从历史经验看银行理财子公司的发展趋势[J]. 银行家，2021(5).

[52] 林胜，闫晗，边鹏. 全球系统重要性银行金融科技能力评估研究[J]. 金融发展研究，2020.

[53] 林友谅. 基于模糊决策的企业财务绩效综合评价方法及应用[M]. 徐州：中国矿业大学出版社，2019.

[54] 刘鸿儒. 刘鸿儒论中国金融体制改革：上卷[M]. 北京：中国金融出版社，2000.

[55] 刘孟飞，张晓岚，张超. 我国商业银行业务多元化、经营绩效与风险相关性研究[J]. 国际金融研究，2012(8).

[56] 刘燕. 美国银行战略管理体系初探[J]. 银行家，2013(6).

[57] 刘燕，王雅芳. 我国商业银行中间业务风险管理研究[J]. 金融理论与实践，2013(9).

[58] 刘妍，孙永志，宫长亮，等. LPR 机制改革对商业银行盈利能力和风险承担的影响研究[J]. 国际金融研究，2022(10).

[59] 楼文龙. 中国商业银行资产负债管理：利率市场化背景下的探索与实践[M]. 北京：中国金融

出版社，2016.

[60] 鲁炜，赵恒珩，方兆本，等. KMV 模型在公司价值评估中的应用[J]. 管理科学，2003(3).

[61] 吕妍. 新时期我国商业银行的职能定位研究[J]. 投资与创业，2023(8).

[62] 马龙飞. 法定存款准备金比率政策对我国宏观调控的影响[J]. 当代经济，2016(11).

[63] 尼尔·皮尔逊. 风险预算利用风险价值（VAR）解决投资组合问题[M]. 北京：中信出版社，2011.

[64] 潘志斌. 金融市场风险度量：基于 g-h 分布和 VaR 方法的理论与实证研究[M]. 上海：上海社会科学院出版社，2008.

[65] 彭国甫. 地方政府公共事业管理绩效模糊综合评价模型及实证分析[J]. 数量经济技术经济研究，2005(11).

[66] 彭建刚. 商业银行管理学[M]. 5 版. 北京：中国金融出版社，2019.

[67] 皮埃特罗·潘泽，维普·K. 班塞尔. 用 VaR 度量市场风险[M]. 綦相，译. 北京：机械工业出版社，2001.

[68] 彼得 S.罗斯，西尔维娅 C. 赫金斯，戴国强. 商业银行管理[M]. 9 版. 北京：机械工业出版社，2018.

[69] 乔纳森，马米兰. 未来银行[M]. 北京：中信出版集团，2020.

[70] 阮震. 金融创新概论[M]. 北京：中国财政经济出版社，2010.

[71] 史定华，王松瑞. 故障树分析技术方法和理论[M]. 北京：北京师范大学出版社，1993.

[72] 隋建利，张龙，申瑛琦. 结构性货币政策工具的学术镜鉴、政策应用与未来实践展望[J]. 经济学家，2021(12).

[73] 苏宗祥，徐捷. 国际结算[M]. 北京：中国金融出版社，2008.

[74] 孙明. 商业银行基于 KMV 模型的信用风险计量研究[D]. 南京农业大学，2008.

[75] 孙兆斌，陈建斌. 后危机时代中国商业银行的资产负债管理[J]. 新金融，2010(8).

[76] 谭燕芝，唐文娟. 商业银行经营与管理[M]. 北京：人民邮电出版社，2022.

[77] 汪川. "新常态"下我国货币政策转型的理论及政策分析[J]. 经济学家，2015(5).

[78] 王博，周朝晖. 如何投资数字货币[M]. 北京：电子工业出版社，2017.

[79] 王晗. 我国政策性银行发展路径探析[J]. 现代商业，2022(5).

[80] 王辉. 平稳及非平稳 GARCH 类模型的估计及检验[M]. 北京：中国财政经济出版社，2017.

[81] 王静. 我国中央银行资产规模与经济增长的相关性研究[J]. 征信，2018(5).

[82] 王黎明，王连，杨楠编. 应用时间序列分析[M]. 2 版. 上海：复旦大学出版社，2022.

[83] 王良，薛斐.商业银行资产负债管理实践[M].北京：中信出版集团，2021.

[84] 王平. 中国外汇期权及其结构性产品定价与应用研究[M]. 上海：立信会计出版社，2013.

[85] 王晓亮. 商业银行"中间业务"与"表外业务"辨析[J]. 山西财经大学学报，2008(S1).

[86] 王燕.应用时间序列分析[M]. 4 版. 北京：中国人民大学出版社，2015.

[87] 王一成，达津. 简明中国银行史（四）[J]. 中国钱币，1996(4).

[88] 王应贵，胡妍斌. 德意志银行百年兴衰对国内商业银行的启示[J]. 金融与经济，2018(8).

[89] 王应贵，刘浩博，娄世艳. 数字金融、业务转型与未来银行探讨[J]. 新金融，2020(9).

[90] 王勇，关晶奇，隋鹏达. 金融风险管理[M]. 北京：机械工业出版社，2020.

[91] 王兀龙. 中国国有商业银行股份制改革研究[J]. 金融研究，2001(1).

[92] 王永巧，蒋学伟. 基于时变 Copula 的金融系统性风险度量[M]. 北京：中国经济出版社，2016.

[93] 王兆星. 银行业与互联网融合发展:现状、挑战和方向[J]. 金融监管研究，2016 (11).

[94] 王宗润. 金融风险测度与集成研究：基于 Copula 理论与方法[M]. 北京：科学出版社，2014.

[95]　韦晓，李周雅雯. 银行间同业拆借利率的影响因素：基于集合经验模态分解的研究[J]. 金融论坛，2021(11).

[96]　韦艳华，张世英. Copula 理论及其在金融分析上的应用[M]. 北京：清华大学出版社，2008.

[97]　吴朝平. API 开放银行：金融科技背景下商业银行转型升级的重要方向[J]. 金融理论与实践，2020(1).

[98]　吴晓灵. 金融市场化改革中的商业银行资产负债管理[J]. 金融研究，2013(12).

[99]　肖祖斑. 世界经济问题丛书巴塞尔资本协议与商业银行全面风险管理[M]. 北京：中国人民大学出版社，2014.

[100]　项后军，闫玉. 理财产品发展、利率市场化与银行风险承担问题研究[J]. 金融研究，2017(10).

[101]　谢平. 中国货币政策分析:1998—2002[J]. 金融研究，2004(8).

[102]　谢远涛，杨娟，夏孟余. 基于 COPULA-CVaR 风险度量的投资组合分析[M]. 北京：对外经济贸易大学出版社，2014.

[103]　谢中华. MATLAB 统计分析与应用:40 个案例分析[M]. 北京:北京航空航天大学出版社,2015.

[104]　徐捷.国际贸易融资：实务与案例[M]. 2 版. 北京：中国金融出版社，2017.

[105]　徐莉芳，李月娥. 国际结算与贸易融资[M]. 上海：立信会计出版社，2014.

[106]　徐明东，陈学彬. 货币环境、资本充足率与商业银行风险承担[J]. 金融研究，2012(7).

[107]　许南. 国际结算案例与分析[M]. 北京：中国人民大学出版社，2015.

[108]　许旭明，陆岷峰. 中小商业银行：发展特点、存在问题与治理对策研究——基于城商行 2016 年至 2019 年会计年报分析[J]. 金融理论与实践，2020(6).

[109]　亚当·斯密，杨兆宇. 西方经济学圣经译从：国富论[M]. 北京：华夏出版社，2013.

[110]　杨缘. 商业银行信用债相关业务的挑战与机遇[J]. 中国货币市场，2021(12).

[111]　姚前. 法定数字货币对现行货币体制的优化及其发行设计[J]. 国际金融研究，2018(4).

[112]　姚前. 共识规则下的货币演化逻辑与法定数字货币的人工智能发行[J]. 金融研究，2018(9).

[113]　姚前，汤莹玮. 关于央行法定数字货币的若干思考[J]. 金融研究，2017(7).

[114]　姚铮，胡梦婕，叶敏. 社会网络增进小微企业贷款可得性作用机理研究[J]. 管理世界，2013(4).

[115]　叶英男. 边境贸易·银行与外汇管理[M]. 北京：中国金融出版社，1993.

[116]　易纲. 中国改革开放三十年的利率市场化进程[J]. 金融研究，2009(1).

[117]　易纲. 中国的利率体系与利率市场化改革[J]. 金融研究，2021(9).

[118]　易棉阳，姚会元，1980 年以来的中国近代银行史研究综述[J]. 近代史研究，2005(3).

[119]　易文德. 基于 Copula 理论的金融风险相依结构模型及应用[M]. 北京:中国经济出版社，2011.

[120]　于良春，鞠源. 垄断与竞争：中国银行业的改革和发展[J]. 经济研究，1999(8).

[121]　于萌萌. 第三方支付对商业银行中间业务影响的实证研究[D]. 北京：对外经济贸易大学，2022.

[122]　喻平. 金融风险管理[M]. 2 版. 北京：高等教育出版社，2022.

[123]　余晓葵. 美政府挑战瑞士银行保密原则[N]. 光明日报，2009-08-14.

[124]　袁勇，王飞跃. 区块链技术发展现状与展望[J]. 自动化学报，2016(4).

[125]　曾刚. 单一到多元的银行体系变迁[J]. 中国金融，2019(13).

[126]　张博，庄汶资，袁红柳. 新会计准则实施与资本结构优化调整[J]. 会计研究，2018(11).

[127]　张金清. 金融风险管理[M]. 上海：复旦大学出版社，2022.

[128]　张金清，李徐. 资产组合的集成风险度量及其应用——基于最优拟合 Copula 函数的 VaR 方法[J]. 系统工程理论与实践，2008(6).

[129]　张金清，张剑宇，聂雨晴，等. 中国金融安全评估：2000—2019 年——基于部门流动性资产

负债表的分析框架[J]. 管理世界，2021(6).

[130] 张鹏，李晓岩. 我国商业银行功能演进：1978—2009 年[J]. 中央财经大学学报，2011(3).

[131] 张文，宋小明. 外商银行在华会计信息披露的本土化调适——以汇丰银行 1874 年至 1906 年账略为中心[J]. 中国经济史研究，2022(2).

[132] 张运昌. 法国巴黎银行国际化经验研究[J]. 新金融，2008(10).

[133] 张泽华，周闯. 中国货币政策工具的差异性研究——基于央行沟通、法定存款准备金率、基准利率的对比分析[J]. 经济问题探索，2019(3).

[134] 赵丽琴. 基于 Copula 函数的金融风险度量分析[M]. 北京：中国财政经济出版社，2009.

[135] 赵志宏，金鹏. 未来银行全面风险管理[M]. 北京：中国金融出版社，2020.

[136] 郑志勇. 金融数量分析基于 MATLAB 编程[M]. 北京：北京航空航天大学出版社，2009.

[137] 中国人民银行金融稳定分析小组. 中国金融稳定报告[M]. 北京：中国金融出版社，2019，2020，2021，2022.

[138] 中国外汇交易中心、中国人民银行研究局联合课题组.我国银行间市场的未来发展和交易场所组织模式研究[J]. 金融研究，2002(5).

[139] 中国银监会. 关于《商业银行表外业务风险管理指引(修订征求意见稿)》公开征求意见的公告[R]. 2016.

[140] 庄毓敏. 商业银行业务与经营[M]. 北京：中国人民大学出版社，1999.

[141] 周建波，曾江. 银行、票号兴替与清末民初金融变革[J]. 中国社会科学，2020(8).

[142] 周学东. 中小银行金融风险主要源于公司治理失灵——从接管包商银行看中小银行公司治理的关键[J]. 中国金融，2020(15).

[143] 朱俊峰，窦菲菲，王健. 中国地方政府绩效评估研究：基于广义模糊综合评价模型的分析[M]. 上海：复旦大学出版社，2012.

[144] 邹宏元，崔冉，文博，等. 金融风险管理[M]. 5 版. 成都：西南财经大学出版社，2021.

[145] Allen F, Gale D. Competition and financial stability[J]. Journal of Money Credit and Banking, 2004(3): 453-480.

[146] Angbazo L. Commercial bank net interest margins, default risk, interest-rate risk, and off-balance sheet banking[J]. Journal of Banking and Finance, 1997, 21(1): 55-87.

[147] Apergis N. The long-term role of non-traditional banking in profitability and risk profiles: evidence from a panel of U.S. banking institutions[J]. Journal of International Money and Finance, 2014(3): 61-73.

[148] Arkady Shemyakin, Alexander Kniazev. Introduction to Bayesian Estimation and Copula Models of Dependence, First Edition[M]. Wiley, 2017.

[149] Bollerslev T. A conditionally heteroskedastic time series model for speculative prices and rates of return[J]. The Review of Economics and Statistics, 1987(3): 542-547.

[150] Brian Scott Quinn. Commercial and Investment Banking and the International Credit and Capital Markets[M]. Palgrave Macmillan, 2012.

[151] Brunner A D, Simon D P. Excess returns and risk at the long end of the treasury market: an EGARCH-M approach[J]. Journal of Financial Research, 1996(3): 443-457.

[152] Campbell J Y, Hentschel L. No news is good news: an asymmetric model of changing volatility in stock returns[J]. Journal of Financial Economics, 1992: 281-318.

[153] Changli He, Timo Teräsvirta. Fourth moment structure of the GARCH(p, q) process[J]. Econometric Theory, 1999(6): 824-846.

[154] Clayton J. Rational Expectations, Market Fundamentals and Hewsing Price Volatility[M]. Blackwell Publishing Ltd., 1996.

[155] Ding Z, Granger C, Engle R F. A long memory property of stock market returns and a new model[J]. Journal of Empirical Finance, 1993(1): 83-106.

[156] Du Plessis S P J. International Economics[M]. Butterworth-Heinemann, 2014.

[157] Engle R F. Autoregressive conditional heteroscedasticity with estimates of the variance of United Kingdom Inflation[J]. Econometrica, 1982(4): 987-1007.

[158] Engle R, Lilien D M, Robins R P. Estimating time varying risk premia in the term structure: the Arch-M Model[J]. Econometrica, 1987(2): 391-407.

[159] Fountas S, Karanasos M, Karanassou M. A GARCH model of inflation and inflation uncertainty with simultaneous feedback[J]. Working Papers, 2001.

[160] Fotios Pasiouras. Estimating the technical and scale efficiency of greek commercial banks: the impact of credit risk, off-balance sheet activities, and international operations[J]. Research in International Business and Finance, 2006(3): 301-318.

[161] Francq.Garch models: structure, Statistical Inference and Financial Applications[M]. Wiley, 2010.

[162] Glosten L R, Jagannathan R, Runkle D E. On the relation between the expected value and the volatility of the nominal excess return on stocks[J]. The Journal of Finance, 1993(5): 1779-1801.

[163] Harry Joe, University of British Columbia, Vancouv.Dependence modeling with copulas[M]. CRC Press, Taylor and Francis Group, 2015.

[164] He C L, Terasvirta T. Fourth moment structure of the GARCH(p, q) process[C]. European Meeting of the Econometric Society, 1999: 824-846.

[165] Hentschel L. All in the family nesting symmetric and asymmetric garch models[J]. Journal of Financial Economics, 1995(1): 71-104.

[166] Ibragimov Rustam, Prokhorov Artem. Heavy tails and copulas:topics in dependence Modelling in Economics and Finance[M]. World Scientific: 2017.

[167] Karanasos M, Kim J. Alternative GARCH in mean models: an application to the korean stock market[J]. Discussion Papers, 2000.

[168] Karanasos M. Prediction in ARMA models with GARCH in mean effects[J]. Journal of Time Series Analysis, 2001(5): 555-576.

[169] Kenichi Shimizu. Bootstrapping Stationary ARMA-GARCH Models[M]. Springer, 2010.

[170] Kindleberger Charles P.International banks as leaders or followers of international business：an historical perspective[J]. Journal of Banking and Finance, 1983(4): 583-595.

[171] Markowits HM. Portfolio selection[J]. Journal of Finance 1952, 7(1): 71-91

[172] Lowell J, Mooney, et al. Letters of credit in the global economy: implications for international trade[J]. Journal of International Accounting, Auditing and Taxation, 1995(2): 175-183.

[173] Nelson D B. Conditional heteroskedasticity in asset returns: A new approach[J]. Econometrica: Journal of the Econometric Society, 1991(2): 347-370.

[174] Nelsen R B, Quesada-Molina J J, JA Rodríguez-Lallena. Bivariate copulas with cubic sections[J]. Journal of Nonparametric Statistics, 1997(3): 205-220.

[175] Nelsen R B. An Introduction to Copulas[M]. Berlin: Springer, 2006.

[176] Obay L. Financial innovation in the banking industry: the case of asset securitization[M], 2000.

[177] Roy A D. Safety first and the holding of assets[J]. Econometrica: Journal of the Econometric So-

ciety, 1952: 431-449.

[178] Schwert G W. Why Does Stock Market Volatility Change Over Time?[J]. The Journal of Finance, 1989.

[179] Sklar A. Fonctions de Repartition an Dimensionset Leurs Marges[J]. Publ. Inst. Statist. Univ. Paris, 1959.

[180] Taylor, S., Modeling financial time series[M]. New York: Wiley, 1986.

[181] Teräsvirta T. An introduction to univariate GARCH models[M]. Handbook of financial time series. Berlin, Heidelberg: Springer Berlin Heidelberg, 2009.

教师服务

感谢您选用清华大学出版社的教材！为了更好地服务教学，我们为授课教师提供本书的教学辅助资源，以及本学科重点教材信息。请您扫码获取。

▶▶ 教辅获取

本书教辅资源，授课教师扫码获取

▶▶ 样书赠送

财政与金融类重点教材，教师扫码获取样书

 清华大学出版社

E-mail: tupfuwu@163.com	网址: https://www.tup.com.cn/
电话: 010-83470332 / 83470142	传真: 8610-83470107
地址: 北京市海淀区双清路学研大厦 B 座 509	邮编: 100084